実用的な過去

THE
実用的な過去
PRACTICAL
ヘイドン・ホワイト
Hayden White
PAST
上村忠男 監訳

岩波書店

THE PRACTICAL PAST
by Hayden White

First published 2014
by Northwestern University Press, Evanston, IL.
This Japanese edition published 2017
by Iwanami Shoten, Publishers, Tokyo
by arrangement with
Northwestern University Press, Evanston, IL.

Supplementary Essay
"Historical Truth, Estrangement, and Disbelief" by Hayden White
in *Probing the Ethics of Holocaust Culture*
edited by Claudio Fogu, Wulf Kansteiner, and Todd Presner
published by Harvard University Press, Cambridge, Mass.

最愛のマーガレットへ——
あなたなしには芸術のなかで人生を過ごすことなど想像もできなかった

序　言

これまでの全生涯、わたしは歴史と文学の関係に関心を寄せてきた。それはわたしが最初に歴史に魅了されるようになって以来ずっと、わたしの関心の的でありつづけた。多くの歴史家たちがそうであったように、わたしは最初、鎧《よろい》をまとった騎士や王、十字軍や戦闘の物語のなかで歴史的な過去に出会った。ロビン・フッドやローラン〔シャルルマーニュの聖騎士の筆頭に出てくる人物〕やアーサー王の物語、それに北欧神話、ギリシア神話、そしてもちろんローマ史。当時、歴史とフィクションは、スリルにみちた物語とのちに映画のなかに見いだすこととなる動画のマジックのなかで見分けがつかなくなってしまっていた。映画のなかでも、「歴史」はヒーローやヒロイン、高貴さと極悪さ、魔術師や魔女、そしてもちろん恋や情熱というイメージをまとって提示されていた。それでも、わたしは本や映画（そしてもちろん漫画）のなかで語られる話を現実と取り違えるようなことはなかった。それらは過去についての話なのだから、現在をつくりあげているのと同じ実在性をもったものではないだろう――。いま考えると、わたしは意識してではなかったとしても、暗々裡にそのように了解していたのではないか、と思う。

幸運にも、わたしは大学でウィリアム・J・ボッセンブルークのもとで歴史を研究する機会に恵まれた。彼の世代の偉大な教師の一人である。歴史は（物体と機械だけからなる物語ではなく）もろもろの思想、価値、夢想の衝突についての物語であり、弁証法的関係は事物ではなく観念のあいだでのみ成り立つ、ということを彼は教えてくれた。たとえば、革新的な政治は保守的な政治と対立したかたちで関連しており、そこでは、一方はみずからの肯定的なあり方を、みずからに敵対する者の否定的なあり方だと思うものの否定として定義することができる。それに対して、二つの事物（たとえば本とハンマー）同士の関係はそのようには立てることができない。ハンマーを本の反対物、あるいは対立物であるととらえうる方法はない。同じことはマルクスが『資本論』の序文で金の物神崇拝《フェティシズム》に関する議論をしたさいに拠りどころとした等価の関係についても言うことができる。

さらには共同体や社会についても事情は同じである。それらは自分たちを別の共同体や社会と対立や否定によって関係しているとみなすかもしれない。そして実際にも、たんになんらかの「他者」の「他者」になってしまうような仕方で振る舞うかもしれない。しかし、現実には、それらはたがいに異なっているにすぎないのである。歴史は大部分、自分たちを他の者たちに敵対する存在と定義している共同体――国民、社会集団、家族など――の物語である、とボッセンブルークはわたしに教えてくれた。現実には、それらのあいだに存在するのは相違でしかないにもかかわらず、である。彼はわたしに教えてくれた――それぞれの個体を相違と対立の双方を超えたところで評価するように、と。実際にも、「歴史」が存在するかぎり、そこには単独のものであれ集合的なものであれ、個体が存在するにすぎない、そして結局、歴史にはもろもろの個体しか存在しない以上、歴史は解かれるべきパズルであるよりは、熟思されるべきミステリーであるしかないというのがボッセンブルークの考えだった。聖書を研究する正しい方法についてのマイモニデス〔一一三五－一二〇四年。スペインのユダヤ教のラビ〕のとらえ方に似て、歴史を扱った作品の目的は、困惑を一掃することではなくて増大させることにあるのだった。

こういったことすべては、歴史と文学の関係とどのようにかかわっているのだろうか。最も直接的には、「歴史」という語は物質的な姿を呈して存在している事物や領域を指し示すものではなく、ある概念を表示するものだという事実とかかわっている。この概念は表示対象として「過去」とか「時間的過程」などをもつかもしれないが、そうした表示対象も概念であって事物ではない。また物質的な姿を呈してもいない。「過去」も「時間的過程」も、「痕跡」または物質的なものによってのみ知ることができる。そして、それらの「痕跡」または物質的なものが指し示すものが何であるかといえば、それらを生み出したものが何であったかではなくて、「何ものか」がある場所を通過したとか、その場所で何ごとかをおこなったという事実なのである。何ものがその場所を通過したのか、あるいはそのものがその場所でおこなったのが何であったのかは、謎のままにとどまるだろう。謎を解く方法を推理したり直観したりすることはできるかもしれないが、その推理や直観の性質はあくまで推測的なものにとどまらざるをえない。実のところ、謎への回答はたんに可能性にとどまるほかなく、それゆえ「フィクション」でしかありえない。

フィクションということで、わたしは現在、過去、さらには未来の、ある時とある場所で、「何が起こる可能性があったのか」、あるいは起こりえるかについての、構築もしくは推測の作業を指している。わたしの立場を正当化するためには、存在論と認識論に足を踏みいれる必要があるだろう。歴史を扱った作品の倫理と美学についても述べなくてはならないのはいうまでもないが、ここはそれを論じる場所ではない。わたし自身の立場は、第一に、「歴史的な過去(historical past)」の科学的な認識を可能にする条件についてのよくある考え方、すなわち、過去のものとなってしまった出来事、過程、制度、人物、事物は、なおも現存していることがらを知覚したり直接に認識したりできるようには知覚することも直接に認識することもできない、という事実とかかわっている。こうして、歴史的真実についての対応理論(correspondence theory)[1]は、「置き違えられた具体性の誤謬(fallacy of misplaced concreteness)」[2]を犯しているとして斥けられる。第二に、近代の専門的な歴史家たちは過去について言明するさい、文書資料、記念碑、その他の過去の現実の痕跡についての研究から導き出すことのできる言明にとどめている。しかし、専門的な歴史家たちが認めるそのような証拠の研究たるや、あまりにも場当たり的で、たんに常識的なものでしかない。しかも断片的であって、比喩形象的(figural)な(ひいてはフィクションを生み出すような)修繕をたくさんほどこさないことには、文体や論理の整合性(coherence)の基準にすら適合できないほどなのである。もろもろの(概念ではなくて)事物のあいだの関係は論理的に整合しており、したがって、ある関係をもつと想定される事物の現実および事物間の関係がその論理的整合性のなかに反映されているという考え――こうした考えは、現代において信用を得るにはあまりにも形而上学的で観念論的というほかない。

わたしは相対主義の立場(relativist position)をとっている。このことは十分に自覚している。しかし、過去、あるいはより特殊には歴史的な過去についてのわたしたちの知識の真理に――その意味についてはいうまでもなく――接近するのに、過去をつくった者たちの文化的前提と関わることなく、また、過去に接近したいと望んでいる者たちの文化的前提の光に照らすことなく、どのようにして接近できるのか、わたしにはわからない。あらゆることに相対主義を適用しようとしているのではない。なぜなら、はっきりとした指示と直接的な知覚に開かれていることがらや、原則として実験室で条件を整えておこなう実験で「再現しうる」ことがらについての知識の真理に接近するやり方としては、わたしは対応性の基準も整合性の基準も全面的に受け入れたいと思っているからである。しかし、歴史的なことがらは定義からして個別的であり、英語で“one-off”〔一度かぎり〕と呼ばれることがらである。また、定義からして、「過去のもの」であって、実験的に再現することも直接的に知覚することもできない（このことと、現在まで残っている過去の痕跡そのものとは別の話である。痕跡は、たとえ過去の行動や所業や過程の印や徴候をおびていようとも、定義からして過去とはまったくの別物である）。

だから、わたしは歴史的知識に関しては理論的理由（これについてはいましがた述べた）からも、実践的理由からも、構築主義の立場（constructionist position）を受け入れる。実践的な理由というのは、それがわたしに歴史的現実と呼ばれるもの（過去）と歴史的著作と「フィクション」と呼び慣わされてきたもの——ただし、いまはわたしはそれを（マリー＝ロール・ライアンにしたがって）「文学的な作品（literary writing）」と呼びたいと思っている[3]——とのあいだの込みいった相互関係を説明することを可能にしてくれるからである。

文学的な作品とは、そこでは発話の詩的な機能（poetic function）が支配していることからして、実利的ないし情報伝達的（メッセージ的）な記述とは区別された言語使用の様式である。文学的な作品（「文学」に対置されるものとしての）という観念は、歴史（あるいは歴史的な作品）とフィクション（あるいは想像的な作品）との区別を定義しなおし、両者が排他的な二者択一として対立しているという思い込みを乗りこえさせてくれる。フィクションが想像上の存在についての作品と同一視され、文学がフィクションと同一視される場合にのみ、歴史と文学の関係は現実の世界（過去と現在の）と、空想、夢、白昼夢や、その他同様の幻影的な活動（幻想、妄想、病的恐怖など）のあいだの対立以上の何ものでもないと見なされなければならなくなる。文学的な作品という概念は、「詩」あるいはより特殊には「詩的なもの」という観念を、専門技術的《テクニカル》かつ分析的な意味で利用することを可能にする。それだけでなく、フィクションを文学的なことすべての実体的な本質とみるのではなくて、「文学」という類のなかのひとつの種《スペキエス》としてその類に包摂することをも可能にする。というのも、すべての文学的な作品がフィクショナルな作品であるわけではなく、すべてのフィクショナルな作品がかならずしも文学的な作品であるわけでもないからである。伝記と自伝、旅行記と人類学的な民族誌はフィクショナルな作品ではないけれども文学的な作品であることもあるかもしれない。その一方で、サイエンス・ファンタジー、「チック・リット」〔若い女性をターゲットにした恋愛小説〕、テレノベラ〔ラテンアメリカを中心に製作・放映されるメロドラマ〕、広告などの想像的な作品は、かならずしも文学的ではないけれどもフィクショナルな作品である場合もある。言い換えるなら、いくつかのフィクショナルな作品は詩的な機能が支配的であるという意味で文学的な作品であり、その一方で、別のフィクショナルな――決まり文句からなっていたり、形式ばっていたり、たんにアルゴリズム〔演算〕ふうであったりする――作品は詩的な機能が欠如しているか、まったく存在しないために文学的な作品とはほど遠いのである。

　過去に書いた論考のいくつかで、わたしはしばしば、歴史という作品は事実とフィクションの混合体であると語ってきた。別の機会には、歴史という作品――とりわけ物語的なもの――は文学として、ひいてはフィクションとして理解するのが妥当ではないかとすら述べてきた。これは誤解を招く言い方だった。というのも、「フィクション」という語によってわたしが考えていたのはジェレミー・ベンサムのとらえ方であるとはっきり述べなかったからである。ベンサムによれば、「フィクション」とは、純粋に想像上のあるいは空想的なことに焦点を合わせた書き方や考え方であるというよりも、仮説にもとづく一種の考案物ないし構築物である。しかしながら、現在わたしが考えている歴史と文学の関係というのは、歴史叙述、歴史的散文、あるいは「歴史」を扱った作品と、想像的で文学的な作品一般という、二つの種類(ジャンル、様式)の文字化された言述のあいだで生じる関係のことである。想像的で文学的な作品一般という言い方をするのは、歴史叙述というのは芸術的な散文の体裁をとったカテゴリーないしクラスに属する作品の一ジャンルだからである。

もちろん、歴史を扱ったすべての作品が、詩や回想記あるいは小説が「芸術的」であろうとするような仕方で「芸術的」であるわけではないし、そうあろうとしているわけでもない。実際、一九世紀の初め以来、歴史を扱った大部分の作品は、レトリック上の工夫や詩的言い回しのパターンと認知されがちなものを排斥することによって、みずからが「客観的である」という主張をおこなってきた。その一方で、それらの作品は「過去に起こったこと」についての「ストーリーを語る」のだと称しており、歴史の真実を伝えるには、十分に使いこなされた物語の慣用表現に頼るに越したことはない、とあいかわらず示唆していた。そこで、この機会にわたしの考えをはっきりさせてもらうなら、第一に、わたしの見るところ、過去はかつて存在したがいまはもう存在しない出来事や事物でできている。第二に、歴史家たちは、現在存在する過去の痕跡を研究することによって、過去に接近しそれを理解することができると思い込んでいる。そして最後に、「歴史的な過去」というのは、過去のうち、研究がなされたあとで、慣例的に「歴史」と呼ばれており、何が「本来」歴史的なものであり、何がそうでないかを決定する権限を与えられた専門的な歴史家たちによって「歴史」であると承認されているジャンルのなかで表象（あるいは提示）される側面を指したものでできているのである。

このことを述べたのち、そして「歴史」とか「歴史的なもの」というのは自分たちが「歴史」や「歴史的なもの」と考えて実践しているものを指すという、専門的な歴史家たちの確信になんらかの理論的根拠を事実上提供したのち、いまやわたしは（マイケル・オークショットにしたがって）指摘しなければならない――「歴史的な過去」と呼ばれているものは、ひとつの構築物であって、かつては存在したがいまではもう存在しておらず、それらが存在した証拠もほとんど残していない、さまざまな出来事や事物の総体として理解された過去のなかから選択されたひとつのヴァージョンにすぎないのだ、と。[4] 歴史家たちが事実上のストーリーを（想像上のストーリーではなくて）語ることのできる歴史の主体――国家とか国民とか階級とか場所とか制度とか――をいつも特定しなければならないのは、このためである。言い換えるなら、歴史的な過去は、不断に変化する全体としての過去から区別されなければならないのである。歴史的な過去は、そうした全体としての過去のあくまでも一部にすぎないのである。

オークショットは、全体的な過去と歴史的な過去に加えて、個人、集団、制度、機関の「実用的な過去（practical past）」と呼ぶものを考えるべきではないか、と述べていた。すなわち、人々が個人ないし集団の成員として、日々の生活や極限状況（破局、災害、戦闘、法廷闘争その他の抗争など、生存がかかった状況）のなかで判定し決断をくだすために参照する過去がそれである。歴史的な過去やその過去についての知識が実生活のなかではほとんどなんの役にも立たないことは明らかである。実際、専門的歴史家たちは、自分たちは「歴史的な過去それ自体」に、あるいは過去をそのものとして理解することにまずもっては(それだけではないにしても)関心があるのであって、過去から現在へ実用的ないし功利的な推論を引き出そうとするどのような欲求にも抗すると公言している。さらに、専門的な歴史家がその専門的知識を利用して現在の制度や権威(国民、国家、教会など)を擁護するときには、学者という職業の根幹にある客観性と公平無私の原則を必然的に侵すことになると一般に考えられている。

現在における特定の政治的ないし社会的な施策への信認を強化しようとするさまざまなイデオロギー的歪曲を突きとめ、そうした歪曲を正しい専門的歴史叙述が表明する客観性と公平無私の力によって中和すること――過去についての自分たちの記述はそのような権威をもっている、と専門的な歴史家たちは概して主張してきた。こうして、近代的な科学的歴史研究が何であろうとしているにせよ、それが現在の実生活に資することができるのは、主に実用的な利害関心によって生み出された、過去についての歪曲、神話、幻想を矯正したり中和したり解消したりすることができるかぎりにおいてなのだった。近代の啓蒙された(世俗的ないし非宗教的な)社会で、歴史的な過去と実用的な過去のあいだに根源的な衝突が存在するのは、このためである。しかし、そうであるからこそ、近代社会は、一般に「歴史」と呼ばれているものを対象としながら、実用的な過去を――専門的な歴史家たちが内容(事実情報)というよりも形式(物語《ナラティヴ》)の面においてつくりあげてきたものに似た描写、分析、提示のテクニックを利用しつつ――表現する方法を必要としているのである。

近代の西洋社会で、この目的のためにとりわけ発展してきた言述の主要なジャンルは、近代的なリアリズム小説であった。そして、その特徴は(エーリヒ・アウエルバッハが論じたように)「歴史」を主要にして最終的な言及対象としたということであった。しかし、近代のリアリズム小説において言及対象になっているとアウエルバッハが述べた「歴史」というのは、「実用的な過去」のことであった。そして、これを専門的な歴史家たちは本来の意味での科学的ないし客観的な取り扱いには適さないという理由で自分たちの研究対象から除外してきた。

　しかしながら、実用的な過去は文学的な――すなわち芸術的ないし詩的な――取り扱いには適している。その場合の文学的というのは、純粋に想像的ないし空想的という意味での「フィクショナルなもの」とはおよそかけ離れている。過去についての文学的な取り扱いは――モダニズム小説のさまざまな例において（しかしまた詩や演劇においても）見られるように――実在した過去を最終的な言及対象（ディスクール〔言説〕理論で「内容の実質」として言及されるもの）としつつ、実在した過去のうち、歴史的な過去が扱うことのできない側面に焦点を合わせるのである。

　一例を挙げるなら、過去の政治は歴史研究の伝統的なテーマだが、それは過去の政治が共同体の生活の重要な要素であるにとどまらず、その発展の過程を歴史的に正しく再構成することができるような文書化された証拠があるからでもある。恋愛とか仕事とか苦難といったようなトピックや、それらのあいだの関係については、事情はまったく異なる。それらは実在する（あるいは実在した）が、接近するには、想像的な仮説を立てて実用的な研究の対象とするしかない。W・G・ゼーバルトの『アウステルリッツ』〔二〇〇一年〕で描かれるホロコースト後のヨーロッパや、フィリップ・ロスの『アメリカン・パストラル』〔一九九七年〕における第二次世界大戦後のニュージャージー州ニューアークの「ムード」ないし雰囲気が、それにもかかわらず「歴史的なもの」でありえているのは、もっぱら証拠にもとづいているよりも想像によっているためである。これら二つの作品はいずれも明らかに「文学的な」やり方で書かれているが、本来の意味での「フィクション」に分類することはできない。両作品の最終的な言及対象は「歴史」である。たとえ、表向きの形式(「表現の実質」)こそ想像的であるとしてもである。どちらも、「実用的な過去」の使い方の完璧な見本である。

H・W

サンタ・クルーズ、カリフォルニア

実用的な過去

目次

序　言

第1章　実用的な過去

フィクションとは、歴史の抑圧された他者である。

――ミシェル・ド・セルトー[1]

1

W・G・ゼーバルトの「小説」である『アウステルリッツ』の冒頭付近で、ナレーターは、この作品のタイトルの由来にもなっている主人公「ジャック・アウステルリッツ」を紹介する。[2] このナレーターは「ベルギー」、とくに「アントワープ」へ何度か旅をくりかえしており――《なかばは研究の目的で、なかばは判然とした理由のつかぬまま[3]》――、その旅において彼は、アントワープ中央駅の待合室(「サル・デ・パ・ペルデュ」)に行き着くことになった。そしてそこで、このナレーターは待合室の写真をとっていたアウステルリッツと出会い、たまたまアウステルリッツの専門であった建築史について会話をすることになった。アウステルリッツは、彼が一六歳のとき初めてその存在を知ることになる、第三帝国の死の収容所で処刑されたかもしれない(されていないのかもしれないが)チェコ系ユダヤ人である自分の家族について情報を捜しているということが後に判明するのだが、以上のようにして、一九六七年、ナレーターとアウステルリッツの一連の出会いがはじまり、それがストーリーとなっている。

　この小説は、アントワープ中央駅の「サル・デ・パ・ペルデュ」での最初の出会いから、パリのオーステルリッツ駅での最後の出会いに至るまで、ナレーターとアウステルリッツのあいだの、時に偶然の、時に予定された数多くの出会いを結びつけていく。そしてこの最後の出会いの場において、ジャック・アウステルリッツは、ある過去が実際に存在したことを証するモニュメントを破壊するというやり方すら含め、過去の秘密を生者から隠すことができるさまざまな方法を、ナレーターに対して語っていく（たとえば、当時新たに建造されたパリの国立図書館の場合であれば、つぎのようにである。《あの新しい巨大図書館、今しきりと使われている醜悪な表現によれば、〈わたしたちのあらゆる文字遺産の宝庫〉たらんとしている図書館は、五〇年以上も前にパリで消息の絶えたわたし〔アウステルリッツ〕の父の足取りを捜すにはまったくの役立たずだとわかったのです[4]》。アウステルリッツが、その新しい国立図書館の役の立たなさに抗議したかったのか、それともたんに、古い図書館が失われたことを嘆いているだけなのかはよくわからない。ただ、いずれにせよ、ジャック・アウステルリッツが自らのアイデンティティと彼の両親とを捜す行為は、ある「記憶の場所」から別の「記憶の場所」への空間の旅というかたちで描かれている。そして、何かがひとたび「遺産」として表現（present）されてしまうと、過去について役に立つ知識を得るのに対して一種の妨げとなりうるということについて、その妨げになるさまざまな側面が、記憶の場所のそれぞれをとおして明らかになっていくのである。最後の（いや、むしろ最後から二番目の、というべきだが）到着地は、テレージエンシュタットの有名なポチョムキン村の強制収容所であった。ここは、死の収容所への一時通過点が、マリエンバートのような温泉保養地の装いを施されて置かれた場所なのだった。このように、強制収容所が高級な隠居用の街として偽装されていたことによって、ヨーロッパ全土に充満していた〈記憶の妨げの〉達成のイメージが浮かび上がってくる。そのイメージのもとでは、人文主義やキリスト教、国民やコミュニティ、国家や教会といった古き良きさまざまな価値が、実は《動物たちを入れておく園》にすぎないものに、すなわち、あわれな囚われの動物たちが、自由と責任ある場を治めていると信じている外の人間の訪問者たちを物憂げに見つめる動物園にすぎないものに見えてくる。

『アウステルリッツ』の冒頭で、ナレーターは〈アントワープ中央駅でアウステルリッツに出会う前に〉アントワープ動物園の「夜行獣館」を訪れている。夜行獣館とは、日中は眠っていて、夜だけ外に出てきて、日光のもとでは目が見えず暗闇のもとでは目が働く動物たちが囲い込まれている場所である。ナレーターは、暗闇でしか目の見えない動物たちの目について考えながら、アウステルリッツとの出会いの説明をはじめ、そうした動物たちの目を、たとえばウィトゲンシュタインのような〈ちなみに、テクストには、ウィトゲンシュタインの目の写真が掲載されている〉、哲学者たちの目になぞらえている。というのも、哲学者たちは、概念によってではなく、イメージによって見ることをわたしたちに教えてくれるからである。このセクションにつづいて、長い描写が置かれている。最初は、アントワープ中央駅の待合室の形状や装飾について、つぎに、アントワープを取り囲んで造られたブレーンドンク軍事要塞防壁の構造、概観、歴史について。この防壁の歴史の描写は、都市を守るにはまったく役に立たなかったことにはじまり〈さらにこの要塞は、内部に兵士を配置できなくなるほどに拡張と増強がなされ、その失敗を重ねていった〉、第二次世界大戦期、ゲシュタポによって要塞が収容所や懲罰所として使われたことにまでわたるものだった。ジャック・アウステルリッツは、自らのアイデンティティを確立するため、いや少なくとも、そのアイデンティティのうちでも自分の出自に関する知識につながるかもしれない部分だけでも得るために、歴史に関する自らの専門家としての知識を利用しようと努力しながら、戦後のヨーロッパじゅうを旅していく。ゼーバルトが描くナレーターがこうしたアウステルリッツの旅を報告するさい、このブレーンドンク要塞は、ある種の支配的な隠喩としての役割を果たしている。

このテクストのドイツ語版表紙に書かれているように、もし『アウステルリッツ』が「小説（Roman）」であるとするならば、この作品は、とりたてて何も起こらない小説、しかも、単独のプロットやプロット構造にかろうじて似たものすらも欠いている小説（「失敗した探求」の小説とでも呼ぶのか？）、そのうえ、ヘンリー・ジェイムズ流に言えば、すべてが「登場人物」の上で回転しているかのような小説である。例外として、アウステルリッツとナレーターの両者の場合のみ、「登場人物」という概念そのものが、「特性のない男」の破片断片へと解体してしまっているが。だが、それにもかかわらずこの本は、歴史についての、魅惑的とまでは言わずとも興味をそそる情報・体験談・知識に満ち、それらを一つにつなぎあわせたものなのである。ナレーターは、アウステルリッツが専門分野（美術史）に深い造詣があることを、実に説得力のある仕方で演出しており、さまざまな歴史的モニュメントや有名な歴史的出来事の起こった場所についてのアウステルリッツによる描写は、まさに、語の通常の意味で「写実的（realistic）」である。この作品ではつぎのような場所や建造物がつぎつぎに描写されていくが、まさに、そうした描写と描写の隙間にこそ、この「小説」の意味は立ち現われてくる。すなわち、それらの場所や建造物の描写とは、「文明」が、いかに悪や監禁、排除、破壊、そして以下のような類の屈辱の構造の上に築かれてきたのかを証するようなものなのである。夜行獣館の仄暗い光のなか、《真剣な面持ちで小さな川のほとりにうずくまり、くり返しくり返し一切れの林檎を洗い、そうやって常軌を逸して一心に洗いつづけることで、いわばおのれの意志とは無関係に引きずりこまれた、このまやかしの間違った世界から逃げ出せるとでも思っているかのようだった(5)》小さなアライグマが耐え忍んできた屈辱である。

ゼーバルトの本においては、現実世界、言い換えれば、歴史的で経験的で史料の裏づけのある「事実」が突出して描かれているため、この本を「フィクション」として分類するのは難しい。たしかに、この本は「文学」、あるいは文学的叙述である。というのも、他の「詩的」と認められうるような作品と同じくらいに、この本も、自覚的に《飾りが施され》、その「技巧」が目につくからである。しかし同時に、この本ではそうした工夫がいずれも、現実の歴史的な指示対象へ接近できるようにするために使われている。まさにそれは、わたしたちの自慢の「文明」が長所や有利な点だと思って所有しているものが、実は近代人固有の残酷さのあり方に起因していることを説明する手段として、ベンヤミンも認めるであろうやり方そのものである。言い換えれば、『アウステルリッツ』においてゼーバルトが用いている文学的装置は、歴史的事実という現実世界に対する(本来的に倫理的あるいは道徳的な)判断を正当化する手段となるフィクションのレンズを生み出すよう、機能しているのである。この本では、ジャック・アウステルリッツは、彼の「フィクション」の両親についての情報を捜して探求をおこない、それをナレーターが説明していくことで、わたしたちの眼前には歴史的世界が展開される。だが、この歴史的世界の本質に関して、わたしたちはこの本から何の「議論」も引き出せないと言わねばならない。いやむしろ、つぎのように言うべきである。仮にこの本からなんらかの議論を引き出せるとすれば、それは、行動(というか非行動)の連なりをとおして報告されたさまざまな出来事が、形象をもちいてどのようにコード化されているか、というその方法からのみ、推論される議論なのである。一連の出来事は、物語化する方法をとおして、つまり、一つのストーリーという姿形を与えられることをとおして関連をもたされており、そうした出来事についてのあらゆるストーリーないし説明は、たしかに、その本質において純粋に概念上のものである装置へと翻訳することもできるかもしれない。たとえば、レイコフがあらゆる隠喩文を扱ったやり方(つまり、隠喩文を偽装された概念として扱うやり方)にならうことによって[6]。しかし、ゼーバルトによる現実の歴史的世界の説明に対してフィクション性を与えているものが、まさに、ナレーターの役割や、主人公の失われた出自を探す「想像上の」旅の「意味」を概念上のものにしてしまおうとするあらゆる衝動に対し、ゼーバルトが強く抵抗している点にこそあるのだ、ということは強調されねばならない。

他方、この本は、明らかに歴史ではない。たとえ、この本の「内容」やその究極的な指示対象が明らかに「歴史的なもの」であるとしても、やはりそうなのである。個人の人生ないし実存にとっての意味を探す場合には、「歴史」についてのたんなる「歴史学的な」知識は、問題を解決するよりもむしろ問題を増やすことも多い。しかし、そうしたことで生じるメランコリーに満ちているという意味でのみ、この本が歴史ではない、と言っているわけではない。それ以上に、ヴァルター・ベンヤミンの場合と同様、ジャック・アウステルリッツによるヨーロッパの近代の過去への探求のストーリーは、「歴史を作った」人々が、自分たちの意図を顕彰しモニュメント化するのと同様に、自分たちのしたことの証拠を隠蔽することにも関心があった——たとえば、ナチスのように——ということ以外、何も明らかにしていないように思えるのである。そのため、わたしたちがアウステルリッツのストーリーについて考えることからなんらかの教訓を引き出すことができるとすれば、アモス・フンケンシュタインが「反歴史（antihistory）」と呼ぶものの妥当性を測り評価できるような基準となる「歴史」など存在しないのだ、ということになる。ちなみに、フンケンシュタインはこの「反歴史」という語によって、適切な歴史叙述の「真実」を覆い隠して見えなくすることを意図した「神話化作用」のことを言わんとしていたのだった。それは、「真実」のために書かれるだけでなく、つねに真実に「反対して」書かれるという点で、まさに反歴史なのである。

したがって、わたしたちは『アウステルリッツ』を、歴史小説として、つまり、ウォルター・スコットによって考案され（たということになっている）、トルストイの『戦争と平和』によって頂点に達したジャンルのポストモダン・ヴァージョンとして分類したくなるかもしれない。わたしが思うに、『戦争と平和』は、スコット、マンゾーニ、デュマ、ユーゴー、ディケンズ、ジョージ・エリオット、フローベール、その他一九世紀ヨーロッパの計り知れない無数の作家たちの手によって培われてきた歴史小説というジャンルを、頂点に押し上げると同時に「脱構築」している。(7)『アウステルリッツ』は、歴史の不可能性のアレゴリー、あるいはニーチェの言い回しを借りれば、《生にとっての》歴史の損害のアレゴリーとして読めるという点を除けば、歴史小説だと言うことができるかもしれない。そのように考えるならば、ゼーバルトの「小説」は、二〇世紀初頭にいわゆる「歴史主義（Historismus）の危機」によって生じた議論、すなわち、歴史と文学の関係、ファクチュアルな叙述とフィクショナルな叙述の関係、写実主義的叙述と想像上の叙述、ないし合理的叙述と神話的叙述の関係をめぐる議論に対して、ポストモダン特有のやり方で貢献していると見なすこともできる。そして、もしここでのわたしたちの目的がこうした議論に参加することであるとするなら、つぎのような事実は説明しておかねばならないだろう。すなわち、スコットやゲーテ、バイロンの時代に誕生した歴史小説というジャンルは、専門的な歴史家たちによって広く非難されていた――というのも、歴史家たちは、それがファクトとフィクションとを混同し、アナクロニズムを構成要素として含み、過去を想像という手段によって確かめようとしていることを、《種を混同するなかれ》というモーセの律法に反するような、罪悪とまでは言わずとも犯罪を犯していると見なしたからである――と同時に、教養ある大衆たちのあいだでは実質的に広い人気を得ていたという事実である。さらに、つぎの事実も説明すべきだろう。この歴史小説という文学ジャンルの権威と名声は、一九世紀後半に登場した新しい学問分野の形成にともなって陰りを見せ、偉大な文学的モダニストたち(ジョイス、パウンド、T・S・エリオット、ガートルード・スタイン、プルースト、カフカ、ヴァージニア・ウルフなど)の手によって目のくらむような変貌を遂げたが、最終的に、「ポストモダン」というラベルによってわたしたちが賞賛したり非難したりするほぼすべての作家たちによって、多少違ったやり方と音色で再興された、という事実である。リンダ・ハッチオンとエイミー・エリアスが(少なくとも、わたしにとって満足のいく仕方で)証明したように、ポストモダニストの叙述における支配的なジャンルとは、《歴史叙述的メタフィクション》(ハッチオン)ないし《メタフィクション的ロマンス》(エリアス)と呼ぶほかないものなのである。

トマス・ピンチョン(『競売ナンバー49の叫び』『V.』)、ドン・デリーロ(『リブラ　時の秤』『アンダーワールド』)、フィリップ・ロス(『アメリカン・パストラル』『アメリカに抗するプロット』)、イスラエル人作家ミハル・ゴブリン(『スナップショット』)、ロバート・ローゼンストーン(『オデッサ王』)、ノーマン・メイラー、ウィリアム・ギャス、コーマック・マッカーシー、パット・バーカー、J・M・クッツェー、ジョナサン・サフラン・フォアなど、多様な作家によるさまざまなかたちをとおして歴史小説は復活したが、そうした復活は、ナチスによる人道に反する罪、つまり、ユダヤ人、ロマ、同性愛者、精神病者らに対するジェノサイドをめぐる戦後の議論というコンテクストに置かれねばならないものである。まさにそれは、ホロコーストの意味と重大性に関する問題全体をめぐる議論であり、ヨーロッパのみならずそれ以外の植民地主義の国々においてさえも、《過去と折りあいをつける》必要性が感じられた結果なのである。さらには、西洋が閉じ込め、飼いならし、無力化させることもできず、さもなければ平伏させて恥辱を与えることもできなかったものを、西洋に破壊させた当の学問や文化によって可能になった前代未聞の出来事について、その結果をこうむったり、犠牲になったり、それをかろうじて生き延びた人々からの要求の結果なのである。こうして広まった《過去と折りあいをつける》ための努力とは、たんに、国民・階級・人種・ジェンダーの過去に関して、無視され、押し込められ、抑圧され、視界から隠されてきたものを暴くことのみを指すのではない。それだけではなく、専門的な歴史家という新たな集団によって生み出された過去に関する知識の性質について、その有用性、価値や重み、長所と短所をあらためて考え直さざるをえない、あるいは、多くの人がそうしたことを考え直す必要性を感じているると思われる。ここで言う専門的な歴史家という集団とは、一九世紀後半、ヨーロッパの国民国家に仕えるために確立され、同時に、「学問(Wissenschaft)」という地位への主張を振りかざすことで、つぎのようなさまざまな問題に答えることを正当化していった集団のことである。すなわち、現在や過去に関してどのような問いを問いうるのか、そうした正しい問いに答えようとする場合にどのような証拠を用いうるのか、これらの問いに対する正しく「歴史学的な」答えを構成するものは何なのか、そして、道徳的・社会的関心――カントが「実践的な」(カントはこの語によって、倫理的ということを言わんとした)問題と呼んだもの、つまりわたしは(わたしたちは)何をなすべきか――という中心問題に答えんとするその時代の努力を明確にしたりそれを照らし出したりする場合に、歴史学的な知識の正しい使い方と正しくない使い方との境界線はどこに引かれるのか、といった問題にである。

2

まさにここにおいて、わたしは「実用的な過去」という主題に辿りついたのである。この主題にアプローチするためには、わたしはこうした回り道をしなければならなかった。すなわち、歴史小説の議論をし、ポストモダニストの文学的叙述の議論をし、ゼーバルトの歴史や歴史的なものに対する特異な捉え方について議論する、という回り道である。そして、そうした回り道をした目的は、わたしが冒頭のエピグラフに掲げたミシェル・ド・セルトーの言葉《フィクションとは、歴史の抑圧された他者である》について、何か価値のあることを述べることができるようにするためである。ここからのわたしの議論は、以下のような内容になる。一九世紀初頭に歴史学が自らを科学的な(あるいは、準科学的な)ディシプリンとして構築することに成功した方法の一つが、歴史叙述を、一〇〇〇年単位の結びつきがあったレトリックから切り離すことだった、ということである。そして、そこから切り離されていったのは、とりわけ文学的美文、つまり、アマチュアやディレッタントたちの創作活動、言い換えれば、想像力や直観、情念、さらには偏見までもが、本当らしさや明瞭さ、「平明な」言葉遣い、常識などより優先されても許されるような、より「創造的」で「詩的」な種類の叙述であった、ということである。まさに《打倒レトリック！》という感情。こうしたヴィクトール・ユーゴーの気持ちが、後に「写実小説」と呼ばれるようになるものの支持者たちにも、とりわけ、「様式」と自身が呼んだ(おそらく、自身が発明した)ものを守るためにレトリックを貶めることで自らのリアリズム・ブランドを形成したギュスターヴ・フローベールにも、共有されていたのであった。しかし、歴史叙述からのレトリックの排除(ここでのレトリックとは、説得、行動の誘発、尊敬や拒絶の念の鼓舞など、さまざまな実用的な用途のために、なんらかの情報をまとめ上げるための文章構成の理論として理解されているものを指す)は、「文学的叙述」からレトリックを排除することで「文学」に生じるであろう結果とは、似ているようでまったく異なる結果を歴史研究に及ぼすことになった。

かつての、レトリックによって構造化されていた歴史叙述の様式は、公共領域での生活に対する準備教育として、また、神学や形而上学に代わる別の土台として、過去についての研究や考察を広く促進するものであった(さらに、アリストテレスが「実利的」と呼んだ商業・貿易の生活の経験から引き出せるような種類の知識の代わりとなったことは、言うまでもない)。まさにそうした場合の目的とは、倫理の中心問題《わたしたちは何をすべきか(しなければいけないのか)》に答えるための原理原則を発見したり考案したりすることだった。あるいは、レーニンの言葉を使えば、《何をなすべきか》。

さて、歴史研究の専門化によって、原理的には少なくとも、次のことが要求されてきた。すなわち、過去についての(教説ではなくむしろ事実という)真実への欲望以外には、一切の外的な動機をもたず、また、未来への行動や計画を正当化するために、過去の研究からなんらかの教えを引き出したりその教えを現在へと持ち込んだりするような気も起こさず、過去とは《それ自身のために》あるいは《それ自体において》という言葉のとおりに研究されるべきだ、ということである。言い換えれば、歴史学とは、科学という自らの地位において、あらゆる倫理的な内容を切り離すよう目指された、過去についての研究のための学問だった。また、それと同時に、国民国家の系譜学の管理人として、国民国家に仕える学問でもあった。したがって、「歴史的な過去」を研究することを目指す一方で、歴史叙述は、学問的な装いのもとで、「実用的な過去」の需要や利害関心をも満たしていたのだった。

3

では、実用的な過去とは何か。この概念は、政治哲学者マイケル・オークショットの後期の著作の一部に由来している。そして、この概念は、わたしたち全員が日常生活のなかでもっているような過去についての観念、しかも、わたしたちが自分たちの現在の「状況」と見なす場のどこにおいても出会うあらゆる実践的な問題——個人的な事情から大きな政治問題に至るまで——を解決するのに必要な情報、考え方、モデル、戦略として、時には行き当たりばったりに、時には最善のものとして、わたしたちが利用するような過去についての観念を指している。この実用的な過去とは、記憶や夢、欲望からなる過去であると同時に、個人・集団双方にかかわる問題解決や、生存戦略・戦術の過去でもある。

オークショットは、実用的な過去という概念を、彼が「歴史的な過去」と呼ぶものを定義するための基礎として持ち出している。歴史的な過去とは、近代的な専門的な歴史家によって、歴史の全体のうちで、修正され組織化された部分として構築された過去を指す。そして、歴史のそうした部分は、歴史の控訴裁判所にも提出可能なものだと他の歴史家たちから認められた証拠にもとづき、実際に起こった過去であると認定されてきた。歴史的な過去とは、専門的な歴史家によって出版された著作や論文のなかにしか存在しない、理論的な動機のみに起因する構築物なのである。歴史的な過去は、それ自体に目的があるものとして構築され、現在を理解したり説明することにとって、ほとんど、あるいはまったく価値をなさず、現在において行動したり未来を予見したりするガイドラインも一切提供してくれない。これまで、だれひとりとして、この歴史的な過去を実際に生きたり体験したりしたことはない。というのも、過去の動作主体が、自分たちにとっての現在において世界について知り、考え、想像していたものがどんなものであったとしても、歴史的な過去とは、そうしたものにもとづいて把握されるわけではないからである。歴史家は、事態のその後の成り行き全体を事後的に把握できる視点から過去を眺めることで、過去の動作主体がその当時においてはけっしてもつことのできなかった過去の現在について、なんらかの知識を主張できるのである。

もちろん、かならずしもいつもそうだったわけではない。歴史叙述は、それが誕生した時点においては、とくに公共的なことがらにたずさわる場面で、どう振る舞うべきかという教訓やモデルを生きている人間に教え、提供するものだと考えられていた。そして、こうしたあり方は、一八世紀まではつづいていた。しかし、一九世紀になると、歴史研究は、まさにそれが一学問へと変貌することに成功するのに比例して、実践的な有用性をもつことを一切やめるようになった。歴史家が教えてくれるのは、歴史的な過去のどこかで起こったことに関して、正しく所有された証拠にもとづいて何を信じたらいいのかということだけであって、自分の現在の状況にどう対処したらいいのか、今の実践的な問題をどう解決したらいいのかということを何も教えてくれないのである。判断や決断が必要とされている現在の状況において、役に立つ過去があるとすれば、それは唯一、ラインハルト・コゼレックが「経験の空間」と呼んだ歴史である。経験の空間とはすなわち、アーカイヴ化された記憶や観念、夢や価値が収蔵され、わたしたちがどこから来たのかという手がかりを捜して、わたしたちが一種の「骨董品店」として足を運ぶような貯蔵庫である。そして、そこへ足を運ぶ目的とは、今の「実践的な(practical)」問題の解決につながるかもしれない遺産としてわたしたちに破片の山として残されているものをどう処置すべきなのか、なんらかの仕方で把握するためなのである。

ここで、「実践的な」という語は、何かをする必要があるという人間特有の意識から生じる、というカントの意味において理解されている。わたしたちは、《わたしは(あるいは、わたしたちは)何をすべきか》という問いに直面したとき、記憶や夢、空想、経験や想像など、実用的な(practical)過去をあてにする。歴史的な過去とは、そうした場合、わたしたちの何の助けにもなりえない。なぜなら、それが教えることができるのはせいぜい、別の時間、場所、状況にいた人々がその時その場所で何をしたか、ということだけだからである。こうした情報には、今自分たちのいる状況において、今いる時と場において、道徳性そのものの可能性を信じさせてくれる定言命法が定める基準を遵守するためにわたしたちが何をすべきかを導き出してくれる保証は、いささかも含まれていない。

さて、以下では、歴史学が言述としての地位から科学(ということになっている)としての地位へと変容しはじめたとき以来、歴史哲学を悩ませつづけてきた問題を理論化できるようにすることを目指し、オークショットの実用的な過去と歴史的な過去という区別が含意するものについて、もう少し詳しく展開していこう。こうした問題が発生したのは一九世紀初頭である。このとき、自らを一科学として構築するために、歴史学は、それまでレトリックに住まっていたあり方から距離をおき、そこから分化していかねばならなかった。レトリックからの歴史学の疎外——歴史学はそれまで、書簡誌学や哲学、ロマンスと並んで、レトリックの一部門と考えられていた(たとえば、ヒュー・ブレア(8)を参照)——は、まさに、文学、より正確には「文学的叙述」がレトリックから徐々に切り離され分化していったのとちょうど同時期に起こった。フローベールや他の人々は、一方では、古典的な雄弁表現の形式的様態だと思われてきたものよりも、他方では、ロマン主義的な「天性」をかなり乱雑もしくは「自然発生的に」表出させたものよりも、知覚や判断の記述と融合した様式のほうを評価することで、レトリックから「文学」を切り離していった。

しかし——アウエルバッハや他の人々が示したように——、一九世紀に洗練されていった「文学」という概念は、新しい「形式」のみならず、新しい「内容」をも引き受けることになった。その内容とは、「写実主義」の教説に定式化されているように、「歴史的な現実」と呼ばれることになるものにほかならなかった——しかも、もはやそれは「過去」にすら限定されず、「現在」にまで拡張されていく。アウエルバッハが正しいとすると、時間を越えた価値や基準によって過去を一般化したり判断したりする衝動が一切なく、過去のあらゆる側面を《それ自体の観点で》《それ自体のために》見るように主張したのが「歴史主義」であり、この歴史主義的態度こそが、文学的写実主義というイデオロギーを形成し生み出し、また、フランスとアメリカでの革命の勃発、資本主義の到来、偉大なるヨーロッパ帝国の始まりの時代において登場しつつあった新たなる社会階層に対して、(写実主義的な)小説が提供できると思われていた特殊な種類の知識の基礎を構成したのである(9)。

近代小説は、一八世紀初頭にその出自がある。そのとき、家庭のなかにとどまっていた中産階級の女性向けのマニュアルへ、つまり、農民や貴族階級に意味を与えていたような階級特有の実践が存在していなかったために、そうした女性たちが神、夫、家族、友人たちへの義務を満たすために「何をしなければいけないか」のヒントを追求する「いかに生きるか」のマニュアルへと、ロマンスが変化していったのである(10)。その後、一八世紀後半においては小説の発展を男性が全面的に支配したために、小説はまず、教養小説(Bildungsroman)へと変化し、ついで、古典的なリアリズムに属する職業、仕事、恋愛の小説へと変化していった。階級の違い、職業選択、新しい仕事と労働の様態、新しい感性、さらには新しい身体(未婚の叔父、処女の叔母、精力のない息子、乱交する娘)までもが(11)、突然「歴史的な現在」の舞台に登場し、バルザックやフローベール、ディケンズ、ジェイン・オースティン、ジョージ・エリオット、サッカレーらによって形式と内容が与えられる頃までには、写実主義的な小説は、「現在のなかにある過去」を呼び出す方法を曽孫の世代にまで教えてくれる新しい「歴史的な現実」の地図を描く作業に着手していた。この「現在のなかにある過去」とは、ジョゼフ・コンラッドやヘンリー・ジェイムズ、オスカー・ワイルド、トーマス・ハーディ、エミール・ゾラらが、専門的な歴史学では解決することのできない謎として直面したものであった。というのも、その当時、すでに歴史学を専門的に学ぶことは、過去の「正しい事実」を扱う作業に限定されるようになっていたからである。ヴァルター・ベンヤミンがその代表だが、その次の世代が、社会や文化を刷新するためのリソースとして神話や記憶、夢に属する過去に手を伸ばそうとする場合、専門的な歴史学を学ぶことがそもそも妨げになると見なしたとしても、それはさして不思議なことではない。もはや歴史学は、リソースであったものから、問題そのものになってしまったのである(もちろん、それは専門的な歴史家や大半の歴史学者にとって、という意味ではなく、作家や詩人、劇作家にとってきっとそうだった、という意味である)。アウエルバッハが、近代写実主義小説の内容(ないし、究極的な指示対象)を「歴史的な現実」だと喝破したとき、たしかに彼は正しかった。しかし、その当時の偉大な小説家たちがよみがえらせようとしていたのは、実は「歴史的な過去」ではなく、むしろ「実用的な過去」だったのである[12]。

4

ここで、歴史叙述と同じくらい古く、同じくらいに尊重されてきた叙述の実践がもつ多様な側面に対して、批判的な反省を加えてみてもよいだろう。どの学問分野であっても、批判や自己批判にさらされるべき学問的実践の最も重要な側面の一つとは、あまりにも明らかなので「言うまでもない」とされる前提や仮定の山が、当該の実践にとって根本的だと考えられているということである。歴史研究の場合、ファクトとフィクションの分離など、まさにそうしたトポスの一つである。この分離こそが、近代的な歴史研究において、疑う余地のない真理として仮定されている以下の対立を支配してきた。すなわち、歴史と文学はなんらかの点で決定的に対立しあうものであって、それらを混同してしまうと、歴史の権威と文学の価値の双方を貶めてしまう、という対立である。

しかし、である。のちに「歴史」と呼ばれるようになるストーリーテリングのやり方は、のちに「文学」と呼ばれるようになる文化的実践のやり方のなかから発生したものなのである。たとえ、過去二世紀にわたって歴史が「科学的」になろうとし、「文学」生まれという自らの出自の汚点を拭い去ろうと尽力したとしても、それでも、歴史はこの努力に完全に成功することはなかった。わたしがこの章のエピグラフとして選んだド・セルトーからの引用が示唆するように、歴史は、自らの反対に立つ他者として「文学」を想起することなしには、科学性の主張を表明することができなかった。まさにこうした歴史と文学の対立こそが、「実用的な」ディシプリンとして役立ちたいという歴史学の野心をくじけさせ、過去についての歴史学的調査・考察・叙述には想像力の働く余地がないという信念を支えているものなのである。

ここで、ヘロドトスやトゥキュディデスによる歴史の始まり以来、歴史がとくに教育的なディシプリン、さらには実用的なディシプリンと見なされてきたことを想起してみよう[13]。フーコーが思い出させてくれたように、歴史はつねに——ほんのつい最近に至るまで——、科学としてではなくむしろ、実用的な、言い換えれば倫理的な言述として機能してきた。古代でも、近代でも、中世においてさえ、歴史的言述はレトリックの一部門とされてきたのであり、そして当のレトリックは、「何をなすべきか」という倫理的問題の場として、神学に次ぐ座を占めてきた。しかし、ミシェル・ド・セルトーが主張するように、歴史研究が（疑似的な）科学へと変容したことで、歴史の権威は、《実例によって哲学を教える》ことと、すなわち、社会に必要とされ、ゆえに社会から賞賛されるような信用すべき模範者を描き出すことへ、従属させられていったのである。

なるほど、歴史のもつ文学的な側面は、硬い真理や煩わしい義務などを神話化作用によって和らげてくれる、レトリック的で詩的な装飾のうちに見いだされていた。キケロも聖アウグスティヌスも、真理を語るさいに役立つものとして、わたしたちであれば文学的フィクションと呼ぶであろうものの効用を認めていたし、そうしたものは、良いフィクションないし道徳的に責任のあるフィクションと、罪にあふれ人を堕落させるようなフィクションとを区別できるという宗教改革後の信念を正当化することにもなった。だが、歴史が科学へと変化したことで、フィクション一般、そしてとくに文学的フィクションは、歴史にとって、そして歴史が扱う過去についての真理にとって、忌むべき「他者」と見なされるようになっていった。まさに、ランケやその後継者たちにおいて、新たに名づけられた「文学」というカテゴリー（そこには、ロマンスやレトリック全体のようなジャンルも含まれていた）は、歴史のネガの面として使われていたのであり、その結果、二〇世紀まで、歴史学の領域では、明らかに文学的な特徴をもった歴史叙述は、ただちにアマチュアの作品と見なされ、よくてもせいぜい、歴史的感性が空想の罠に囚われてしまった結果の産物と見なされていたのだった。

さて、歴史が（擬似）科学へと変貌していったのと同じ時期に、文学一般、とくに小説は、のちに「写実主義的」とラベリングされるような革命を経験していた。リアリズムはこれまでも多種多様なかたちで展開したが、近代の文学的リアリズムは、アウエルバッハが「歴史主義的（historist）」な精神の枠組みと呼ぶものがある点で、他のリアリズムとは区別される。そしてとくに、スコット、マンゾーニ、デュマ、スタンダール、バルザック、ディケンズ、フローベールらの作家が、(専門的な歴史家たちのやり方とは正反対に)《歴史として現在を》再現表象しようとしていた点で、大きく区別される。アウエルバッハが記しているように、歴史として現在を再現表象しようとするこの努力は、当時、異様なものと映ったはずである。というのも、専門的な歴史叙述において確立していた学説に従うなら、歴史的知識は、過去についてのものであったし、また、過去のものについてでしかありえなかったからである。[14] その当時、過去についての知識は、イデオロギー的な歪曲や誤謬に堕することなしに、現在の状況に一般化したり拡大したりすることはできないものであったし、ましてや、未来の状況についてはなおさらである。そのため、現在というものを、歴史的な過去の結果や成就と見なしつつ、同時に、過去を生み出す当のプロセスによって変化が生じるものと見なしていたバルザックやフローベール、ディケンズといった小説家たちは、過去と現在とを区別する断絶を横断するというタブーを犯したのであり、そのうえで、あたかも長い航海を終えて静かに腰を下すことのできる岸から海を眺める高台のごとく、過去の混乱や葛藤を怒りも愛着もなく(sine ira et studio)穏やかに熟慮できるような安定した高台として、現在を経験できるようにしたのである。写実主義的な文学において現在が過去として扱われた結果、時間の連続性は、歴史主義者と現在主義者へと真っ二つに分割され、前者には、過去をその偶然性や特殊性において描き出すという課題が割り当てられ、後者は、革命やその反動といった近い過去から生じた新しい社会的現実を分析するという「歴史主義的(historicist)」な役割を引き受けていった。まさに、写実主義小説は、新たに正当性を認められた支配的階級が、過去の世代が夢想だにしなかったさまざまな必要性と欲望とが葛藤するドラマのなかで、自分たちの役割をリハーサルできる場となったのである。皮肉にも、歴史学が客観主義的、経験主義的、個別主義的な一種の科学へと変化するのに成功すればするほど、歴史学が生み出す歴史についての知識は、新しい社会的現実に直面していた世代にとっては、縁遠いものになっていった。そして、マルクスやダーウィン、フロイトによるブルジョワ世界の非神話化によって、現在についての考えやなんらかの未来のヴィジョンの土台となる事実と現実の備蓄として、「歴史」だけが残る結果になったのである。そしてそこから、専門的な歴史家たちが「歴史哲学」といって軽蔑するものが流行するようになる。これは、専門的な歴史家が古いヨーロッパのアーカイヴから掘りおこしてくるなかで個別に見いだされた真理を、一般化し綜合しようという努力から生まれたものであった。

ただ、（コント、ヘーゲル、バックル、マルクス、スペンサー、テーヌ、さらにはシュペングラー、トインビー、レッシング、フェーゲリン、クローチェ、ジェンティーレなどの）「歴史哲学」の誕生を推進したのと同じ衝動によって、あるいはその裏面として、歴史的カテゴリーによって解剖される時間性や歴史を構成しているものについて、別の、そしてより権威のある観念が成立したという点は、ほとんど気づかれることがなかった。歴史家たちの歴史に沿って、あるいはそれに対抗して登場したこのもうひとつの歴史の観念とは、文学、詩、演劇において開花していったものであるが、それにも増してとくに、写実主義小説において開花していったのである。その結果、時が経つにつれ、専門的な歴史家の興味の対象となるものとはまったくかけ離れた過去が創造されていった。この過去こそが、本書のタイトルにある「実用的な過去」なのだ。すなわち、歴史家の過去とは異なり、わたしたちの全員によって、多かれ少なかれ個人的にも集合的にも生きられてきた過去であり、さらに言えば、歴史の「英雄」たちがけっして経験したことのないような日常的な状況のなかでわたしたちがしなければいけないこと――状況を理解したり、問題を解決したり、価値や意義を判断したりすること――の土台として役に立つような過去のことである。

5

この「歴史的な過去」と「実用的な過去」の区分は、近代の専門的な歴史家による過去へのアプローチと、素人や他の学問分野の実践家が日常生活での判断や決断などの基盤とするために、「経験の空間」（コゼレック）[15]として「過去」を持ち出し、想起し、利用しようとするやり方とのあいだに、違いをつけるうえでも役に立つ。実用的な過去とは、人生を営んでいくなかで必要になるさまざまな活動について、正当化したり弁明したり言い訳をしたり弁護したりするために、個人や集団ができるだけうまく持ち出す記憶、幻覚、とりとめもない情報の断片、態度や価値などから構成されている。そのため、政治的・法的・宗教的な過去へのアプローチがなされることは、ある種のイデオロギーや偏見による場合を除けば、ほとんどありえない。というのも、こうした種類の〔実用的な〕過去とて、「歴史」に属しているということができるし、間違いなく、歴史にかかわるもののはずである。だが、それが専門的な歴史家の調査活動の技法の対象になることは、めったにありえない。そうした過去は、なんらかの仕方で事実を確定しようという関心よりは、現在における行動や判断をおこなうための実際の基礎を作ろうという関心のほうが強いため、専門的な歴史家の心に強く刻まれた原則《先に事実があり、次に解釈がある》に即して扱うことができないのである。というのも、こうした種類の過去を探求する場合、意味をもってくる問いとは、「何が事実か」ということよりむしろ、事実と見なしても許されるであろうものは何かということであり、それ以上に、たんなる「自然の」(あるいは、場合によっては「超自然の」)出来事としてではなく、固有に「歴史的な」出来事として見なしても許されるであろうものは何か、ということだからである。

ただ、ここで強調されなければならないのは、これら二つの種類の過去が、現実に対する視点やイデオロギーを記述したものというよりは、むしろ、理念型であるということである。さらに、専門的な歴史叙述が(一九世紀初頭において)大学において確立されたのは、国民国家の関心に役立つためであり、また、ナショナル・アイデンティティの創出の作業の手助けをするためであった。その結果、こうした歴史叙述は、教育者や政治家、帝国の官僚、政治的かつ宗教的なイデオローグたちのトレーニングに明らかに「実用的な」仕方で使われていった、という点も記しておかねばならない。一九世紀のヨーロッパ文化において有名だった《実例によって教える哲学としての歴史》とか《歴史は人生の教師である》といったフレーズは、それ自身としてそれ自体のために怒りも愛着もなく研究された過去として、専門的な歴史家たちが仲介したのと同じ歴史のことを指していた。しかし、専門的な歴史家たちのこうした二枚舌にも思える態度は、その当時の科学のイデオロギーとまったく軌を一にしていた。というのも、そうしたイデオロギーは自然科学というものを、このうえなく「没利害的」なものであり、かつ、このうえなく「実用的」なもの、つまり、同時に社会の利益になるようなものとして考えていたからである。そうした科学観は、当時支配的であり、一つの科学的な世界観を世界像全体へと変化させることに貢献した実証主義や功利主義の哲学とも一致していた。そして、これらをとおして、歴史一般もまた、文明の進歩や白色人種の世界における勝利の堅い証拠を提供するものと見なされるようになっていったのである。

もちろん、二〇世紀が進むにつれ、こうした進歩の神話や、それを支えた社会的ダーウィニズムは、仮借なき批判にさらされていった。そうした状況に対して、専門的歴史叙述は、イデオロギーが中和された歴史的な過去の像を描く手段となる中立性や没利害性を正当化するために、ある種の常識的な経験主義へと引きこもっていくことで対応した。こうした経験主義のおかげで、専門的な歴史叙述は、《事実だけ、事実しかない》といったセリフで）自らのイデオロギー的な中立性を吹聴しつづけることができたのである。その一方で、専門的な歴史叙述は、コント、ヘーゲル、マルクスにはじまり、二つの世界大戦の時期にシュペングラー、トインビー、クローチェによって広がりを見せた「歴史哲学」を、たんなる「イデオロギー」、あるいは「歴史的な科学」を装った宗教的予言だと見なし、糾弾していった（ポパーやコリングウッドなども想起せよ）。

6

ところで、歴史哲学は――いくらそれが予言的で、未来予測的で、黙示的であろうとも――、一般的には、「ストレートな歴史学」と呼ばれるものに対抗する第二のものを目指していたわけではなかった。たいていの歴史哲学者は――ヘーゲル以降――、自分たちの著作を、普通の歴史家の著作の延長、あるいはそれを補うものと見なしていた。彼らは自分たちのことを、人間が同時代の他者たちとともに実存するための性質に関する一般原理を導き出すために、歴史家たちが無数に著す作品を要約し、綜合し、記号化するプロセスを提供していると認識していた。歴史哲学者たちが、普通の歴史家が仕上げた知識や情報を利用するやり方が上手かったか下手だったかは、歴史家が決めるべき問題ではない。それは、物理学者が生み出した知識が、エンジニアや発明家、事業主、時には軍事機関によってどう使われていったらよいのかを決めるのが、物理学者の問題ではないのと同じくらい、いやそれ以上に。おそらく、一人の哲学者が、特定の美術作品についての考察や美術史家の著作にもとづいて、美術の本性を熟考することと、歴史哲学者が、歴史における意味ではなく一人の歴史家の著作を研究することから得られるような意味を見抜こうとするために、歴史家の著作を使うこととのあいだには、大差がないのである。

いずれにせよ、わたしはこれ以上、この方向で議論を進めようとは思わない。というのも、歴史が示してくれているように、真の歴史家とは、自分たちにとって当然の理由から、歴史哲学に対しては慎重な態度を示すし、近い将来、両者が共通の土俵に立つ機会があるようにも思えないからである。ただ、他の分野はともかく歴史哲学は、専門的な歴史家たちが自分の多様な専門領域について同業者を啓発するために構築する「歴史的な過去」ではなく、むしろ、「実用的な過去」に秩序と理由を与えるよう意図されたディシプリンの側に属しているということは言っておかねばならないだろう。

7

しかし、歴史家によって構築された過去と歴史哲学者によって構築された過去という区別は、近代西洋の学問文化をとくに悩ませてきたある関係について、洞察を与えてくれるように思われる。それはすなわち、文化的モダニズムというコンテクストにおける、（何度か歴史と文学の関係として言及されることもあった）事実とフィクションの関係である。

リオタールによるこの主題についての有名な論考以来、[16]数々なされてきたポストモダニズムの議論において、ポストモダニストの支配的な叙述ジャンル・形式が、（新しい）歴史小説であることが重要だと気がついた人は、これまで皆無だった。[17]たしかに、主流の批評家たちは、事実とフィクション、あるいは現実と空想の区別を（壊滅的にとは言わずとも）不幸にも混同する（あるいは、ぼやけさせる）行為と思われることに対し、嘆きの声を挙げてきた。というのも、ある種の「まじめな」フィクション叙述の可能性を守ってきたタブーが、それによって破られてしまうかに思われたからである。ここでわたしが言う「まじめな」フィクション叙述とは、過去と現在（あるいは記憶と知覚）の関係を、その叙述の関心の主要な対象とするような（モダニズム的な）タイプの叙述のことである。ここでは、コンラッド、プルースト、ジョイス、T・S・エリオット、パウンド、ウルフ、カフカ、ガートルード・スタイン、ジッドらに代表されるモダニズム作家の第一世代の作品を挙げることができよう。彼らは皆、過去の残滓によって抑圧された現在をどのように扱うかという問題に関して、その回答ではなくむしろ原因になるものとして、歴史に対して背を向けていたように思える。

文学的モダニズムは最近まで、ある種のナルシシズム的「現在主義」、歴史を欠いた感覚、非合理主義や精神の病への退行、事実という真理に対する軽蔑、T・S・エリオットがジョイスの『ユリシーズ』への書評において《神話的方法》として賞賛したものへの後退、歴史からの逃避といった仕方で非難されつづけてきた。

しかし、二〇世紀後半になり、(スコット、マンゾーニ、デュマ、バルザックなどの)歴史小説という一九世紀初頭のジャンルが復活し、その復活によって、歴史小説のもつイデオロギー的意義に関する問いが生じてくる。さらに、他のジャンル(書簡体、ゴシック小説、教養小説、写実主義など)が復活してもよかったはずなのに、ほかならぬ歴史小説が復活したという事実が、ポストモダニストたちが「現代《モダン・タイムズ》における」生活の表現法として選んだ小説の種類を指すのに用いられる「歴史」の地位について、問題を投げかけている。言い換えるなら、「歴史小説」というジャンルを選んだという点において、ピンチョン、メイラー、カポーティ、デリーロ、フィリップ・ロス、パット・バーカー、W・G・ゼーバルト、クッツェー、グラス、ダニロ・キシュ、ロバート・ローゼンストーン、ウィリアム・ギャス、そしてその他大勢のポストモダニストの作家たちは、現実の過去や現在についてのいかなる言述のリアリズムであっても評価できるような基準として、「歴史的事実」を使うべしというドグマに対し、挑戦を投げかけたのである。

ここで、歴史小説の原型となるウォルター・スコットの『ウェイヴァリー、あるいはその後の六〇年』(一八〇五年、出版は一八一四年)が、ある一人の《平凡な》若い男の冒険を描くさい、言い訳を交えつつ、事実と空想を混ぜ合わせるというタブーを犯したことを思い出してみよう。この男は、イングランドのジョージ二世に仕え、スコットランド高地へと送られ、そこで情熱、愛、冒険に遭遇し、最終的に、ナポレオン戦争をきっかけに新しい支配エリート層と世界規模の帝国によって登場するはずの社会秩序へと戻ってくる前に、背信行為と殺人を犯してしまう。この小説は明らかに、一七四五年のジャコバイトの反乱の鎮圧に代表されるように、近代へと移行することでイギリス国民にとって何が得られ何が失われたのか、という問題を投げかけている。エドワード・ウェイヴァリーは、いわば、数多くの試練をくぐり抜けさせられ、数多くのハードルの前に立たされ、そうすることでスコットは、スコットランドや高地地方の部族の古い文化の美徳・悪徳を説明し、起こりつつあった社会秩序の弱さと強さを評価することができたのである。一九世紀をとおして、この小説は、事実と空想とを混同し、両者に同じ色合い、同じ色彩を塗ってしまっているという理由で軽蔑された。たしかに、この小説は――道徳的な意味では――十分よろしくないものだったのだが、しかし、それ以上にスコットは、歴史主義という当時起こりつつあったイデオロギーのなかですでに正統的になっていたであろうものに対し、意識的に反抗したのである。すなわち、アナクロニズムを利用したのである。若きエドワード・ウェイヴァリーは、一八世紀中葉の平均的な若い紳士の精神構造ではなく、スコット自身が生きていた時代の若い紳士の精神構造をもっている。他方、この小説の他の登場人物は皆、遠い過去の時代の高地地方文化の神秘的なオーラをまとっている。こうしたアナクロニズムの技法は、ルカーチが《弁証法的関係》と呼んだもの、ベンヤミンであればとくに歴史的な性質が劇的に変化する時間と場所についての《弁証法的イメージ》と見なすであろうものをドラマ化するために、一九世紀後半まで使用されつづけていった。ただ、この本と歴史小説というジャンルはたしかに大きな成功を収めたのだが、事実とフィクションを混同するという行為は、歴史家のみならず、モラリスト一般からも軽蔑の的となった(18)。事実とフィクションの混同は、誤りであるばかりか、道徳的にも忌まわしいものと見なされたのである。

8

もちろん、それと同じ頃、歴史研究の専門家は、自分たち自身の新たなる正統性を見いだし、「唯一の過去」の公的な管理人へと変貌しつつあった。もちろん、その過去とは、記憶や空想の過去とは異なる過去のことであり、要するに、「歴史的な過去」と呼ばれるようになる過去のことである。「過去」という名詞の修飾語に「歴史的」という語を用いていることは、そこに一つの排除作用と一つの圧縮作用が働いていることを意味している。それはすなわち、「歴史的」な過去から他の過去を排除する作用であり、過去を歴史的な過去のみへと圧縮する作用である。こうなるともはや、自然の過去、動物性の過去、人間性の過去、さらには大文字で始まる「歴史（History）」の発明以前に存在していたあらゆる歴史に属するさまざまな過去さえも、すべて脇へと追いやられていき、それらが真実なのか、それらが現実なのかを調べるために、唯一の「歴史」という純粋な過去に照らして裁定されていくことになる。過去、しかも「歴史的な学習」によって保証されていない過去についての他の観念とは異なり、とくに歴史的であるような過去という観念こそが、歴史主義という観念の実体なのである。この過去をマッピングする作業に、想像力が働く余地はない（ホブズボームを想起せよ）。

かつてわたしは無謀にも、歴史叙述と文学的叙述は対立するのではなく、むしろ、ウィトゲンシュタインが家族的類似性と呼ぶような仕方で、両者は関係しあっていると主張したことがある。とりわけ、（物語という様態とジャンルによってかたどられた）伝統的な歴史叙述は、明らかに、叙事詩・ロマンス・喜劇・悲劇といったフィクションのジャンル、何より神話一般に類似していた。そして、発話の形式(あるいは入れ物)がその内容(指示対象ないし実体)の一要素として見なされなければならないかぎり、おとぎ話がそうである以上に、歴史というジャンルは、フィクション化という批判から免れうるなどという主張をすることはできなかったのである。

もちろん、ある言述の形式と内容が分離可能であって、意味を大きく損なうことなく片方ずつ批判的に検討できると考えているような人は、以上のような議論を受け入れないだろう。とりわけ、事実とフィクションという――それこそ分離できない対立といってもよい――本質的な区分を維持することに、学問としての精力を投入している人は、殊にそうであろう。この区分は、批判理論とまでは言わずとも、常識的な見解から強い反発を招く結果になった。すなわち、歴史的言述の主な内容はたしかに「事実」かもしれないが、その形式がフィクションのものであり、そのため、歴史的言述は形式内容全体のメッセージとしてみれば、どうしても事実とフィクションが混ざったものとならざるをえない、という主張である。

歴史的物語のメタフィクションとは、たとえばつぎのようなものによって構成されている。《ここには、あたかも文学である(もしくは、文学の形式をもっている)かのように、そしてさらに特定して言えば、フィクションのものであるかのように表現(present)するために、事実がまとめられて集められています》。こうしたストーリー形式は、情報(つまり、事実や、事実・その本性・関係などについての議論のこと)の最初の口当たりをよりよくするために、まさにそこに置かれている。だから、それをまず読んで楽しみなさい、ただし、一度読んで楽しんでしまったなら、自分が登ってきたフィクションの梯子《はしご》を足で蹴飛ばし、今はもう死んで過去になった「生の形式」について事実が一体何を教えてくれるのか、事実そのものをじっくり考えなさい、というわけである。

当然ながら、どんな種類の言述を読む場合であっても、事実とフィクションをきれいに分けることは、そんなにたやすいことではない。それどころか、おそらくほとんどの人が認めると思われるのだが、ストーリーという形式は、指示対象として何が措定されていても、それについての説明に対して、そこに特定の種類の意味を与える作業、とりわけ、情動と感情を動かすような意味を与える作業を持ち込むものである。そのため、同じ出来事のまとまりであっても、視点やパースペクティヴ（つまり、様態）を変えることで、悲劇としてプロット化することもできれば、ロマンスとしてプロット化することもできる。また同様に、なんらかの出来事のまとまりを表現する声が、皮肉的なものなのか、感傷的なものなのか、厳粛なものなのか、といったことも問われてくる。それどころか、言葉遣い（単語の選択）や文法上の文彩（trope）ですら、表現に影響を及ぼし、それを違った方向で受け取るよう傾けていくのである。だれでもこうしたことはわかっている。しかし、《真理を語るよう、真理を丸ごと語るよう、しかも、語ることのなかでは真理のみを語るよう》コミットしている場になると、そうしたことを納得するのは難しい。

もちろん、かつて問題が一方における「事実」と他方における「フィクション」という二つの実体の関係でもって構成されていると主張したことで、わたしがミスを犯したのは、いまではよくわかっている。ここはむしろ、問題は、指示対象に忠実であろうとしながら、しかし、文字どおりの記述以上の意味を生み出し、その効果という点で、フィクション化するとまではいわないにしても、どう見ても文学的であるような表象の慣習を受け継いできた言述（歴史）と関係している、と述べるのが妥当だったのかもしれない。ただ、急いで付け加えたいのだが、以上のような考えを、過去の指示対象にもっぱらかかわる歴史的言述の領域を超えて、つまり、経験的な精査を超えるような領域にまで拡大していくほどの準備は、今のわたしにはない。また、歴史的言述が、かつて宗教や形而上学が占めていた場へとこっそり滑り落ちてしまっていないかどうか、さらに、歴史的言述が事実性の零度状態のようなものになってしまい、その状態が、他の人文社会科学が人間とは何かに関する説を創造するさいに必要な、フーコーが「経験性」と呼んだものの基盤として活用可能になってしまうかどうかは、さして重要ではないのかもしれない。歴史学は、過去の別々の領域で現実に起こったことを一つに固定し、現在に対する教訓を引き出そうという衝動に抵抗し、いわんや、将来のわたしたちのために何がそこに含まれているかを予言しようなどと思うこともせず、そうした自己制限をすることで、重要な社会的役割を満たしてきたのだった。しかし、わたしたちがそれを認めるかどうかにかかわらず、過去についての説明をストーリーという形式で仕立て上げるだけでも、歴史は、わたしたちに道徳的な教訓を示してくれる。もっと一般的に言えば、歴史は、自然言語を使ってその関心対象を描写し、その対象が実際には何なのか、それが何をしたのか、それに何が起こったのか、それについてわたしたちが記述する言述で描かれているような姿をするようになったのはどうしてなのか、そういった問いについての歴史家の考えを報告するだけでも、十分に歴史は道徳的な教訓を示すという働きをすることができる。これが可能になるのは、自然言語が、著者や話者にもコントロールできず、指示対象に対して意味をまき散らかすような含意を大量におびているからである。ちょうどそれは、ジャクソン・ポロックが脚立の上からカンヴァスに大量の絵の具をまき散らかすのと同じくらい、秩序のないものなのである。そしてまさにこのことは、歴史的史料についても、歴史学者自身が著す散文についても、等しく当てはまるのである。

9

しかし、以上のことは、わたしたちが現代の人文科学における歴史学の地位を理解するうえで、どんな意味があるだろうか。

第一に、専門的な歴史家も多くの哲学者もともにその正当性を否定しているにもかかわらず、思弁的な歴史哲学、たとえばヘーゲルやマルクスのような歴史哲学に対して依然寄せられている関心がどのようなものなのかを、わたしたちは以上の議論から理解することができる。多くの人々は、思弁的な歴史哲学は、宗教的な黙示論や形而上学、神話が世俗化した形式だと推測している。だが、仮にその推測の一部ないしすべてが事実だとしても、ここから示唆されるのは、思弁的な歴史哲学を動機づけてきたものは、モダニズムやポストモダニズムの小説家たちを動機づけてきたのと同じ、実用的な動機だったということである。そうした小説家たちは、彼らが「歴史」と考えるものを第一のレファレンスとしてきたのだったが、その「歴史」と考えられたものもまた、実際には「実用的な過去」なのである。わたしとしては、ポストモダニズムの本質がメタヒストリーという大きな物語の放棄であるというジャン＝フランソワ・リオタールの考えは、けっして受け入れられなかった。たしかに、哲学者たちは思弁的な歴史哲学を長らく無視してきた。だが、芸術一般、そしてとくにモダニズム小説とポストモダニズム小説についていえば、そのことは当てはまらない。現代小説やそのモダニズム的対抗者たちは、思弁的な歴史哲学が歴史に抱いたのと同じ関心を、歴史に抱いていたのである。そう、実用的な理由から、である。したがって、わたしはかつて『メタヒストリー』において、どの歴史叙述作品も歴史についてのなんらかの全体的な哲学を前提としていると論じたが、それと同様、いまのわたしは、どの現代小説もなんらかの歴史哲学を前提としていると論じるだろう。たとえば、つぎのような事例を考えてみよう。

トニ・モリスンの傑作『ビラヴド』は、アメリカ文化・社会における奴隷制の位置づけや、現代アメリカ社会におけるアフリカ系アメリカ人の役割を理解するうえでの奴隷制の意義について思索した作品であるが、この第四版において著者は、この作品を「歴史哲学」の遂行として提示している。自分の子どもの一人を南部の一奴隷という状態に戻さずに殺害してしまった若い逃亡奴隷の女性マーガレット・ガーナーについての歴史的説明を用いたことについて、モリスンは自分がどのように感じていたのかを説明している。彼女は、一九八〇年代の「解放的」といってよい社会の一黒人女性として、自分が置かれていた状況を描写することから話をはじめている。

今にして思えば、「自由である」ことが女性たちにとって何を意味しうるのかをわたしに考えさせたのは、解放の衝撃であった。八〇年代には、論争がまだまだ渦巻いていた。同一の賃金、同一の待遇、専門職や学校へのアクセスなどをめぐって。また、スティグマなき選択をめぐって。結婚するかしないかという選択。子どもをもつかもたないかという選択。こうしたことを考えるなかで、わたしは、この国における黒人女性の違う歴史というものに突きあたらざるをえなかった――結婚が邪魔され、することができず、非合法であったような歴史、である。子を産むことが求められつつ、子を自分のものにすること、子への責任をもつこと――言い換えれば、子の親になること――が、自由でもなく、話題にすらならなかったような歴史、である。奴隷制の論理に特有の状況下では、自分が親だと宣言することが犯罪だったのだ。

トニ・モリスンはその後、「歴史的な」マーガレット・ガーナーに最初の頃どのように自分の注意が向いたのかを回想している。ガーナーは、逃亡した奴隷が所有者のもとへ戻ることを命じる逃亡奴隷法をめぐって、有名な裁判を起こすことになる。ガーナーが正気で、しかも悔悛しないことが、当時の新聞や奴隷制撤廃論者の注意をひいた。ガーナーの目的は明らかに一貫しており、彼女のコメントから察するに、彼女が自由になるために必要なもののためならば、あらゆるものを犠牲にする知性、大胆さ、意志をもっていた[19]。

そのときモリスンにとって問題だったのは、マーガレット・ガーナーが生きていた時代状況において黒人女性が直面していた倫理的問題への洞察を得るために、彼女の人生に関する事実をどのように用いたらよいのか、ということであった[20]。モリスンは、「歴史的マーガレット・ガーナー」と「詩的」マーガレット・ガーナーとわたしが呼びたいものとのあいだに、区別を設けていく。「詩的」ガーナーということでわたしが言わんとしているのは、伝統的には神話・宗教・芸術の元型的登場人物にのみ帰せられてきたたぐいの悲劇的行動を為すことができる、血肉をもった女性、ということである。したがって、モリスンはこう記している。《歴史的マーガレット・ガーナーは魅力的であるが、小説家にとっては、あまりに制約されすぎている。わたしの目的にとって、そこにはあまりに想像力を働かせる余地がない》（強調引用者）。

　厳密に歴史科学的に扱ってしまうと、現在において倫理的に責任ある行動をする刺激として啓発的で有益たりうるマーガレット・ガーナーのストーリーのさまざまな側面が、真には提示できないということを、このモリスンの言明は言わんとしているのだとわたしは解釈する。ここで求められているたぐいの資料の裏づけ（documentation）は、どうしたところで示されえないものであった。そこでモリスンは、発明（invention）という、別の道を選んでいる。

> ガーナーの歴史を自由や責任、女性の「地位」をめぐる現代の問題と関係づけるために、わたしはガーナーの考えを発明し、その本質においては歴史的に真であるが、厳密に事実ではないサブテクストのために、彼女の考えを掘り下げていこう（強調引用者）。

《その本質においては歴史的に真であるが、厳密に事実ではないサブテクスト》――この文言をわたしはこう書き換えたくなる。《その歴史的な本質においては真であるが、厳密に事実ではないサブテクスト》と。というのも、過去のある実在の人物の「考え」の説明が、歴史的に真であり、かつ、厳密には事実ではない、ということがどうしてありえるだろうか。より適切にいえば、ある人物の「考え」の「歴史的な本質」とは何なのだろうか。もしそうしたものがありえるとしたら、それは何なのだろうか。

　ここでわたしたちは、歴史的な過去とその反対にある実用的な過去との関係を理論化しようとするときに直面する、真の問題にたどり着いた。なぜなら、実用的な過去へのわたしたちの関心は、歴史科学的思考において慣習的に理解される「事実」を超えたところに、わたしたちを連れて行かざるをえないからである。実際、そうした関心は、どんなものであれ、事実というものが「フィクション」とは論理的に逆のものとして――この場合のフィクションとは、想像上の事物、想像力の産物だと理解されているのだが――定められるという考えをも超えていくに違いない。そうであるとすると、トニ・モリスンは、マーガレット・ガーナーの考えを発明することで、その考えをたくみに「フィクション化」している、ということになるのだろうか。

モリスンは、先ほどの言明に対して、つぎのような注釈を加えている。《この〔ガーナーという〕ヒロインは、恥や恐れを弁明せずに受け入れる、という姿勢を示そうとしている。子殺しを選んだことの結果を受け入れるという姿勢、そして、彼女自身の自由を主張する、という姿勢である》（強調引用者）。歴史的マーガレット・ガーナーは、一人の「登場人物」に変容していくことになる。彼女の行いによる恥や恐れを弁明せずに受け入れ、子殺しを選んだことの結果を引き受け、そのことで自分の自由を主張するというヒロイン、すなわちメーデイアという元型によって認識される登場人物に、である。モリスンはそのことについてほとんど触れてはいないが、モリスンがガーナーというヒロインをこのように特徴づけたことのうちで、「歴史的マーガレット・ガーナー」について知られていることと反するものは、実際、何ひとつ存在しない。これは一体どのような種類のフィクション――知られている事実とけっして反しないフィクション――なのだろうか。

わたしたちがここで辿り着いたのは、事実とフィクションを対立させることで、何かが明らかになるよりむしろ、何かが覆い隠されるような状況なのだ、と仮定してみよう。わたしは別のところでつぎのように論じたことがある。人間性というわたしたちの理念の現実性、あるいはその可能性すらも問い直さざるをえないような現実の側面を扱う場合には――アメリカにおける奴隷制やホロコーストにおける現実のように――、そうした現象を考察するさいについてまわる倫理的問題〔わたしは何をすべきか、という問題〕に直接対峙することに関心をもつ作家は、行動の種類を書くなかで、出来事として提示されているものを〔自分自身が〕行為で演じる（perform）役割を引き受けることがありうる、と。トニ・モリスンの今回の例の場合、自分の物語の主役の考えを発明するために、モリスンが弁明せずに責任を受け入れ、〔記述の〕信頼性を損ないかねない歴史を再構築するために立てた仮定の結果を引き受け、そしてそうすることでモリスンは、現在の自分の状況と共鳴する仕方で過去を扱う自由を主張しているのである。というのも、彼女が正しく指摘したように、「奴隷制」という「領野」は、恐ろしく、未開拓であるばかりか、人を寄せ付けず、隠されており、――わたしはこう付け加えるが――主題にかかわる事実をひたすら列挙すること以外しようとしない歴史家たちによって、少なからず「意図的に葬り去られている」からである。歴史叙述家にはけっして想像することができないような、詩的な想像力に対してアクセスが開かれている《声高に叫ぶ幽霊たちが漂う墓地に住まいを構える》とは、こういうことなのだ。

第2章　真実と環境
——ホロコーストについて（何かを語りうるとして）何が正しく語りうるのか——

1

実在する世界——過去、現在、未来のいずれの世界であれ——についてのものであることが明白な言述に対して、「それは真実か」と問うことが不適切、無神経、あるいはまったく的外れであるのは、どのような場合であろうか。そして、実在する世界についての発言（表現、暗示、示唆、言明、命題、あるいは断定）に対して「それは真実か」と問いかけることが的外れである場合、この種の問いかけに対してどのような返答が（もし返答をするのなら）適切なのだろうか。

わたしはこれらの問いを、ホロコーストの「正しい」表象の要件とは何か、という現在進行中の議論のコンテクストのなかで立てようと思う。ホロコーストは多くの個人や集団にとってあまりにもトラウマ的な（心的外傷ストレス障害を引き起こす）出来事であったため、それが実際に起こったことだという、動かぬ証拠がおおやけになったとき、信じられないというのが最初の最も多い反応であった。信じられないという当初の反応には、徐々に、ヨーロッパ文明の諸価値を代表すると敬意をもって見られていたドイツという「近代的」で、「啓蒙された」、「キリスト教的」で「人道主義的」な国がそれを裏切ったことに対する憤激が取って代わった。そのあとも、〈最終解決〉とは何だったのか、それはヨーロッパ的価値そのものについて何を意味していたのか、近代、ドイツ、「ユダヤ人」ならびにユダヤ教、そして「ヨーロッパ」一般について何を語っていたのか、といった問いは切迫したものであると同時に手に負えなさそうなものでもあった。歴史家――西洋の歴史意識の職業的な守護者にして歴史の科学なるものの研究者――たちにとって、ホロコーストが提起した主要な問いは、それもひとつの――特殊な例ではあるが――「歴史的な」出来事であることを見定めることであり、ヨーロッパ史の通常の物語的記述のなかに書きこみ、挿入し、融合させる最善の方法を見いだすことであった。しかし同時に、ホロコーストがヨーロッパ史における「異常」で「新奇」な、そしてことによると「唯一無二」の出来事であるという感覚は、その出来事が露顕させたかにみえるヨーロッパ文明の真の性質を洞察するために、ヨーロッパ史自体に根本的な修正をほどこす可能性を提起した。実際にも、ホロコーストという出来事の唯一無二さとまではいわないにしても「極端さ」は、「歴史」についての近代西洋的な観念を下支えし形づくっている理論的前提と、近代の専門的な歴史家たちが歴史的な過去を知ろうとするなかで利用している方法論と、歴史的現実を言述のなかで提示するための実施手順《プロトコル》やテクニックに関して、抜き差しならない問いを提起するものであった。

　これらの問いは、現代のメディアが、出来事を経験した生存者たちの膨大な数の私的な報告を記録し流布させることを可能にしたことで、答えるのがますますむずかしくなった。くわえて、これら「目撃証人」たちは、自分たちの記憶している経験を、歴史家たちが利用可能な文書資料や記念碑的証拠の検証にもとづいて作りあげた「公式の」あるいは「頌栄・栄唱《ドクソロジー》」〔キリスト教のさまざまな典礼で三位一体を讃えて歌われる讃美歌〕ふうの記録のなかに織りこむよう要求した。さらに、〈最終解決〉および／あるいはホロコーストで実際に起こったことについての歴史家たちの復元作業はいつものことながら氷河が溶けるようなペースでしか進まなかった。それに対して、ホロコースト研究の領域ではおびただしい数の回想記、自伝、小説、演劇、映画、詩、ドキュメンタリーの洪水が起こっていた。多くの歴史家たちから見ると、それらは、多かれ少なかれ科学的な手段と方法によってのみ「正しく」研究がなされるはずの否定しがたい事実（あるいは事実の集合）を審美化／美学化したり、フィクション化したり、俗悪化《キッチュ》したり、相対化したり、さもなければ神秘化したりする懼《おそ》れがあるものである。彼らの立場からすれば、〈最終解決〉ないしホロコーストについてのなんらかの表象に出会ったとき、最初の根本的な問いは「それは真実か」ということでなければならなかった。もし答えがノーであるか、なんらかの曖昧な点を含んでいたなら、問題の表象は現実を誤って表象したものであるだけでなく、犠牲者たちが被った傷を思えば、経験したことがありのまま正確に記述されなければならないという、犠牲者たちの道徳的な権利を侵害したものとして拒絶されなければならないのである。

だが、莫大な量にのぼる生存者たちの証言についてはどうだろうか。それもまた、過去に起きた出来事についての歴史家の記述に要求されるのと同じような真実性の基準に従うべきなのだろうか。なんらかの経験を目撃した人物に真実を話してほしいと要求する必要があるのは疑いの余地がない。しかし、生存者たちの証言に対するわたしたちの主要な関心は真実の対応モデル（correspondence model of truth）なのだろうか。もし証言が、何が起こったのか、だれに責任があるのか、を決定することが問題である法廷に提出されるのであれば、対応モデルが第一義的な関心であることはいうまでもない。しかし、ホロコーストの犠牲者たちが受けた仕打ちについてどのように感じているかを口にすることに意味がある場合には、対応性を求めるのは、不適切にみえるだろう。真実性の整合性モデル(coherence model of truthfulness)ですら、犠牲者の証言の信頼性を測るにあたってはほとんど意味をもたないだろう。いまの場合には、「それは真実か」という問いはあくまでも「修辞疑問」(断定を強めるためにわざと疑問文で表現するレトリック)としてのみ立てられるべきだろう。

2

犠牲者たちの証言の身分《ステータス》についてはあとで立ち戻ることにする。いまはさしあたり、「それは真実か」という問いが適切かどうかをめぐる検討をホロコーストの芸術的な、とりわけ文学的な扱いについての考察に拡大したい。ホロコーストという出来事になにか神聖なものを感じているホロコーストの歴史家たちにとっては、いうまでもなく、ホロコーストの芸術的ならびに文学的な扱いは問題だろう。とくに「芸術的」を「審美的」と、「文学」を「フィクション」と同一視するならば、そうだろう。しかし、この二組を同一視する必要があるのだろうか。

ホロコーストについて、それをイメージで表象したり、崇敬や儀式を執り行う以外の対象として表象したりすることを禁じる存在論的身分《ステータス》を認めるとしたなら、ホロコーストを芸術的ないし文学的に扱うことは明らかに冒瀆に近いとみられるだろう。このような態度は、ホロコーストについてのどのような歴史叙述的な扱いをもあらかじめ締め出してしまう。叙述を組み立てるにあたって審美化ないしフィクション化の戦略を使用するかもしれないからである。しかし、少なくともわたしの見るところ、これはまさしくホロコーストないしその一部についての物語論的な扱い（narratological treatment）でおこなわれていることである。このために、たとえば、哲学者の（そしてわたしの友人である）ベレル・ラングはホロコーストを物語化（narrativize）しようとするくわだてをすべて放棄するよう忠告している。そして、記述を年代記《クロニクル》のレヴェル、つまり、文書記録の直写的な〔字義どおりの〕読解（literalist reading）によって確立された生起の順序にしたがって事実を列挙するにとどめるよう提案している。

ラングは、まったく正当なことにも、物語（narrative）や物語化（narrativization）、あるいは単純にストーリーテリング（storytelling）を、実際に起きた出来事の流れをありのままに再現したもの（veridical mimesis）ではなく、厳密に事実に即した記述に対する《危険な補完》とみている[1]。ラングにとって、ホロコーストの出来事からストーリーをつくり出すことは、それについての直写的な記述をおこなう可能性をすべて犠牲にして、審美的な空想ないし遊戯の要請に応えようとする比喩形象化（figuration）のこころみにほかならない。彼の見解では、ホロコーストの審美化的な扱いは、ありのままの真実を芸術家のテクニックのエゴイスティックな誇示や修辞的・詩的な比喩形象化による曖昧化に服させるものなのである。この見解において、ラングは歴史家の探究する真理を懐疑主義と相対主義によって蝕まれることから守ろうとするカルロ・ギンズブルグと共闘関係にある。ギンズブルグが相対主義に異議を唱えるのは、それが世界についての単一の正しい見方があるという可能性を遠ざけるからである。また、懐疑主義に異議を唱えるのは、――彼の見るところでは――それが真理の可能性そのものをあらかじめ封じているからである。多元主義と懐疑主義はともに真理に対する「何でもあり」的態度と、ものごとの重要性に対して「どの見解も他の見解と同等である」的な態度を許すというわけである。[2] ラングは、どの出来事を扱うさいにも審美化とフィクション化に反対する論拠としてホロコーストを引き合いに出し、それには道徳的な重みと存在論的な実体がそなわっているということを挙げている。

3

一九九〇年にカリフォルニア大学ロスアンジェルス校でソール・フリードランダー（ザウル・フリートレンダー）とウルフ・カンスタイナーが主催者となって「〈最終解決〉と表象の限界」と題する会議が開かれた。会議にパネリストとして参加したわたしは、ホロコーストを表象するという問題は、リアリズム、歴史、表象、美学、フィクション、イデオロギー、言述《ディスクール》、ストーリーテリングについての伝統的な（一九世紀後半の）概念や、描写についての模倣主義的な概念によってとらえられるべきではないと述べた。一方での第二次世界大戦のなかで出現した新しい現実、他方での言述、表象、歴史、そして芸術自体の本性についての強固なモダニズム的概念、この二つが結合されたことが、これらの論点についての大戦前の概念を無効化したとはいわないまでも問題含みのものにしてしまった。それはホロコーストという出来事そのものが明らかにしたことだというのが、わたしの考えだった。

ここでは、そのときのような論点の定式化をあらためておこなうつもりはない。ここで取りあげたいのは、むしろ、ホロコーストが近代ヨーロッパ史上「異例の」とまではいわないにしても「新奇な」出来事であることを認めたうえで、それをひとつの歴史的な現象として提示するにはどうすればよいのかという問題である。歴史叙述、文学、映画、写真、哲学、社会科学などにおけるホロコースト表象のありとあらゆる例を前にして、「それは真実なのか」という問いを立てることがどれほど危険であるかを考察することをとおして、この問題に立ち向かってみたいのである。

この考察は、明らかに芸術的だとされるタイプの犠牲者たちの証言、すなわち、プリモ・レーヴィの『これが人間か』（邦題『アウシュヴィッツは終わらない』）のような回想記や、アート・スピーゲルマンの『マウス』のような漫画や、リリアーナ・カヴァーニの『夜番のポーター』（邦題『愛の嵐』）、スティーヴン・スピルバーグの『シンドラーのリスト』、ロベルト・ベニーニの『ライフ・イズ・ビューティフル』のような映画も対象とする。これらの芸術作品は、すべてが明らかにホロコーストという現実に起きた歴史的出来事についてのものである。それにもかかわらず、多くの歴史家たちに「非歴史的」だとみられている。さらに、ホロコーストという出来事にはことがらの性質からして事実関係を厳密に真実ありのままに記述されるよう求める道徳的権利があるのに、これらの作品はホロコーストを「フィクション化」ないし「審美化」したとみられている。(3)

現実に起きた歴史的出来事に言及するあらゆる言述に対して、「それは真実か」という問いを立てることは、はたして適切で、如才なく、また妥当なことなのだろうか。わたし自身の答えは、それが過去の歴史的な記述として提示されている場合は、どの記述であれ「それは真実か」という問いを立てるのは、そう、いつでも適切だ、ということになるだろう。しかし、「それは真実か」という問いは、平叙文以外の叙法で現実世界（過去あるいは現在の）に言及している言述にとっては、第二義的な重要性しかもたないことも言い添えたい。とくに現実（過去あるいは現在の）についての芸術的な表象（言葉、聴覚、視覚のいずれによるものでも）は、現代では概して平叙文以外の叙法でつくりあげられている。たとえば、疑問法や命令法や仮定法などだ(4)。

《「それは真実か」という問いが的外れになるのはどのような場合か》というわたしの問いは、しばしば、真実を語ることの道徳性というコンテクストのなかで議論されてきた。たとえば、嘘をつくことが正しかったり望ましかったりするのはどのような場合か、言い換えるなら、真実を語るよりも嘘をつくほうが「まし」な環境はあるのか、といった議論である。しかし、わたしはそのような議論には関心がない。わたしが「それは真実か、それとも虚偽か」と問わないですませるのが正しいかどうか、という問いに関心があるのは、目撃証言文学を典型とし、ホロコーストのモダニズム文学的な扱いが事例となるような種類の言述を前にした場合である(5)。この問いに関心があるのは、歴史あるいは過去についてのすべての言明は「真実を語る」のでなければならないという信念が一部の歴史家たちのあいだに根強く存在しているためである。くわえて、歴史叙述は、過去の「現実」に関して確立されてきたもろもろの「事実」について「嘘をついたり」、「歪曲したり」、「誤って表象したり」、否定し排除したり、否認したりしてはならない、ということを原則にしている。そのような行為はすべて、道徳認識論――これが歴史を書くことについての現今の思想の多くを形づくっている――にしたがえば、十分に責められてしかるべきことであるが、ましてや、歴史を「フィクション化」するというのは、とんでもないことなのだ。「フィクション化」とは、「フィクショナルな」ことを「事実」として提示することや、不埒な歴史小説や歴史映画やいわゆる「ドキュドラマ」（なんらかの歴史的現実を「ドラマ」に仕立てあげたとされるもの)のように、「事実」をフィクションに変えたり、事実とフィクションを混ぜ合わせたりすることを指す。このような罪悪は、その軽重に差こそあれ、ヘーゲル、マルクス、ニーチェ、シュペングラー、トインビーなどのやり方にならった、現実の恐るべき「神話化」ないし歴史的現実の「形而上学的な」扱いに類するとみなされている。

ところで、わたしの見るところ、ホロコーストについての「言述」は、上記の問いにかかわっているだけではない。それは、純粋にホロコーストの「事実にかかわる」問題に答えようとするなかで、理論上の問題へのなんらかの解答を提示したり遂行したりする。そのかぎりで、そこには、ホロコーストについての現実の歴史も含まれている。このことは、「これは何だ」という問いが立てられた瞬間から、刊行された本や論考のなかにある「起きたのはこういうことだ」という言明をひとが確認するまで、ずっとあてはまることである。「わたしが眼にしているのは何なのか」という理論的な問いは、「あなたが眼にしているのはホロコーストであり、ジェノサイドであり、絶滅行為であり、それと同様の犯罪である」という言明へといたる一揃いの事実というかたちをとる答えと同じ言述に属している。そして、「これは何だ」という理論的な問いは「それはXである」という答えと同じ言述に属しているため、わたしたちはどのような歴史家によって書かれたどのようなホロコーストの歴史も、すべてホロコーストについての「正しい」扱い方の見本であると正当な根拠をもって(すなわち同語反復的ではない論理でもって)指摘することはできない。

何ごとにとっても問いかけとして正しいのは、事実にかかわる問い(それはどんな姿をしていて、属性は何で、何をしたのか)であり、また道徳性にかかわる問い(その「本性」「本質」「実体」は何か。

——それらに照らすことによってのみ、ひとはある対象物の動き、運動、願望、判断、行動、その他の「本来の正しい姿(propriety)」、つまりは「自己同一性(self-sameness)」を規定することができる)である。真正性(authenticity)(ある対象がまさしくその本来の姿であるように見えたり、つねに見せかけどおりのものであったりする環境)とは、正しいことを、正しいときに、正しい場所で、正しい目的、対象、目標をもって、ほかでもなく、まさにそのことをおこなうための正しい手段でおこなうこととして定義できるかもしれない。この真正性の理想にしたがって行動することがどんなにむずかしいかが明らかになるのは、その真正性や自己同一性が査定にかけられている対象の「本性」が問題になっているような状況においてである。

わたしがホロコーストとは何であるか、あるいは何であったと考えられるか、それとも何であったと考えられなければならないかについて、ある見方を裏づけるために、それについての真正の、あるいは正当な提示の見本として、なにか特定の表象を持ち出したとしよう。その場合、そのことについてのわたしの判断は、実然的(assertoric)か、定言的(categorical)か、蓋然的(problematical)かのいずれかであると考えなければならない。すなわち、仮説の様態か、命令の様態か、疑問の様態かのいずれかで提示されたものと考えなければならない。実然的であるとすれば、見本は試されるべき仮説を問いのかたちで生み出すモデルとして使用されたとみることができる。定言的であるとすれば、見本は問われていることがらに対してどのような問いが正しく立てられているかだけでなく、探求にふさわしい道徳的スタンスとは何かをも示唆する範型ないし元型であると考えられる。これに対して、蓋然的な見本は、アポリア、あるいは正しいものが実然的なのか定言的なのかを決定することの困難を描き出す。ここでわたしは『道徳形而上学の基礎づけ』のカントにならっている[6]。

カントは、倫理的なことがらを問う場合、その問いを「正しく」導く手立てとなる原理を示すような見本を使うことは妥当ではないと考えていた。なぜなら、そのような原理は道徳的ならびに美的な「利害関心」を一掃した理性の作用のなかで探し求められるべきだからである。しかし、問題が正しさにかかわる問い、つまり道徳的な問いであるとしたなら、純粋の（あるいは科学的な）理性はそもそも「正しさ」のルールを探求するうえでわたしたちの助けにはならない。ホロコーストのような出来事を、その真の「本性」への関心をもって表象しようとするとき、何をなすべきか。それに関してわたしが現象へのアプローチとしてひとつの方法が他より優れている理由を述べるとしたら、わたしの言明は一種の勧告ないし命令と受けとられるべきである。それはたとえば、《ホロコーストの歴史についてのこの扱い方を（たとえば、ダニエル・ゴールドハーゲン[7]の扱い方ではなくて、クリストファー・ブラウニング[8]の扱い方を）参考にしなさい》とか、《ホロコーストの歴史はこのように書け！》といった言明である。

4

さて、「このやり方を参考にしなさい」とか「こうしろ！」といった発話のいずれに対しても、「それは真実か」は正しい応答ではない。ホロコーストについての歴史をXのモデルにもとづいて書くことを考えるべきだというのは、正しいことなのだろうか。あるいは、ホロコーストについての歴史をある流儀にのっとってだけでなく、ある特定の様態（これは研究対象に対する特別の服従、崇敬、ないし配慮を意味する）で書かなければならないというのは、本当なのだろうか。それというのも、《わたしがPをなすべきであるというのは本当なのだろうか》という問いは義務論的だからである。すなわち、それは義務にかかわる問いであって、ひとつの正しい応答は《だれがそんなことを言っているのか》あるいは《何に対して、だれに対して、Pをする義務があるのか》と問い返すことなのである。そして、この問い返しへの答えが、あなたがその歴史を書いている出来事の本性そのものによって義務づけられているのだ、といったものだとしたら、わたしたちが《ホロコーストと呼ばれる出来事の本性は何なのか》という当初の問いに立ち戻ってしまうのがわかるだろう。

　ホロコーストに関する言述の多くがはまり込んでしまった困難は、何かについて真実を語ることが平叙文への答え以外の仕方で様態化される可能性があることにある。通常哲学者たちは、平叙文こそが真実であると称する言明のモデルだと考えている。たしかに、《雪が白いとか、猫がマットの上にいるのは、事実である（あるいは真実である）》といったたぐいの言明は、「〜は真実か」と問い返すことによって正しく答えられる。しかし、疑問（「猫はどこにいるのか」）や願望（「猫がほしいなあ」）や命令（「猫を探せ！」）のかたちでなされる言明は「それは真実か」と問い返してもほとんど答えられない。

　これらはたしかにごく初歩的な確認事項である。しかし、様態の観念を個々の文章から言述全体にまで拡大するなら、小説、演劇、歴史、さらには（場合によっては）哲学的言述までもが、事実に関する言明から平叙文の力を奪い去るような多種多様な様態でつくりあげられることがあると考えることもできる。ここでは、わたしの関心領域と「過去について真実を語る」やり方は一つだけではないという仮説に話を限定するとして、以下のように提起したい。歴史小説も小説ふうの歴史も、非平叙文的な言述の例である。それらの真実は、事実という意味での真実を語るとそれらが確言している（assert）もののなかにあるのではなく、文法的には他の叙法や態に分類されるもの——疑問、動能・意欲（conation）ないし共働・相互作用（coaction）、仮定の叙法や、能動、受動、転移の態など——のなかでそれらが暗示している（connote）もののうちにあるのである。たとえば、問いや願望のかたちで表現された詩や小説や歴史に「それは真実か」という問いで応答するのは、命令法で表現されたものに同じ質問で応答するよりも意味がないかもしれない。そして、命令への「正しい」応答は《はい、承知しました（Yes. sir）》か《いいえ、承知できません（No. sir）》かもしれないが、（命令が軍隊や主人－奴隷関係の外で発せられる場合には）ハーマン・メルヴィルの「代書人バートルビー」のように、《できればしたくないのですが》という仮定法的な言明でもって応答しても、正しくないわけではないのである。

5

このように考えると、ある発語への応答の正しさは《コンテクストに依存（context specific）》したものであり、「適切さの条件（conditions of felicity）」が適用される、とする言語行為《スピーチ・アクト》理論の領域に踏みこむことになる。過去を探求するにあたって、過去に語りかけたり、観察したり、称揚したり、そのほかにも過去に何かを賦与するさまざまな仕方がある。たとえば、ひとは自分や一族の出身の場所として過去に接近するかもしれない。あるいは、過去を自分の起源の場所とみるかもしれない（これは前者とはまったく別のことである）。はたまた、自分が登場する前に、すでに起きてしまったものとか、なされてしまったものとか、つくられてしまったものとしての過去という立場をとるかもしれない。そして、すでになされてしまったものとしての過去という感覚は、継承すべき遺産としてか、それとも投げ捨てられるべき重荷として、過去をとらえることにつながるかもしれない。いずれにしても、過去は謎(ピンチョンの『競売ナンバー49の叫び』における、解かれるのを待っているパズルのように)、または変則(トニ・モリスンの『ビラヴド』における、解決策がないようにみえる難問のように)として、(絶対確実なかたちで)それ自身を提示するようにみえる存在として立ち現われるかもしれないのである。

想起しておきたいのは、言語行為理論《スピーチ・アクト》は、その創設者であるJ・L・オースティンの場合、二つの呪物信仰《フェティシズム》、すなわち、「真/偽という呪物」と「価値/事実という呪物」に対する信仰をぶち壊すのを意図していたことである。[9] オースティンによると、言語行為理論《スピーチ・アクト》のきわめて重要な例は、彼が「態度表明型(behabitives)」と呼ぶ言語行為の類型のうちに見いだされるという。「謝罪する」「祝福する」「命令する」「慰める」「呪う」「挑戦する」といった行動がそれである。[10]

態度表明型は、オースティンによると、言語行為の五つの類型のうちのひとつであって、言語行為にはほかに判定宣告型(verdictives)(判定を与える、評価する)、権限行使型(exercitives)(指名する、投票する、命令する)、行為拘束型(commissives)(約束する、通告する、支持表明する)、言明解説型(expositives)(議論する、会話する、説明する、例証する)がある。オースティンはさらに、これらのうち言明解説型と態度表明型とは《きわめて問題が多い》と述べている。《態度表明型は、あまりにも雑多なものの寄せ集めのようにみえるからであり、言明解説型は、途方もなく数が多く、しかも重要であるからである。そしてどちらも他の類型に含まれるようにもみえ、同時に、わたし自身もまだ明確にすることができないような仕方で独特であるようにもみえる。それらの面がわたしの分類のすべての型のなかに入っていると言ってもよいだろう》。言い換えるなら、オースティン自身が言うように、言語行為のエッセンスを定義したり同定したりしようとする彼の努力は問題含みなのである。彼の言述は解説的なものだが、倫理的な(あるいは態度表明的な)問いは未解決なままである。言語行為と呼ばれる現象について、このように解説されたわたしはどうすればよいのだろうか。

6

ここで、わたしがひとりの歴史家であると仮定しよう。実際にもわたしは、近代ドイツの歴史、近代ヨーロッパにおけるユダヤ人共同体の歴史、その歴史のなかで〈最終解決〉、ホロコースト、ジェノサイド、絶滅行為などがおこなわれた「場所」、その歴史が対象とする時代と場所で何が実際に起こったのかを理解したい、そして、この出来事の意味を知りたいと思っている。また、この出来事が「特殊」ないし「極端」あるいは「例外」であること——ヨーロッパ人だけでなく他の集団にとっても自尊心を傷つけるものであり、個人的ならびに集団的なアイデンティティ意識に脅威を与えるものであること——をわたしは自覚している。だから、わたしはこの出来事がたんに(それがどこで、いつ、どのようにして起きたのかという意味での)事実においてだけでなく、倫理的にも重要性をもっていることを知っていると仮定しよう。倫理的にも重要性をもっているというのは、その出来事がわたしたちの人間性の根本原理、すなわち、近代のヒューマニズム的な歴史研究のルールでもある《汝、他の人間を人間以下のものとして扱うべからず》および《汝、歴史に登場するどの人間をも、すべての人間存在が分かちもつフマニタス〔人間としての資質〕を共有しているものとして扱うべし》という原理を侵害するからである。このように仮定したとき、そこからは、つぎの問いが出てくる。この出来事が提供する証拠を使って、わたしたちは出来事が起こったという事実を研究している。また、それがどのようにして起こったのかを知ろうとしているが、さらに重要なこととして、その証拠は出来事が起こる可能性の条件についても教えてくれるものなのだろうか。もしアリストテレスの言をまじめに受けとるなら（そうしない理由があるだろうか）、この問いはボールを哲学と歴史のコートからポイエーシス〔詩的制作行為〕のコートへと投げ返す。すなわち、実際に起こったこと（アリストテレスが言うところの歴史）や普遍的なこと（アリストテレスが言うところの哲学）よりも、起こる可能性のあることに焦点を合わせた認識の様態であると理解される「詩」ないし文学的な芸術のコートへと投げ返すのである。実際、ここでわたしは指摘したいのだが、J・L・オースティン（彼はノルマンディー侵攻作戦の計画策定に参加したほど実際的な人物であった）の言語行為《スピーチ・アクト》理論は（言語の指示的、表現的、動能的、交感的、メタ言語的機能に対置されるものとしての）言語の詩的機能についての理論である、あるいはそうであると正当な根拠をもってみなすことができる。というのも、特別の様態、流儀、スタイルで何ごとかを言うことで何ごとかをおこなったり作ったりするのが詩的な発話でなくて何であるというのだろうか[11]。

オースティンにとって言語行為は「発語内的（illocutionary）」行為であることを想い起こそう。すなわち、言語行為とは、何ごとかを言うなかで、それを言うだけでなく、それをおこなう行為なのである。言い換えるなら、世界に対する話者の関係か、世界のある部分とほかの部分との関係か、話者に対する世界の関係か、のいずれかを変化させる行為なのだ。もしこれが正しいなら——オースティンの註解者たちの多くは正しいと考えているようだ——、そのときには、わたしたちは「歴史叙述」も含む言述というものについてつぎのように考えてもよいことになるだろう。言述とは、世界について何ごとかを言うというやり方によって、ひとが世界に関係する仕方や世界のなかで事物が関係しあう仕方など、世界を変化させる言語行為のことである、と。言い換えるなら、オースティンの言語行為《スピーチ・アクト》理論は、「歴史叙述」のような言述や言述の寄せ集めをひとつの実践、すなわち、世界について何ごとかを言うというやり方によって世界を変化させたり世界に影響を与えたりすることを企図した行動として利用できるのである(司法がホロコースト否定論を罰金刑や禁固刑あるいはその他の制裁措置によって罰せられるべき犯罪だとする権利があるという信念の根底には、そのような原則が横たわっている、とわたしは考えている。ホロコースト否定論者は何かを言っただけでなく、言うことによって何かをおこなったのである。すなわち、現実の世界における諸関係を、呪いやまじないと同じようなやり方で変化させたか変化させようとしたのだ。これが、司法は気がついていなかったけれども、ホロコースト否定論を犯罪とすることに異議を唱えた歴史家たちのほうは正しく見てとっていた点である。つまり、歴史家によって定説とされた事実を否定することが犯罪になるのだとしたら、誠実な過ちと悪意のある過ちの区別が無視されることになってしまうのである。ホロコースト否定論者への正しい応答は「それは真実か」ではなくて、「その否定論を突き動かす欲望の根底にあるのは何か」と問い質すことなのだ)。

7

プリモ・レーヴィが第二次世界大戦末期にアウシュヴィッツに収容されたときの回想記は、明らかに現実の世界、具体的にはアウシュヴィッツの世界についてのものではあるけれども、「それは（歴史的に）真実か」というかたちで応答したのではいかにも不適切というほかないテクストの一例である。いうまでもなく、レーヴィの『これが人間か』[12]には、文字どおり真実なものとして（すなわち、指示対象が真実であるとともに意味論的にも意味あるものとして）受けとられることを期待するたくさんの平叙的な発言が登場する。その一方で、レーヴィの回想記のタイトルは、本全体のエピグラフであるとともに作品の意図する意味効果のパラテクスト的範型としての役目をはたしている一篇の詩からとられている。それは「シェマー（聞け）」[13]というユダヤ教のイスラエル信仰の宣言文[14]で始まっており、予期される本書の読者ではなくて、匿名の「きみたち」に宛てられている。

暖かな家で
つつがなく生きているきみたちよ
夕べに家に帰れば
熱い食事と友人の顔が見られるきみたちよ――
考えてみよ、これが男かどうか

(Considerate se questo è un uomo; Consider if this is a man)
泥にまみれて働き
安らぎを知らず
パンのかけらを争い
イエスかノーのひと言だけで死ぬ者が。
考えてみよ、これが女かどうか
(Considerate se questo è una donna; Consider if this is a woman)
髪は刈られ名もなく
もはや過去を想い起こす気力もなく
眼はうつろで子宮が
冬の蛙のように冷えきっている者が。
とくと考えてみよ、こうしたことがあったことを――
(Meditate che questo è stato; Meditate on these things)
ぼくはこれらの言葉をきみたちに託す。
(Vi commando queste parole; I charge you with these words)
これらの言葉を心に刻んでおけ
家にいるあいだも外に出ているあいだも
眠っているあいだも目覚めているあいだも。

これらの言葉を子どもたちに話してやれ。
さもないと、きみたちの家は崩れ落ちるだろう、
病がきみたちを動けなくするだろう、
子どもたちはきみたちから顔を背けるだろう。

詩や祈りを回想記のエピグラフとして使うというのはめずらしいことではないが、この詩は読者にアウシュヴィッツでの生活が意味するところについて深く省察するよう命じている。人間がどこまで同類の人間の尊厳を侵すことができるかをアウシュヴィッツはわたしたちに教えているからである。強制収容所のHäftlinge（収容者たち）が、屈辱的な仕打ちを耐え忍ぶことによって「男」や「女」以下の存在に貶められたかどうか、「考えてみよ」と詩の第二連《スタンザ》では言われている。この「考えてみよ」という言葉についての説明は詩のなかには出てこない。しかし、読者はつぎの連《スタンザ》の最初の二行で「とくと考えてみよ（meditate）、こうしたことがあったことを――／ぼくはこれらの言葉をきみたちに託す（comando）」と告げられる。(15) それに続いて、家にいるあいだも外に出ているあいだも、眠っているあいだも目覚めているあいだも、「これらの言葉を心に刻んで」おくことに失敗した者たち、あるいは「これらの言葉を子どもたちに話して」やることに失敗した者たちへの呪いの言葉がやってくる。

さもないと、きみたちの家は崩れ落ちるだろう、
病がきみたちを動けなくするだろう、(16)

子どもたちはきみたちから顔を背けるだろう。

これは、ひとが通常、ある人生についての「歴史的な」記述ないしある人生におけるエピソードの回想記の冒頭に置かれると思うようなエピグラフではないだろう。呪いの脅しをかけるというのは、エピグラフとして通常使われるのとはまったく異なった種類の言語行為である。それは、あとに続く言述が事実についての冷静で客観的な記述や文書による記録とはほど遠いものであることを示唆している。

しかし、以前『パララックス』誌に掲載された『これが人間か』読解のなかでわたしが示そうとしたように、レーヴィのテクストに特有の文学性、すなわち、それが記録資料的なものであるよりは詩的な性質のものであるということは、法廷においてなら尋ねられるかもしれない種類の問いからそれを免除する。[17] それが「フィクショナルな」ものだと言おうとしているのではない。ましてや、「審美的な」ものだという意味では断じてない。ただたんに、それがもろもろの文学的工夫（たとえば、ダンテの地獄行きをモデルとする伝統的な文学的ないし神話的なプロット構造）、比喩形象《フィグーラ》、そして論理的というよりは喩法論的な性質の言語的連結および心理的連合の原則を使っていると言いたいのだ。

レーヴィは（濫喩《らんゆ》法、換喩法、反語法、提喩法などの）喩法《トロウプ》や（とくに人物を神話、伝説、小説に出てくるような「役《キャラクター》」ないし「類型《タイプ》」に変形するために）比喩形象《フィグーラ》を利用して、ひとつひとつの選択や決断が日常レヴェルで自分や他人の生死にかかわる現実の状況を描写しようとしている。多くの点で、レーヴィのテクストは告白という文学ジャンルの原則に従っている。というのも、彼が求めているのは、生き残ったことに対して、他の者たちのためと同様に彼自身のために弁解することだからである。

しかし、もちろん、彼の贖罪だけが問題になっているわけではない。レーヴィのテクストはアウシュヴィッツ強制収容所における生と死がどのようなものであったかについての記述である。あるいはそのような記述であろうとしている。それは想像のなかの世界ではない。だが、それは詩的なかたちでしかほとんど描写しえないのだ。何度となく指摘してきたように、レーヴィは事実に関する情報という意味では参考図書にはないような情報を付け加えているわけではない。わたしたちに「何が起きたのか」を伝えるのではなく、「どのように感じたのか」および「アウシュヴィッツで生きのびる」ために屈辱的な仕打ちを甘んじて受けるとはどのようなことなのかをわたしたちに伝えているのだ。

それでは、わたしたちはフィクションの領域にいることになるのだろうか。

そんなことはまずありそうもない。

『これが人間か』のイタリア語版への「序言」でレーヴィは彼の本が属するジャンルに言及して、《この本に構造的な欠点があるのはわかっている。その点は容赦していただきたい》と述べている。そのうえで、彼はこう付け加えている、《実際に書いていなかったにしても、この本の意図と構想は、ラーゲル〔強制収容所〕の最後の日々のなかですでに生まれていた》と。《「他の人たち」に語りたい、「他の人たち」に知らせたい》という欲求が生き残った者たちのあいだで《激しい勢いで湧き起こってくる衝動の性格》をおびるようになって、《生きるための他の基本的な必要と競い合うまでに》なっていたというのだ。《そしてこの本はその欲求を満足させるために書かれた。したがって、第一には内面の解放を目的として書かれたのだ》[18]。《この本が断片的な性格になっているのは、そのためである。各章は論理的な継起関係にしたがってではなく切迫度に応じて書かれた》。そしてあとになってから、二次的な修正作業、整頓したりつなぎ合わせたりする作業がなされた、と彼は付言している。したがって、レーヴィは一種の「好意を得んとする術策(captatio benevolentiae)」を使いつつ、彼の本を、なんら欠点を隠すことなくありのままに送り出しているのだ。ただし、すぐあとで彼はこっそりと歴史家たちへの警告の言葉を言い添えてもいる。《付け加えるまでもないだろうが、事実はひとつとして創作されてはいない(Mi pare superfluo aggiungere che nessuno dei fatti è inventato)[19]》と。

かくて、作品はまるで夢のなかにいるようにして構想され、それから反省と考察にもとづいて仕上げられたのだった。このことは作品の事実内容にとって何を意味しているだろうか。レーヴィの答えは簡潔にして両義的である。つまり、《付け加えるまでもないだろうが、事実はひとつとして創作されてはいない》というのだが、この最後の文章は二通りに読むことができる。「事実はひとつとして創作されてはいない」と読むか(これは事実以外のことが創作される余地を残している)、「事実はひとつとして創作されてはいない」と読むか(こちらのほうは、一般読者が当然予想していること——すなわち、事実は発見したか与えられたものであって、「仕立てあげられた」ものではないということ——を言っているにすぎない)のいずれかである。いずれにしても、こう述べることによって、レーヴィは彼の言述が事実かフィクションかということ以上または以外のものであるという考えを伝えている。それも当然だろう。ラーゲルでの生活についての彼自身の記述によると、そこでは事実とフィクションの区別が、善と悪の区別と同様、曖昧模糊としたものになってしまっていたという。いっさいが、レーヴィが晩年の著作『溺れてしまった者と救いあげられた者』のなかで描写することになる「灰色の地帯《グレイ・ゾーン》」のなかに存在していたのである。彼が言いたかったのは、ラーゲルの世界では、ものごとは「歴史」のなかの生と同じくらい意味を理解するのがむずかしい、ということであった。少なくともわたしにはそのように思われる。

8

締めくくろう。ホロコーストの犠牲者、生き残った者たちや死んでしまった者たちの経験は、これまで「歴史」には知られていなかった新しい種類の経験だったのだろうか。もしそうであるなら、この経験について、その例外性の感覚を侵害したり減じたりすることのないかたちで何かを語ることはできるのだろうか。わたしが述べてきたのは、ホロコーストが新しい出来事なのか、新しい種類の出来事なのか、それとも、古い種類の出来事が異なった相貌で立ち現われただけだったのか、これを厳密に事実に依拠した記述にもとづいて確定することはできないということだった。もしこれが新しい種類の出来事だとするなら、つまり、現代に特有の出来事であるとするなら、この出来事に対して慣例的な歴史叙述的取り扱いをしているのを眼前にしたときにわたしたちが感じる、穏やかならざる感覚の説明となるだろう。伝統的な歴史家たちにお好みの真っ直ぐな平叙的叙法を使う場合、歴史家は「それは真実か」と問わざるをえない。しかしそれでは膨大な数の目撃証言文学を正当に評価することができないとわたしは述べてきた。さらに、二〇世紀(そして二一世紀)の数多い極端な出来事についての目撃証言は、疑問法とか命令法とか仮定法などの別の表現法によって書かれたり語られたりしているのではないかとも述べてきた。さらに一歩を進めよう。事がレーヴィの『これが人間か』のような目撃証言の芸術的な種類のものに及んだ場合、記述の事実的真実にかかわる問いはさほど重要性をもたなくなるのではないだろうか。それは模倣にかかわる問題であるよりは叙法にかかわる問題なのだ。

第3章　歴史的な出来事

真実が生まれる過程が始まるためには、何かが起こらなければならない。すでにあるもの――既存の知の状況――は、繰り返し以上の何も生み出しはしない。真実がみずからの新しさを主張するためには、何か追加されるものがなければならない。そうした追加は偶然に委ねられている。それは前もって知らせることも、予測することもできない。今あるところのものを超えたものである。わたしはそれを出来事と呼ぶ。かくして新しい真実が現われる。というのは、追加が繰り返しに割って入るからである。

――アラン・バディウ『無限の思考』[1]

1

主流の歴史研究の周縁部でおこなわれている最近の議論は、「歴史の外側」にいるのではなく「歴史に属している」ということが、あるいは「歴史を欠いている」のではなく「歴史を有している」ということが、どれほど現代の一部の集団的アイデンティティの追求において重要になっているかを明らかにした。歴史から排除されてきたと主張する集団の視点からは、歴史自体が支配的な集団の占有物であると見られている。だれが、あるいは何が歴史に加わることを認められるべきかを決め、それによってだれが、あるいは何が完全に人間的なものとみなされるべきかを決める権威を主張するのは、そうした支配的な集団だからである。みずからが歴史に属している(それは文明化されていると解釈される)、あるいは歴史を有している(それは神話的な系譜ではなく現実の系譜を有するものと解釈される)ことを誇る集団のあいだにおいてさえ、歴史とは勝者によって勝者に都合よく書かれるものであり、その結果として歴史叙述は、敗れた集団からさらにその歴史的過去と、必然的にそのアイデンティティをも奪い去ることで、抑圧を二重のものとするためのイデオロギー的な武器であると長らく考えられてきた。

「歴史」は「真に」人間的なあらゆるものの存在する場であり、また存在するための条件であること、そして、(エントロピーあるいは引力のように)普遍的な過程ないし関係であることが長らく主張されてきた。しかし「歴史」自体が示していることは、「歴史」は西洋において専門的な科学として発明され、育まれたものであり、西洋固有の、貴族的な、人種主義的な、種族的あるいはジェンダー的(gen(d)eric)な、そして階級的な先入観にもとづいており、他の文化へ適用するにあたって、キリスト教や資本主義がそうでないのと同様に、「普遍的なもの」ではないということである。それゆえ「歴史」を、それに加わる、あるいは属することを求める人々にとって、純粋な価値と有用性を有する「恩恵」だと考えるのは、欺瞞的と言えるかもしれない。こうした難しさのある問題というコンテクストにおいて、わたしは歴史的な出来事(historical event)とされるものの性質、意味、そして言述としての機能の問題を取り上げたいと思う。

ここで強調したいのは、わたしが「歴史」という言葉で意味しているのは、たしかに「過去」ではあるが、同時にそれとは別の、それ以上のものであるということである。あらゆる個人や集団は、なんらかの遺伝的および文化的な遺産を受け継いでいる、という理由だけで、過去を有している。しかし、遺伝的および文化的な遺産からなる過去は、歴史的な過去と同じものではない。わたしたちの時代、すなわち後期近代という時代に、とくに歴史的な過去とされるのは、専門的な、あるいはなんらかのかたちで社会的に権威づけられた研究者たちによって創り出された過去である。その人たちが、特定の種類の、そして特定の権威をもつ証拠にもとづいて実際に起きたと立証しないうちは、たんなる仮想的な過去にすぎないのである。歴史的な過去とは、広い範囲にわたる人類の過去のあらゆる出来事のなかから、特定の時と場所に起きたものとして立証可能な、そしてある集団の長期にわたる自己形成を通時的なかたちでまとめた記述にうまくおさまるような、特定の出来事の寄せ集めを選び出すことによって構築されるものである。

マイケル・オークショットが論じたように、(2) こうした歴史的な過去は、わたしたちの大半が頭のなかでつねに抱いている「実用的な過去」とはまったく異なるものである。わたしたちは「実用的な過去」を、記憶、想像、細切れの情報、機械的におこなう決まった行動や慣習というかたちで、つねに携えている。さらにはアメリカ合州国大統領選挙への出馬、戦争政策あるいは経済的投機の正当化、会合の計画、法廷での陳述、といった多種多様な任務を遂行するために日々のなかで参考にする「歴史」についての漠然とした考えのかたちで、携えている。歴史的な過去は、専門的な研究者が一般の人々に向けてよりも、むしろそのほとんどがおたがいに向けて書いた本や論文のなかにしか存在しない。こうした歴史的な過去は、専門家の通念にしたがえば、それ自体を目的として構築されたものであり、実際に有用性があったとしてもきわめて限定的であり、普通の人々が「現在」とみなすものの理解には最小限にしか寄与しない。専門的な歴史研究が科学的になればなるほど、一般の人々に政治生活の現実を教育するといった歴史研究の伝統的な目的を含む、いかなる実用的な目的にも役立たなくなったのは皮肉である。現代の歴史研究は、目的と方法においては純粋に論証的であり、性質においては活動的というより観想的である。現代の歴史研究において、歴史的な出来事とは、専門的な歴史家による同業者仲間で目下のところ有効とされている技術と手続きを用いた調査の対象とされる出来事のことである。そのような出来事は、ある社会や集団の実際の生活のなかに現われることもあるかもしれない。けれどもそれが「歴史的」な出来事として研究されうるものであるかぎりは、実用的な目的のために利用できる過去の出来事という範疇からは抜け出て、「歴史的な過去」へと切り離されてしまう。そうした歴史的な過去は、出来事を実用的な目的のために現在使用すべき道具ないし手段とするよりも、たんなる観想の対象とする。

ヘロドトスの時代以来、どのような種類の出来事が正しく「歴史的」とみなされうるのか、何を根拠に、そしてどのような種類の証拠によって出来事が事実として立証されうるのか、そしてどのように特定の歴史的事実に関する特定の歴史的記述を、適正に歴史的とされる他の記述や事実と関連づけるのか、といったことを決めるための決まりごとや、規則、手続きがつねに存在していた。現代においては、歴史的な出来事は「自然」の出来事という部類に属し、「超自然的」な出来事とは対義的なものと考えられている。同様に、歴史の記述も、物語ることのできる一連の過程[3]という部類に属すると考えられているが、「神話」と呼ばれるナラティヴのたぐいや、あらゆる「フィクション」とは対義的な関係にあるとされる。

歴史に関する西洋のイデオロギーによれば[4]、歴史とは、特定の時と場所に誕生し、その時と場所に居住していた諸国民のあいだで発達し、その時間的空間的広がりを西洋文明の拡大とともに発展させていったものである。そして実際にも、西洋文明による他の世界への拡大がいかにして起きたかを描くストーリーとして、当然のように語られる。もちろん「近代」(これ自体が西洋の観念であり、社会的存在の一様態であるが)の歴史の専門家は、「歴史的」という観念から、明らかな西洋特有のイデオロギーとしての文化的固有性を抜き取り、歴史を「ソフト」でありながらも普遍的な科学として確立した、と主張する。近代物理科学が、基底にある支配的な伝統的価値観や慣習を放棄することをかならずしも必要とせずに、別の文化によって受け入れられる可能性はあるかもしれない。それに対して、非西洋文化が伝統的な文化的慣習の多くを投げ捨てることなく「歴史」を受け入れられるかは疑わしい。それは、非西洋的な伝統文化が、「歴史的」なものは何ひとつないかもしれない自分たちにとっての過去との関係と、それにもとづいて作られたアイデンティティを失うことなしに、キリスト教や資本主義を受け入れることができないのと同じである。

このように「歴史」は、過去二千年の大半のあいだ、西洋で構築されたものであり、西洋で意義をもつものであったように思われる。これに対して、他の文化が自分たちの過去とかかわるために選んだやり方は、ときには「歴史的」な方法と似ていることもあったが、究極的には異なるものであった[5]。こうした理由のために、そしてもちろん他の多くの理由もあって、近年西洋や他の場所で発展してきた歴史理論は、科学的な学問分野における多義性よりも、通常はイデオロギー、神話、宗教に帰されるような多義性を明らかにする方向に向かっている。別の言い方をすると、近年は、「人間」「人種」「ジェンダー」「文学」「社会」およびその他の西洋的な人間中心主義の主柱が脱構築されたのとほぼ同じようなかたちで、歴史を脱構築する努力がなされてきた。もちろん排除された被抑圧者の集団は、このような歴史の理論化に対して、自分たちも抑圧者とまったく同じように「歴史に属している」、あるいは同じようにアイデンティティの基礎となる独自の「歴史を有している」、という自分たちの主張を退けることを意図した新たな戦術であるとして異議を唱えている。

とはいえ、歴史理論(ここでは歴史的知識の性質や用途についての歴史科学《ヒストリオロジー》の理論、あるいは理論的考察と対比して用いる)というのは、西洋文化の内部で、歴史研究の進化の過程における特定の時期に発展したものである。その時期とは、歴史が専門化され、学問化され、(近代)科学としての地位を要求し始めたときである。理論なくして近代的な意味での科学はありえない。実際、科学活動のある分野が近代的なものであることを示すのは、それが「理論面」と「実践面」(または「応用面」)に分割しうることである。このような発展をとおして専門化され学問化される以前は、歴史叙述はごく「自然」な、あるいはありふれた活動として扱われていた。「学識」があり、古文書を読んだり過去の出来事の証人に質問するのに必要な技能のある人ならば、だれでも実践できるものだった。そうした時代には、意見の違いが認められることがあるとしたら、過去の公の出来事の研究から引き出すことのできる「意味」に関してであった。とくに、過去の特定の出来事について、宗教的あるいは党派的性質をもつ主張がかかわっていた場合はそうである。けれども、そうした違いは「理論的」というよりも、むしろ「実際的」な問題であった。とりわけ、その意味を評価するために必要なこととして、問題とされている「事実」を立証する努力が必要だったからである。受肉、復活、聖霊降臨といったものを疑いようのない事実、としてすでに受け入れていた人々にとっては、事実が意味に対してもつ関係という問題は、比較的たやすく解決されるものだった。

対照的に、科学的な歴史家にとっては、そうした「奇蹟」と称される出来事に対して唯一認められる事実性は、それが特定の時と場所において、特定の人々の抱いている信仰であるということだけだろう。出来事自体の事実性は、歴史的な(あるいはより正確には歴史科学的な)言述では認められないような証拠にもとづいたものとして扱わざるをえないだろう[6]。

言うまでもなく、ここで述べたような事例では、科学的歴史家は出来事の事実性を立証するための証拠の性質についてと同じくらい、問題としている出来事の性質について関心を払うだろう。歴史においては、それが自然のものであろうと奇蹟的なものであろうと、伝えられた出来事はいかなる種類のものであっても、事実としての可能性をもつものとして扱われなければならない。というのは、出来事をその証拠を吟味する前からありえないものとして退けることは、歴史というジャンルが始まったときから歴史研究を律している経験主義的な原理に背くことになるからである。しかし、自然の出来事と奇蹟的な出来事が区別されていること自体、歴史科学の言述においては出来事と事実の区別が重要なことを示している。奇蹟的な出来事は、自然の外部や、それ以上に歴史の外部にある力の発現なので、奇蹟的な出来事は歴史的事実としてけっして扱うことのできない唯一の出来事なのである。

出来事と事実の区別についての規範的な解釈によれば、「事実は記述された出来事である」(ここでは「記述」は、その出来事のもつ属性の明快な列挙と解釈することができる)、あるいは「述定」されたもの(すなわち出来事が適正な性質を割り当てられ、そして通例適切な名称を与えられること)である[7]。出来事はそれが事実として立証されないかぎり、歴史に参加することはできない。ここから結論づけられるのは、出来事は起こるものであり、事実は立証されるものである、ということである。事実は語られたり書かれることをとおして起きたこととして解釈され、その意味で出来事として考えられるものである。しかし、事実とされるのは、特定の種類の出来事である。すなわち事実とは、他の語られた出来事についての、あるいは語りを越えていたり語りの外部にあったりする他の種類の出来事についての語られた出来事である。このような理由で、歴史的事実は、他の種類の事実とは異なるものとなる。なぜなら歴史の言述には、どのような場合にある出来事が「歴史的」と適切に特徴づけられて記述できるのか、それを決めるための支配的な規則が存在するからである。

2

さて、一般的には、この問題について多少の知識のある人にとって、「歴史的な出来事」を定義し、歴史的な出来事と他の種類の出来事——偽りの出来事、実際には起こらなかった出来事、自然の出来事、超自然的な出来事、想像上の出来事、架空の出来事など——を区別することはさほど難しいことではない。また一般に歴史家は、どのようにして出来事を事実として立証すべきかを決めるための優れた、または少なくとも確立された信頼に足る規則を有している。その規則にしたがって、出来事が起きたように見えたり起きたこととして誤って伝えられたのではなく、実際に起きたこととして立証されるのである。立証の手続きはいずれも、実験室での実験をとおして出来事を再現したり、あるいは所与の出来事をそれが属していると思われる出来事の部類を支配する因果律や因果関係に組み込んだり、という意味での科学的なものではない。しかし、それは、紀元前五世紀のギリシアで歴史的知識が発明されて以来、その知識を役立てようとしてきた素朴な社会的用途のたぐいには十分足りるものだった。

そういうわけで、一方には出来事(event)があり、また一方には事実(fact)があると認めておこう。また、事実化することのできる出来事の連なりや構造があることも認めておこう。出来事の連なりや構造を事実化するというのは、年代と場所を定め、記述し、分類し、それに名称を与えることである。そうすることで「原子的」または個別的な事実と、「累積的」またはマクロな事実──たとえば「一九一七年のロシア革命」のような「大きな」事実、あるいは「ルネサンス」のような「一大」事実──とのあいだの区別が可能になる。このようにとらえることによって、わたしたちは「歴史家」の研究の対象となる「歴史」を作り上げる広範な「歴史的事実」を想定することができるのである。

しかしこのような方法で歴史を考えること、つまり事実の寄せ集めとして歴史を考えることは、事実の内容、指示対象、あるいは必要条件という意味で、「出来事」の位置づけに関して問題を提起する。

近年、出来事一般について、またとくに歴史的な出来事について、多くの議論が交わされている。歴史叙述においては、ホロコーストの出来事としての位置づけが幅広い論争の対象となっている。ホロコーストは歴史に唯一無二の出来事であり、したがって他の同種の出来事とは比較できない(または同じ基準で評価できない)ものである(あった)のか。現在9・11と呼ばれる出来事についても、同様の議論がおこなわれている。まったく新しい種類の出来事であった二〇〇一年九月一一日のツインタワーへの攻撃は、まさに新しい時代を象徴するものであったのか。そして、それまで想定しなかったような、したがって事件をコンテクスト化するための新しい説明原理の模索を必要とするような、新しい歴史的な出来事のカテゴリーの範型となるものであったのか。それとも、たんにアメリカにおいてはたまたま予想されていなかった出来事、すなわちそのコンテクストにおいては想像できなかった出来事にすぎないのか。というのも、その犯行に及んだ者のあいだでは、事件は明らかに十二分に想像できるものだったからである。

こうした議論ではほとんどの場合、出来事が起きたということ自体は立証される必要がない。問題となるのは、出来事の性質とその相対的な目新しさ、影響の範囲と強さ、そしてその意味、あるいはそれが起きた社会について何を明らかにしているかということである。「世界は二度と同じにならないだろう」ということが、それぞれの事件について言われた。「アメリカの無垢な時代の終わり」と9・11については言われ、「再びあってはならない」というのが、ホロコーストに対する反応のひとつだった。

このような反応は理解できるものであり、比喩的に解釈するなら、十分すぎるほど正当なものである。けれどもその一方で、そのような反応が、何が歴史的な出来事であるのか――自然の出来事との対比で――についてははっきりとした考えがあることを暗に前提としていることは、かならずしも認識されていない。地震や雪崩のような自然の出来事は、つねに想像がつき、考えられ、ありうることであり、そして特定の場所では、十分に起こりうるものでもある。そのような出来事がもたらす悲惨な結果は、その影響を受けた地域で、そうした出来事の発生に十分に備えていなかった人々に結びつけられる。したがって、そのような出来事が特定の場所にいる人々や集団にもたらす影響を、「災禍」、さらには「悲劇」と表現することは適切であるが、この同じ形容辞を使って出来事自体を表現するのは比喩でしかないだろう。自然には「災禍」などないし、間違いなく「悲劇」もない。しかし歴史には、このような形容辞を適用することが正当な、あるいは少なくとも適切な出来事が山のようにある。この事実が物語るのは、「歴史」が科学的なものになろうとする努力にもかかわらず、世界とそのなかで起こる出来事、そしてそれらの出来事についてわたしたちがもちうる知識に関して、いまだわたしたちが神話的な観念に縛りつけられているということである。

　わたしたちの時代に、生産と再生産の新しい技術と様式が可能にした多くの新たな出来事は、実質的に数千年間にわたって変わることのなかった制度や慣習（たとえば戦争や健康管理など）のあり方を変えた。それらの変化はきわめて根本的なものだったため、たとえば戦争の歴史を、石器時代からつい昨日までの連続的な発展の物語として書くことは不可能になった。大量破壊兵器は、戦争の歴史に飛躍的な変化を引き起こす。抗生物質と遺伝子工学は、近い将来に向けての健康管理のあり方を決定的に変える。このことが示唆するのは、歴史的変化を可能にしている原理そのものが、変化しうるということである。別の言い方をすれば、自然においてはそうでなくても、少なくとも歴史においては変化自体が変化する、ということである。もしそうであるなら、出来事の性質も同様に変化しうるということになる[8]。

　わたしたちは、自身の存在体系とはまったく異なる、別の存在体系の証拠を示すような新しい種類の出来事が、世界に侵入してくることを想像できるだろうか。外宇宙に存在する異星人の文化を扱った空想物や、並行宇宙あるいは反宇宙についての理論は、既知のものに代わる空間が存在し、そこから未知の出来事が生まれるかもしれないことへの願望、期待、あるいは恐怖を反映している。そのような空想はありもしないものに思えるかもしれない。けれども、わたしたちが「歴史」を、対立する相互排他的な社会、文化、人種による生存圏をめぐる闘争、そしてすべての競争相手に対する資源をめぐる競争から成り立つ過程であると考えていることからすれば、わたしたちが歴史に対して抱く観念は、そうした空想と大差ないのである。

　しかし、そればかりではない。すでに歴史自体が、時間のなかで根本的に連続性が断絶していることの証拠を十分すぎるほど含んでいる。歴史は過去と現在に分かれていて、その区分によって人間のあり方を初期の相と後期の相に分けて分析するが、そのさい、相違のほうがしばしば相似よりも著しいと考えられているからである。実際にも、歴史は人間のもつ共通の下地に変化をもたらすような出来事から成り立っており、そうした変化はたんなる共通の遺産にもとづく変異というより、突然変異にも等しいものと考えられている。現代文明の作り出した技術が起こすことができるような出来事が、一二世紀の農民にとってなじみのあったような出来事とどれほど異なっているか考えてみよう。現代における一部の出来事――宇宙旅行、遺伝子工学、核兵器など――は、かつて可能であると考えられていたあらゆることとまったく異なっている。現代に生きる農民や中流市民でさえ、それらを「奇蹟」と受け取ったとしてもやむをえないだろう。

　実際、現在の一部の出来事は、以前のものとあまりにも異なっている。それゆえわたしたちは、一部の知識人がなぜ「歴史の終わり」を語ろうとしたがるのか、容易に理解できる。あるいはマルクスのように、現在までに起きたあらゆることは「前史」、ないし人類が真の力を得る以前は歴史かつ自然と考えていたものから逃れるにいたった本当のドラマの序幕であると語ろうとしたがるのかを容易に理解できる。

もちろん、西洋の歴史研究は、仲間内から仕掛けられた「出来事」という観念そのものへの執拗な攻撃から最近ようやく立ち直ったばかりである。第二次世界大戦後の数十年間にわたるアナール学派による攻撃、すなわち歴史的な出来事というのは迷信であり、歴史的過程にストーリー、寓話、伝説に見られるような整合性が存在するという考えは神話である、といった攻撃の詳細をここで繰り返すつもりはない。現代の／モダニズムの歴史哲学者は、従来の大衆的な、もしくはアマチュア的な歴史叙述の伝統と、より科学的で開明的な歴史叙述を典型的に区別する。[9]一方は出来事を中心とし、それらをドラマティックに描くことに腐心するもので、他方は構造、長期的な過程(「長期持続」)、そして「緩やか」な時間に中心をおくものである。「事件史」、つまり出来事の歴史は、行き詰まった人間中心主義の夢と幻想を満足させるものであり、そのかぎりにおいて娯楽以上でもなければ空想以下でもない、といったことが主張された。実際にもフランスの歴史家フェルナン・ブローデルは、かなりの時間をかけて、歴史研究において出来事に焦点を当てることを少なくしようと努めた。なぜなら彼は、そのことが歴史へのナラティヴ的アプローチのかなめになっていると考え、そうしたアプローチが歴史をドラマの一要素に変え、その過程で科学のもつ知的な達成感を感情的な満足感にすり替えてしまっていると見なしたからである。[10]

しかし、実をいうなら、歴史科学における出来事についての観念は、いかなる科学的な概念よりも、はるかにドラマ的な、あるいはむしろ作劇的なものに近い。歴史のナラティヴは、主題として扱う出来事を写実的に表象したと主張するには、あまりにも滑らかに進行しすぎる。自然科学が研究する自然の出来事(あるいは出来事の組み合わせ)とは異なり、実際の歴史的な出来事は、むしろ紆余曲折を経ながら不規則に進行するものである。そしてそれは大抵の場合、動作主体としての人間とその行為が、本来出来事が辿るはずであった過程に干渉する結果なのである。

3

ここでわたしたちは、出来事に関するモダニズムの言説において定式化されたもうひとつの考えに遭遇する。それは、自然の出来事と歴史的な出来事を、そのドラマの舞台に人間や、人間の動機、意図、願望、衝動といったものが登場するかどうかにもとづいて区別するやり方である。ドラマは叙事詩と同様、口述、写像、動作、あるいは文字を用いて、話の展開を出来事の連続として、定められた場面のなかで説明する表現の一様式である。しかし、ドラマが叙事詩と異なるのは、それぞれの出来事に異なった度合いの意義を割り当てることで、出来事の連続を起承転結をもつ筋(sequence)として把握するのを可能にする点にある。歴史においては、ひとつの筋が複数の幕や場面に時間的に分割ないし分解され、それぞれの幕や場面は前の幕で起きたこととの実現あるいは成就となるように関連づけられる。しかし、このことはつぎの問題を提起する。ひとつの筋を締めくくる出来事と、開始する出来事の違いは何なのか。あるいは、つぎのような問題も提起する。歴史的な出来事とは、連続における断絶を示すものであり、歴史という連続体のひとつの段階、局面、相から、別の段階、局面、相への変身の転換点を示すものなのだろうか。それとも、連続体のひとつの局面から、別の局面への転移を示すものなのだろうか。

アラン・バディウの『存在と出来事』における出来事についての形而上学的な議論は多くのことを示

唆しており、その議論は『無限の思考』のなかで整理されたかたちで要約されている[11]。バディウは、存在とは実際にあるものすべてであり[12]、そうでないものは何ひとつ存在しない、と想定する。存在に何か新しいものを付け加えることはけっしてできない。よって、出来事――ここでは存在の総体の外部からやってきた何かの噴出と解釈される――というものはけっして起こりえない。にもかかわらず出来事は、少なくとも現実の世界で起きていることを観察し記録する者には、つねに起きているように見える。この「起きているように見える」ことが出来事として解釈されうるとしても、それはむしろ意識に属するものであり、その外側にある世界に属するものではない。

それではどうしたらこのような出来事がありうるのか。わたしの理解するところでは、バディウは、出来事が起こるように見えるのは、存在と、存在についての知識のあいだに不均衡があるからだと考える。出来事が生じるのは、それまで知られていなかった存在のある側面についての知識が、以前から存在について知られていたことに付け加えられなければならないときである。言ってみれば、出来事として意識に刻印されるのは、存在について新しく発見された真実のもつ強烈な性質が知識体系に与える、この「ショック」なのだ。現実には、そうした新しい知識は新しく見えるだけにすぎない、とバディウは言う。いわばそれは、数学におけるこれまで知られていなかった素数の発見のようなものである。その素数は、つねに「存在していた」（つまりは、つねに数の世界のなかに「だけ存在していた」）のであり、ほとんど無限に登録されていく新しい素数を終わることなく生み出すコンピューターの出現を（言ってみれば）待っていただけなのである。このように考えると、出来事とは、最後の素数と考えられていた数が実際には最後のひとつ手前のものでしかなかったことに、突然気がついたようなものである。そして実際にもこうして最後から二番目となった素数も、コンピューターが新しい素数を吐き出し続け、最新の素数が出現するごとに、さらに下位に下がる、あるいは後ろに下がるといったかたちで、序列も実際の大きさも急激に小さなものになっていくのである。

さて、こうしたことは、日常の経験のなかで起こる出来事（それが何であるにせよ）について生じうるどんな解釈とも、ほとんど関係がないように思われるだろう。あるいは伝統的な通念で考えられるどんな解釈とも、人間科学・社会科学のなかで育まれてきたような「実用的」な学問分野で考えられるどんな解釈とも、ほとんど関係がないように思われるだろう。その理由は、一般的に、出来事は世界とその過程について、当今の知識が予期していなかったことがらの発生を表わしているにすぎないことがあらかじめ想定されているからである。

例として、ポール・ヴェーヌが言うところの、「現世的」な「歴史の世界」で起きている出来事についての重要な問題を考えてみよう。その問題とは、ある出来事が、ある共同体が広く共有する知識体系のいずれかによって理解吸収されうるものであるかどうか、それとも、それまではその共同体でどんな出来事の「特性」も適切に判別し、分類し、判定することができると考えられていた知識体系の修正ないし全面的な放棄を必要とするものであるかどうか、である[13]。出来事についてのこうした観念になんらかの形而上学的な側面があるとすれば、それは「歴史」の位置づけにかかわるものである。ここでは、歴史は人間の生息する存在領域として解釈され、その領域は「自然」の残りの部分を律する法則あるいは原理の一部でありながら、それらから少しばかり逸脱した法則あるいは原理の支配下にあるものと解釈されている。もちろん、この「歴史」についての知識は、現世の時間の流れのなかでこれまでに生きた、あるいは生きたであろう人間すべてを含むわけではない。歴史についての知識は、つねに断片的で、不完全で、部分的である。そのことが、「歴史」に特有な種類の出来事が起こりえて、また今後も起き続けるであろう理由のひとつであり、さらに言えば「予期しうる」未来には起こりえない理由のひとつである。しかし、こうした歴史的な出来事とは、どうもバディウが存在の総体への「追加」と表現したたぐいの出来事のように思えてくるのではないだろうか。歴史的な出来事が起こりうるには、その条件として、存在するものについての知識があることと、したがって存在するものについての知識を有する人がいることが前提となる。つまり、歴史に特有な知識がすでに存在していなければ、歴史に特有な出来事は起こりえないということになる。そこには、出来事がみずからの新しさを示すための前提となるものも、コンテクストも存在しないことになるからである。

他方で、歴史的な出来事が新しいものに見えるのは、それが内在的に、あるいは本質的に、あるいは潜在的に、すでに「歴史的」と認識されている出来事の部類に属すると認められながら、同時にその部類に外来のものとして知覚される場合に限られる。このように考えると、いかなる「新しい」歴史的な出来事も、「歴史的」な出来事に含まれるようでもあり、そうでないようにも思われる。「歴史研究」がかかわってくるのはここである。歴史研究の目的は、新しい出来事が「歴史」に属するか否か、あるいはそれが別の種類の出来事なのかを定めることである。問題となる出来事は、つい最近歴史的に知られるようになった、という意味で新しいものである必要はない。出来事は、起きたこととしてすでに伝説、民話、あるいは神話に記録されたものかもしれない。したがって重要なのは、出来事が歴史的なものであることを明らかにし、ナラティヴ化し、それが出現したコンテクストの構造または構成に特有であることを示すことである。こうした状況の一例であり、範型とも言えるのが、よく知られている「史的イエスの探求」だろう。すなわち、福音書のなかで奇蹟のおこない手としてだけでなく、彼自身が奇蹟中の至高の奇蹟、その死と復活が世界を救済することのできる救世主、もしくは人間の姿をした神として描かれた「イエス」が歴史的存在であること(あるいは歴史的存在ではないこと)を立証しようとするこころみである。

4

歴史の観念と歴史的な出来事のカテゴリーが発明される以前には歴史的な出来事は起こりえなかった、というのは、論理上の逆説にすぎない。まともな考え方をする人ならだれでもこう考えるだろう。歴史の観念と歴史的な出来事のカテゴリーは、他の出来事とは明白に異なる出来事について、だれかしらが頭をめぐらせた結果から間違いなく生じたのであり、それゆえ「歴史」という用語と「歴史的な出来事」のカテゴリーは、間違いなくそうした特殊な出来事を指し示すことからその意味が来ている、と。しかし、歴史の観念と歴史的な出来事のカテゴリーが存在する以前の時代、つまり、多くの異なった出来事の存在が確認されていたが、歴史的な出来事は確認されていなかった時代のことを想像してみよう。過去に対する調査としての歴史という観念を発明し、またそのような調査によって起きたことと立証された過去の出来事を記述したものとして、歴史叙述というジャンルを発明したのはギリシア人であるとされている。だが、現存する証拠にもとづくと、ギリシア人にはわたしたちが「歴史(history)」という言葉で指示している内容を表わす言葉がなかったようである。

たとえばギリシア語の「ヒストリア(historia)」は、当初はたんに「調査」を意味する語としてはじまり、その後、その活動の生み出す結果が活動を表わす換喩《メトニミー》となることで、調査から得られた「成果」を意味するようになり、そこからさらに、記述のなかで述べられている「過去(あるいは特定の過去)に起きたこと」と解釈される出来事を表わすための提喩《シネクドキー》として用いられることで、それらの出来事に対する名称——「歴史(the history)」——となる。おそらくそういったような経緯だろう。過去に起きたことを表わすギリシア語は「タ・ゲゲネーメナ(ta gegenemena)」であったが、過去の出来事(「調査」にもとづいたものにせよ、伝承として伝えられたものにせよ)を述べたものを表わすために最も頻繁に用いられたギリシア語は、「ロゴス(logos)」であった。それゆえトゥキュディデスは、ヘロドトスを(たんなる)「ロゴス作家《ロゴグラフォス》」すなわち過去についてのストーリーの語り手と呼んで切り捨て、自分が過去に対する「調査」と過去の諸過程の分析をとおしておこなっていることを際立たせようとしたのである。

注意すべき点は、「ロゴス作家《ロゴグラフォス》」というのは近い過去に対する調査者を表わすために用いられた用語であり、遠い過去を調査した「古史作家《アルカイオログラフォス》」とでも(アントニン・リアコスによれば)呼びうるものとは対照されたことである。[14] トゥキュディデスは、アテナイとスパルタとのあいだに起きた戦争の原因を明らかにするために、遠い過去ではなく近い過去を調査した。その意味では、彼もヘロドトスと同様にロゴス作家であるとされてよいだろう。しかも、トゥキュディデスの調査が、ヘロドトスの調査よりも体系的だったというわけでもない。唯一違いがあるとすれば、体系化のやり方である。トゥキュディデスは、ギリシアの都市国家とそれらが支配する帝国を破壊した、あるいは致命的に弱体化させた疫病の症状を判断するためのモデルとして、どうやらヒッポクラテス医学の原理を用いたようである。その一方でヘロドトスは、彼が物語る出来事に対して、ソクラテス以前の哲学で説かれていたような一般原理にもとづいた説明(つまり「栄枯盛衰は世の習い」のたぐいの説明)で満足していた。トゥキュディデスが最初の「科学的」歴史家という(近現代の)称号を得たのは、彼が用いたこうした体系性の種類のゆえであった。このことからは、トゥキュディデスは出来事をストーリーの枠組みに据えただけでなく、調査している出来事の因果関係を説明するという目的に対して、そのストーリーが関連性をもつと立証する論拠を示した、というふうにも解釈できるかもしれない。

このようなわけで、ヘロドトスの貢献は、歴史に特有な出来事というものを発明し、歴史的な出来事と神や精霊の行為に由来するような出来事との違いを示したことにあると考えてよい。次いでトゥキュディデスの貢献は、過去に起きたことをたんに伝えるだけでなく、現在を理解するためにそれらを研究し、分析するための歴史的手法あるいは手続きの型を発明したことにあると考えられる。しかし、トゥキュディデスが実際に歴史を「おこなっていた」かどうか、言い換えると、彼の手法がヘロドトスが調査したような出来事を分析するうえで新しい方法をもたらすものだったかどうか、という点については疑問が残る。「歴史」に特有な出来事を一般的な法則のもとに組み入れられるか否かは、論証不能だからである。ともあれ、ことはローマ人に委ねられることになった。「ヒストリア」という言葉に、一連の出来事を「歴史」というかたちにするのに「適した」種類の記述と了解された物語あるいはストーリー、という第一義的意味を与えたのはローマ人である。このことが、歴史的な出来事は架空の世界ではなく現実の生活で起こるものではあるけれども、それまで神々、悪霊、幽霊、半神、その他もろもろの超自然的な存在について語られてきたような種類の物語や寓話の形式(または複数の形式)を使っても、無理なく表現できる、という考えの基礎をもたらした。こうした発展の結果から、歴史とは過去に現実に起きた出来事が、プロットをもつストーリーの形式で表現された写実的な記述である、とする観念が得られるとわたしは提言したい。そしてこのことは、何が歴史に特有な出来事であるかを判別するための、少なくともひとつの方法を与えてくれる。ポール・リクールが言うように、歴史的な出来事とは、「プロット」の一要素としての役割を果たすことができる現実の出来事である[15]。あるいは、ルイス・O・ミンクがかつて語ったように、ナラティヴの一要素としての役割を果たせるようなかたちで写実的に表現しうる出来事である。

以上のことが示すのは、出来事はたんに実際に起きたとか、過去のある時期にある場所で起きたとか、それらが出現したコンテクストに対してなんらかのはっきりとした効果を及ぼしたとか、そうした理由だけでは「歴史的」な出来事とはされない、ということである。その理由というのは、そのような出来事の一覧は、たとえ年代順に並べられたものであっても、年表や年代記にはなるかもしれないが、歴史とは言い難いからである。ある単一の出来事、出来事の組み合わせ、あるいは出来事の連続が「歴史的」なものとしての資格を得るには、その出来事や組み合わせや連続が、ひとつのストーリーのプロットを構成する要素としての属性をもつかのように妥当に描けるものであることも必要なのである[16]。

5

さて、「プロット(plot)」という言葉を出すことは、さらなる物議を醸す。それは専門的な歴史家にとって、「神話」という言葉と同じくらい不吉なものである。その理由は、「プロット」という単語がギリシア語の「ミュートス(mythos)」にあてられる英訳であるから[17]、というばかりではない。「プロット」は、文学的フィクションに説明効果を与えるための技巧であると一般的には考えられているからである[18]。どのようにある出来事をひとつの連続のなかに挿入して、その連続を筋に変換し、それによって出来事が起きた理由についての説明に相当するものを与えられるようなかたちで挿入するか、といったことに関する論争は長く続いており、あまりにも長すぎるのでここで要約することはできない。当面の目的としては、つぎのことを述べるだけで十分だろう。プロット、もしくはわたしがプロット化と呼んできたものは、神話、フィクション、あるいは歴史といった、あらゆる種類のナラティヴ化された言述に共通するものである。したがって、もし神話、フィクション、そして歴史が、共通の形式(ストーリー、寓話、物語、たとえ話、アレゴリーなど、どんな形式でもよいが)を有しているのであれば、それらはまた共通の内容も有している、と言うことができる。この共通の内容を、フランク・アンカースミットにしたがって、「ナラティヴ実体(narrative substance)」とでも呼んでおこう[19]。この「ナラティヴ実体」という概念を用いることで、歴史的な出来事は、自然の出来事とは異なって、物語ることができるものである、と言えるようになる[20]。

現代の専門的な歴史研究の通念によれば、歴史(すなわち過去の出来事)のなかにはプロットはいっさい存在しない。それは、歴史に巨大な、包括的な、全体的なプロット(すなわち、ささやかな始まりから想像もつかない終わりまでの、全体にわたる人類の発展の軌跡の計画性、もしくはあらかじめ定められた結末、目標、目的、あるいは行き先)というものがありえないのと同様である。いわゆる歴史の「マスター・ナラティヴ」に対する拒絶は、リオタールによると、ポストモダン的思考の主要な特徴であるという。そこで提出された歴史のマスター・ナラティヴに対する反論は、「神意」「定め」「運命」・「進歩」「弁証法」といったような空想的な観念は、「近代」がとうの昔に置き去った神話的で宗教的な夢想の残滓にすぎない、というものだった。そうした「マスター・ナラティヴ」は近代の自然科学が形成されるにあたって克服しなければならなかったある種の目的論的な思考を代表している、というのである。自然のなかに目的は存在しない。歴史は自然に属している(自然が歴史に属しているのではない)のだから、歴史のなかにも目的は存在しえない——ともかくもそう考えられた。このことは、世界史と同様に地域史にもあてはまった。

もちろん、人間や人間集団は概して目的論的な思考をするものである。つまり、想定される到達点、目標、目的などに鑑みて現在と将来の活動への計画を練る。人間の意図は目的志向であると言ってもよいし、実際にも、ある面で意図性の存在が人間の本質を動物の本質と区別する基礎として用いられてきたとも言える。しかし、ある詩人[21]は《ネズミであれ人間であれ、生きとし生けるものの計画はうまくはいかないもの》と語っており、また古くからの教えには、《破滅への道は善意で敷き詰められている》というのもある。人間や人間の作った制度は、もちろん目標を念頭に置いたうえで自分たちの活動ややり方の計画を立てているにちがいない。しかし、樫の木の運命がどんぐりのときからあらかじめ定められているようなかたちで、個人や集団の運命もあらかじめ定められうるものであるとすれば、気が楽になると同時に、ぞっとするような仮定でもある。歴史の動作主体から責任を取り去るという意味では気を楽にさせるが、歴史の動作客体から責任を奪い去るという意味では、ぞっとするものである。さらには、決定論を口にするとき、それに支配されているのはつねに他の人々であって、けっして自分自身ではない、とも言われる——ただし特定の行動に対する責任を回避したいときは別である。

しかし、人間がみずからの行動に対して、自由であると同時に決定づけられており、それゆえ、その行動に対して責任があると同時に責任がない、ということがありうるとしたらどうなるだろうか。もちろんこのように考えることは、哲学者にとっては憤慨の極みであり、常識的な人間にとっては馬鹿げたことである。だがしかし……。

6

西洋哲学の原点が形成されたころ、具体的にはストア哲学の開祖であるキティオンのゼノン(前二六五年没)の伝説的な教えのなかで、わたしたちは「出来事」という観念が「運命」という観念と結びつけられているのに出会う。この結びつきは、ゼノンの時代からハイデガー、リクール、バディウにいたるまで、ありふれた思想として受け継がれることになった。ゼノンは、個人の人生に起こるあらゆる事件は、本来は意味のない出来事のごた混ぜでしかないことを運命に転じる神意が働いている証しとして解釈できる、と教えていたようである(ここで言う運命とは、人生の終わりは特定の時だけではなく、特定の場所において起こる、という意味である——それゆえわたしたちは、運命(destiny)とはわたしたちの向かう場所、目的地(destination)であると考えるのである)。

もちろん、ここでは「出来事」と「運命」という言葉は、ドラマの諸要素に置き換えられており、始まり、中段、終わりが想定され、大団円、そして認知・発見(anagnorisis)[22]の場面に続いて場面の急展開がある。これらの要素は概念としてよりも図式として、神話と科学の両方を含んだ意識の要素として機能するものであり、論証の香りと同じくらいナラティヴの匂いを放つ。もちろん語源にさかのぼっても物事が説明できるわけではないが、神話において出来事と運命が近い関係にあったことは、つぎのことを示している。すなわち、詩的な思考法においては、混乱に秩序を与えるために(運命、定め、運命の女神、目的因といったかたちで)形式上の一貫したイメージが用いられるものであり、その過程のなかで、有意性と無意性の双方を含意する「出来事」のようなやっかいな言葉が作用因のひとつとして機能しうる、ということである。いずれにせよ、運命の成就の象徴として出来事が運命に結びつけられているとすると、ある辞書の記述はわたしにとって意外かつ考えさせられるものだった。わたしの『ロジェ類語辞典』は、「運命」を「出来事」の対義語として扱っているのだ[23]。

それはわたしが「出来事」の対義語を探しているときのことだった。というのは、わたしは歴史的な出来事についての考察を、アリストテレスの解釈法における四角形の枠組みのなかに置くことで、その矛盾項、反対項、含意項を見つけることから始めたいと考えていたからである[24]。もし「出来事」がひとつの概念として扱われるなら、まさにそれが概念であるがゆえに、その矛盾項が何であるかをわたしたちに教えてくれる対立語または対義語が存在しなければならない。上記のような「出来事」を「運命」と矛盾対当の関係に置く通例が示唆するのは、出来事はそれが起こる状況、下地、もしくは背景と関係があると考えられなくはない、ということである。ある過程の「部分」は、それが部分をなす「全体」に対立しうるものだからである。出来事は、それが部分をなす過程の全体ではけっしてありえない。なぜなら「運命」が過程全体に与えられる名称であり、いかなる出来事もその部分でしかないからである。

だがそうすると、出来事の対義語である「運命」という言葉の反対項を特定するという問題が残される。アリストテレスの論法にしたがえば、それは「運命的でないもの」、あるいはどこにも向かっていないもの、適切な場がないもの、実体のないもの、ひいては偽りの出来事、偽りの運命の一要素でしかないものとなるはずである(25)。このことが示唆するのは、出来事が結局いかなるものであるにせよ、出来事についてわたしたちに言える唯一のことは、それは運命ではないということである。出来事は、偶然性に最終的に意味を与えうるような、具体的には、筋、設定された場所、あるいは状況のなかでそれが占める場所の意味を与えうるような、過程全体ではないということである。すなわち出来事は、いかなるものであれそれが一部分、一要素、あるいは一要因をなすものの全体ではないし、またけっしてそうはなりえないということである——ただし最後に、出来事がついに真の力を得るか、本来辿りつくはずであった場所を見いだすときは別である。おそらくこのことが、ハイデガーが歴史について語ったさいに彼の頭のなかにあったことである。ハイデガーは、歴史をけっして辿りつくことのない場所へ向かう「現存在《ダーザイン》」の《道の途中》であると語り、「現存在」の定めを《骨折り》、つねに目的地に辿りつくことなく終わる蛇行、彷徨、漂流、滑落、徘徊であると語った。定めは特性を含意するが、人間には《特性がな

い》と考えたからである。(26)

しかしここで、わたしたちの論証の図式を埋めるために、出来事自体の反対項(矛盾項ではなく)を措定しなければならない。そしてすでに指摘したように、もし出来事が全体(すなわち運命)でもなければ、自身以外の全体の他の部分でもありえないのなら、出来事はなにか別のものであるはずである。それは全体の一部でもなければその全体でもなく、むしろわたしが思うに、出来事的でないものと運命的でないものを合わせた何かでしかありえない。歴史的なことがらの本質を科学的に解釈するためのモデルとして、出来事と構造を対置する現代／モダニズムの風潮は、ここに理由があるとわたしは推測する。モダニズムの考え方では、構造は運命、神意、定め、運勢といったたぐいの代わりを務めるものである。構造主義のパラダイムによれば、人間に関することがらの「意味」は、それらのことがらの形式以外の何ものでもないということになってしまわざるをえないからである。そしてそれは自身の意味が「混沌」でしかないことをますます明らかにする「自然」に対抗して築かれたものなのだった。こうしたモデルにおいては、出来事は構造を揺るがすものであり、ある特定の時点に「実際にあるもの」のなかに組み込まれることに抵抗するすべてのものである。存在論的な観点からは、出来事はやっかいなものであり、反抗である。すなわち、構造の一体性にとってはやっかいなものであり、実際にあるものすべてに意味を与える構造の力にとっては反抗である。構造主義が、まさに歴史的な世界観のアンチテーゼとなったのはさほど驚くにあたらない。各々が個別に起きたことである出来事が詰まった空間(いっさいの普遍的なものに組み込まれることにも、いっさいの個別性の集合に縮約されることにも抵抗する、ある種の「具体的普遍」)として、歴史はいかなる構造主義者であってもそこから逃げたくなるような状況にほかならないように思われる。

7

さて、こうしたことすべては、困惑するような話かもしれない。しかしながら、歴史研究のさまざまな分野の外側では、そして「歴史的方法」というようなものが今でもその活動の主要な要素となっている学問分野においては、出来事という観念は、科学的思考の要素としてはほとんど信用に値しないと考えられるようになっているという事実がある。出来事という観念は、ある種の文学的な書きもの、小説、恋愛小説、詩、神学、神話などといったものには今でも不可欠な要素である。しかし、これらは「想像的な」あるいは「想像上の」記述と呼ばれるものであり、科学が生まれる以前に存在し、世界に依存するよりは世界について考え、説明し、それと共生しようとする思考様式と系譜的な結びつきがあると一般に考えられているものである。そして実際にも、出来事という観念、とりわけ、出来事が「歴史」は実在のものであるという信条に活力と権威を与えているという観念は、神話的な思考法を置き換えたものである、と示唆する著作が、現代には数多く存在する。そこでは、そうした観念は、出来事の性質について形づくられうるいかなる科学的な概念よりも、奇蹟という宗教的な観念とより多くの共通性があることが示唆される。

こうした現代の一群の著作は、「歴史小説」という歴史と小説が混ざり合ったジャンルにその起源がある。歴史小説は、歴史の専門家たちによって公式化されつつある競技ルールに反して、過去と現在の関係という問題、「近い過去」の不確かさ、そして過去は現在のうちに現前しているという逆説に率直に向かい合う。スコット、マンゾーニ、デュマだけではなく、バルザック、スタンダール、フローベール、ディケンズ、トルストイ、サッカレー、トロロープ、コンラッド、その他多くの作家たちの作品がこうしたものにあたる。歴史小説はモダニズム小説の土台となっており、そこでは出来事は霧散し始め、過去と現在の境界は、意識と無意識の境界と同じようにぼんやりしたものとなる。モダニズム文学は「現在のわたしたちの生き方」の目新しさを喧伝していながら、「太古」に属するものを、「現実」にとっての意味の源泉として復権させている。そうした「太古」は、文書記録がないという理由でかつて歴史によって破棄され、考古学や「古遺物研究」の温かな憐れみの手に預託されたものだった。

アウエルバッハらが論じているように、モダニズム文学はけっしてリアリズムと歴史からの逃避ではない。モダニズム文学は、「プロット」そのものを捨て去ることによって、「プロット」に取り込もうとする誘いかけから歴史的な出来事を解放している。さらに、現実を放棄して空想を選んでいるどころか、いかに多くの空想的なものが「現実的なもの」に含まれているかを示している。モダニズム文学は、歴史的な出来事の及ぶ範囲を横方向に広げ、隣接する時間の領域にそれを流し入れるだけではない。歴史的な出来事の深層を明らかにし、それが幾重にも重なる意味を隠していること、その内圧力がきわめて変化しやすいこと、自身の固定化に強い抵抗力があることを示している。

モダニズム文学が歴史的な出来事の深層を探る方法は、精神分析学が心的な出来事の深層を探る方法と大体同じである[(27)]。実際にも、モダニズム文学は出来事とそのコンテクストとの関係性を、両者のあいだの境界を取り去ることによって変化させる。こうしたことすべてが示すのは、かつての一九世紀的な写実主義が有していた芸術的権威を破壊するような記述（悪名高い「エクリチュール」）をとおして、事実とされる言述とフィクションとされる言述の境界を曖昧なものにする、新しい文学の記述様式が生み出されているということである。ここからは、歴史、歴史的な出来事、そして歴史的なもの自体が、新しい種類の記述によって引き継がれる。他によりよい言い方もないので、この新しい種類の記述をポストモダニズムと呼んでおこう[28]。

しかしながら、「新しい種類の記述」を持ち出すだけでは、わたしたちの時代において「歴史」とその典型的な内容である「出来事」が解釈される方法に変化が生じた理由を説明するのに十分ではない。というのは、「新しい種類の記述」が発明された理由を、明確に「歴史的」と認められる方法で説明するためには、そうした新しい種類の記述が表象の手段として適切であると考えられるような、新しい「内容」もしくは現象を明らかにすることが必要だからである。わたしはすでにそのような内容、現象もしくは指示対象として、「モダニズムの作り出す出来事」について触れた。ここでわたしはさらに進んで、こうした新しい種類の出来事の「内容」の「実体」は、歴史の理論として形成された「トラウマ」の観念において与えられると提起したい。

この新しい種類の歴史的な出来事としばしばされるもの、すなわち「トラウマ的な出来事」と呼ばれる出来事に言い及ばずに、歴史的な出来事についての考察を終わりにするわけにはいかない。近現代における「トラウマ的」という用語の由来は医学である。医学では、この言葉は外傷、より正確には皮膚と骨の貫通、そしてその貫通が原因となって結果的に引き起こされる肉体的・精神的外傷を表わすものとして用いられる。特定の歴史的な出来事を表わすときには、「トラウマ」という用語と、その形容詞形である「トラウマ的」という言葉が、かなり型にはまったかたちで用いられる。それは社会制度あるいは政治制度への大きな打撃のようなものを意味し、いかなる有機体であれ有機的組織であれ、生き延びようとするなら、適応、順応、あるいは反作用が必要なものを意味する。

しかし精神分析理論では、「トラウマ」ならびに「トラウマ的」という用語は、ある種の平衡に保たれていた「衝動」を「解放」し、それによって神経症あるいは精神病の状態（偏執症、ヒステリー、強迫観念など）を引き起こし、結果的に有機体を機能不全に陥らせる身体的・精神的効果をともなう有機体への衝撃を（当初は隠喩的に）指すものとして用いられている。こうしたトラウマについての（一八九〇年代にブロイアーとフロイトが発展させた）物理主義的な概念は、歴史科学におけるトラウマについてのそれと格別異なるものではない。歴史科学では、歴史的な出来事は歴史的な（社会）秩序に大きな動揺をもたらすものであり、制度、慣行、信念を混乱に陥れ、結果的にヒステリー、偏執症、妄信などの状態のときに表面化する行動と類似した集団行動を引き起こすと見られているからである。

しかし、のちにフロイトらの精神分析家は、明確に「歴史的」と認められる要素を前提とした、トラウマについてのもうひとつの考えを発展させた。それは、歴史科学が歴史に特有な過去と現在の関係とみなしていたものと著しく類似した、有機体への「（時間的な）遅延効果」として理解される「事後性」という要素を含むものだった。というのも、フロイトは、トラウマの精神的側面を、有機体への（突然で破壊的な）衝撃としてだけでなく、特定の種類の個人の精神の内部に意味を欠いたある種の空間を残すような衝撃と特徴づけたからである。だがこの空間は、侵入を受けた原体験と類似した、のちの出来事の圧迫を受けると突然再活性化され、あるいは生気を与えられ、有機体をふたたび傷つけるほどに重層決定的な意味がそこにあることを明らかにする。実際にも、まず侵入の原光景を想起させてその意味を突然発見させ、つぎにそれが意識にのぼることを回避しようとした最初の行動を繰り返させることによって、有機体を二重に傷つける。しかもいまや意識は、そもそも最初の出来事が何であったのかを認識していなかったことに対する罪の感情に、いわば付きまとわれている。

歴史的過去と現在の関係に対する歴史家の考え方と、個人の人生におけるトラウマ的出来事は、あとになってそれが意識に「回帰」し、個人を機能不全にするほどの強い影響を及ぼすとするフロイトの考え方には類似点がある。出来事はトラウマを引き起こすという考えから、フロイトは個人の「秘められた歴史」を仮定する。彼はそれをさらに拡大して、一民族あるいは一国民全体の「秘められた歴史」を仮定し、それに対して、民族や国民の過去についての「公式の」説明は、原行為に由来する罪の感情に対するアリバイづくり、もしくは昇華として理解されるべきであるとする。『モーセという男と一神教』においてフロイトは、歴史的な出来事はトラウマを引き起こすという理論をもとに、ヘブライ人の過去には恐るべき犯罪があったという仮説を立てている。すなわち、モーセは彼が律法への無理な義務を負わせた人々によって殺害されたのであり、そのことが、ユダヤ人の熱烈な禁欲主義、自己修練、国家を作らずに休むことなく彷徨を続け、罪悪や憂鬱の念に苛まれていることの原因を説明している、というものである。少なくともユダヤ人が「歴史」として生きている「現在のなかの過去」というのは、この原犯罪——原父殺し——についての「抑圧された記憶の回帰」のことなのである(29)。

もちろん、ヘブライ人の「歴史」についてのフロイトの観念は——当時の歴史研究に表向きの敬意を払っており、フロイト自身「科学的」に思われようと努力はしているが——神話の特徴を余すところなく示している。しかし、神話的な思考法へと引き込むスタイルは、[30] 彼が「事後性」と呼ぶような過去と現在の因果関係を説明するのにきわめて適している。この関係は「魔法」のようなものであり、遠隔作用、遅延効果、潜伏性などの観念を含んでいる。フロイトは、特定の時間と空間に起きた出来事が、いわば時間と空間の双方において「拡延」し、先行する「原因」の「結果」として扱われるべき別の出来事を生み出す、という伝統的な歴史の通念を否定しておらず、それに異議を唱えているわけでもない。だが彼は、別の種類の出来事の存在を仮定している。そうした出来事の真の性質と効果は、個人の記憶や集合的記憶のなかに隠されており、いつ発現するかわからないかたちで、不特定の期間そこに潜伏する。しかるのちに、同じような侵入性効果をもつなんらかの出来事が起こるとそれに反応し、はるか以前に起きたその原型を明かすと同時に隠す形式で、ふたたび表面に現われるのである。そのような出来事、トラウマ的な出来事は、ユダヤ教およびキリスト教の神義論における「予型の成就」モデルの構造を有している。

この「予型の成就」モデルにおいては、意味のある歴史的な出来事は、それが二度起こることによって認知される。最初はそれが意味を有する可能性があることの暗示として、二度目は「達成（expletion）」として、すなわち最初の出来事では暗に示されていたにすぎなかったこと、あるいは精神分析の用語を用いるならば、そこに潜伏していたことの完成もしくは成就として認知されるのである。その神学的な見本はよく知られている。たとえば、アブラハムが生贄として差し出そうとした息子のイサクに代えて子羊を身代わりとしたことが、それを「成就」するモーセの律法を予見するものとなっていること、あるいはアダムの堕落がキリストの復活において成就されることなどである。こうしたものから宗教色を抜いた、歴史科学における例は、フランス革命の決定因となったのははるか以前に起きたプロテスタント宗教改革である、といった議論だろう。トクヴィルの論では、宗教改革はアンシァン・レジームを打倒する革命の萌芽をすでに含んでいる、とされる。念のため断っておくと、以前の出来事がその後の出来事をあらかじめ決定しているとか、あとの出来事はいったん宗教改革が起きたらすべてがそこに向かう行き先であると考えるべきであるとか、そういうわけではない。こうした議論は歴史の因果関係に対する目的論的な観念ではない。たとえ宗教改革についてなんらかの知識をもっていたとしても、その知識をもとにフランス革命の勃発を予想することなどだれにもできなかっただろう。革命が勃発したあとになってはじめて、宗教改革が可能にしたことを理解することが可能になったのである。

フロイトのいわゆる「トラウマ的」あるいは「トラウマを引き起こす」出来事についても、同様のことが言える。小さい子どものときに大人に性的虐待を加えられたことが、その後の人生において「トラウマ」として表面化し、青年期ないしは成人期に健全な行動を阻害する効果を生み出すという絶対的な必然性はない。すべては第二の出来事、以前に起きた出来事に類似しているが、それが何であるか、あるいは何を意図したものかがはっきりと判別できるような出来事が起こるかどうかなのである。それが起こることで認知と抑圧という反応が誘発され、今度はその反応が二つの出来事を意識下に葬り去るか、あるいはアクセスできないようにして、出来事をそれらが属する「実際の歴史」の外側の空間に追いやるのである。実際の歴史においてこれに相当するのは、ある種の分裂症的な歴史科学だろう。そうしたものにおいては、過去を知ろうとする欲求や過去に対する強迫観念と同時に、それと同じくらい強い過去についての知識に対する嫌悪——恐ろしい真実を隠すための遮蔽幕として構築された害のない歴史解釈を脅かすようないっさいの知識に対する嫌悪――、あるいは拒絶反応が存在している。今は論じる余裕はないが、カントローヴィチの「王の二つの身体」という理論が、そのような分裂症的な歴史のトポスを分析していることは指摘しておきたい。

もちろん、フロイトは専門的な歴史家ではなく、専門的な（歴史）哲学者でもなかった。そして専門的な歴史家にとっても専門的な哲学者にとっても、フロイトのトラウマ的な出来事という概念を、歴史、あるいは歴史的過去、あるいは過去と現在の歴史的関係を扱う科学的な研究に対する貢献とみなすべき理由はなかった。むしろ、フロイトのほうが歴史をめぐる彼の時代の神話ないし観念を借用して、それを個人、国民、民族、あるいは実際のところどんな集団であれ、その過去と現在の関係を概念化する方法の雛型として利用し、彼が「トラウマ的」と呼びたいと考えた現在と過去の関係を概念化しようとした、と言ったほうがよいかもしれない。フロイトは歴史、考古学、人類学についてはアマチュア、もしくは好事家であった。彼は心理的に誘発された疾患を治療するさいに、治療法として利用しうるようなものであれば、どんな知識にも関心があった。別の言い方をすると、彼が関心をもっていたのは、専門家仲間を啓発することを目的として、専門的な歴史家、人類学者、考古学者によって書かれ、いっさいの混じり気のない高度な学術書に仕上げられた歴史的な過去ではなく、むしろ「実用的な過去」だったのである。[31]

それゆえ、フロイトは他の調査分野における専門的な研究者たちの成果を用いたけれども、彼の関心はそうした研究分野に貢献することよりも、それらの分野で得られた知識のなかで役立ちそうなものは何でも利用して、当時「憂鬱」として知られていた疾患で苦しんでいる個人（および集団）に対する治療法になりうるものを概念化することにあった。これは、個人が愛する対象を失ったときに、一般的あるいは慣習的な「喪」のやり方では軽減できないような、考えられないほどの喪失感をこうむったときに生じる、慢性的な鬱状態であった。

さて、フロイトのトラウマについての精神分析的な概念に関する理論上の要点は、フロイト自身によると、本来的にトラウマ的な出来事といったようなものはない、という事実にある。どんなに恐ろしい喪失感であっても、個々人は異なったやり方でそれに対処する。ある人はトラウマ化という方法で、他の人は喪という方法で、さらに別の人は、喪失の経験を「乗り越える」過程で生まれる昇華、抑圧、象徴化といったさまざまな方法で対処する。ここで、トラウマについての医学的ないし生理学的な観念と、心理学的、心身医学的、ないし精神分析的な観念との違いを再度強調しておく必要がある。物理主義的な視点からは、本来的にトラウマ的な出来事というのはありうる。個々の有機体であれ有機的組織であれ、それを破壊する恐れのある十分に激しい力をもつ出来事なら何でもあてはまる。歴史的な出来事に対するそのような考え方がすでに専門的な歴史家の通念のうちに存在することは、歴史家が「危機」という概念を、集団や個人が出来事を受けとめる過程で苦しみうる状況として用いることに示されている。しかし、トラウマについての精神分析的な考えの見地からは、危機はここにもあそこにも存在する。ただ、すべての危機が、とりわけ有機体がこうむる肉体的な危機が、その影響を受ける集団あるいは個人にトラウマ化をもたらすわけではない。実際にも、トラウマは危機に対する特定の種類の反応の名称にすぎない。危機が自己を奪うものとして知覚されるというより統覚（だけ）されて、あとになって類似した出来事の圧迫によって、自己を奪うものだったと知覚され理解される反応のあり方である。「歴史的な出来事」、つまり歴史に特有な出来事を解釈するうえで、これ以上に「歴史的」な、「歴史科学的」な、あるいは「歴史叙述的」な方法があるだろうか。あるいは別の言い方をすると、ある特定の心身的な出来事(問題となる身体が、個人の身体であれ集団的なものであれ)を解釈するうえで、これ以上に歴史科学的な方法があるだろうか。

この歴史に特有な出来事が、ある現在に(もしくは現存するある集団の経験の内部で)起こる出来事である、という可能性はある。ただその出来事は、既存の体系を混乱させる力、ないしエネルギーの「噴出」としてのみ現われるため、その性質を見定めることも、名称を与えることもできない。それは変化を強いるが、その変化の方向性や軌道は、着手されるまで、あるいは開始されるまで知るすべがなく、その到達点、目標、ないし目的も、後代になってようやく見定めたり、把握したり、あるいは対処したりできるものなのである。しかも、後代といってもたんなる漠然とした「後代」ではない。この後代とは、以前の出来事となんらかのかたちで結びつきがあるように見えるものの噴出が、結びつきがあるというその事実をとおして、隠された曖昧なかたちではあるけれども、最初の出来事とあとで起こる出来事双方の「意味」、意義、主旨、あるいは予言さえも明らかにする、あるいは明らかにするように見えるときのことである。そのときになって、あとで起こる出来事を、最初の出来事のなかに潜在していた意味を遡及的に明らかにし、成就したもの(あるいは脱現実化したもの)として、ナラティヴのなかでもっともらしく描くことができるのである。

もしそのような歴史的な出来事が実際にあるとしたら、それは……奇蹟だろう。

第4章　コンテクスト主義と歴史的理解

1

本章でわたしは、哲学者アーサー・ダントーに倣って、理解とはある種の「認知による説明」である、と前提してみたい。ある客体が、特定の時空間における「常識」（および／もしくは歴史文化）の提供する命名と類別のシステムのなかで、それが本来占めてしかるべき場所にあるように見えるとき、その客体は適切に描写されている、と感じられる。理解とは、そのような感覚のことである。たとえば、ある戦闘を描写するとしよう。その戦闘が起きた場所が、時間的にも地理的にも文化的にも、それについての描写がおこなわれる時間、空間、文化から遠く離れたものであった場合、描写は、一方ではイメージ化における異なるスタイルのあいだを、また他方ではその出来事を同定し類別する異なる言語、コード、構造のあいだを取り次ぐ、置き換え《トランスレーション》作業の産物なのである。

いうまでもなく、わたしたちはとくに歴史学的な描写（「歴史科学《ヒストリオロジー》」の語法をまとった描写）や、歴史現象の描写（「歴史性」をおびているとすでに認定・類別された現象の描写）――この二つは同じことではない――を問題としているのであるから、わたしは言葉による描写に、つまり、過去の実体についてのある心的イメージや情景を呼び起こすように意図された、言葉による描写に、議論を集中しようと思う(このような描写を可能にしているのは、過去の特定の時間と場所において特定の実体にどんな変化が実際に生じたかやその変化の性質を立証するのに十分と判断された文書または物的証拠の、「歴史科学」的な研究である)。描写が呼び起こすこうした過去の心的イメージの特徴や構造は、どのような文化や言語的条件のもとにあっても読み書きのできる人間であれば、自分の時代の「経験の空間」からは異質な――または「現在」から見てたんに「過ぎ去った」――ものであると同定し、類別できる特徴や構造として、「認識」される。[1]

2

わたしたちがいま考えているのは言葉による描写であるから、近代記号論における指標《インデックス》的、類像《イコン》的、象徴《シンボル》的という区別を用いて、歴史叙述、民族誌、旅行記、伝記、証言、小説、判例集、そしてそう、哲学といった、さまざまな言述に見られる異なる種類の描写の特徴を明らかにしてみてもよいだろう。

歴史叙述における描写にはふつう、少なくとも二種類があると考えられる。一つめは、技術的(technical)な描写である。技術的な描写においては、特定の歴史素(historeme)――「歴史学」的関心対象の単位――を表象する語法は、特定のシニフィエが特定のシニフィアンに対応しているような、ある種のメタ言語として機能する。したがって、指定されたコードで描写不可能とされた存在は、歴史科学的な調査の対象から自動的に除外されることになる。二つめは、自然(natural)な、また常識的(commonsensical）な描写である。この種の描写では「歴史的」なものごとに言及するときの決まりとして適用されるのは、教養にもとづく日常的な語りの決まり、さらに、実用的かつまた芸術的な書きものにおける決まりである。たとえば、今日の歴史叙述では、奇蹟や幽霊は歴史科学的な調査の対象からは除外される。前近代または異なる時代の人々がなぜ奇蹟や幽霊の存在を信じていたのかを理解しようとする場合は別であるが。

「科学的」と称する描写は概して、技術的な言語をまとう。実際、なんらかの社会科学を模倣あるいは利用しようとする歴史叙述の特徴は、それが説明（または法則性の確立）ではなく描写を主に意図しているときも、技術的な言語や専門用語を多用することである。[2] しかし、職業的な歴史叙述の主流は、歴史の研究が「科学的」であることを志向しはじめたあとも、教養にもとづく日常的な語りを好んで用いるプロトコルと慣習に忠実であり続けた。このことは、物語的な歴史叙述でとくに顕著である。ここでは、同一の時間的・空間的な（すなわち「クロノトピカル」な）[3]場所で本当に起きたこととして歴史的出来事の集積が再現表象されること、またその叙述が、神話、叙事詩、伝記、寓話などに見られるようなある種のはっきりとした物語の形式をもちながらもなお、扱っている出来事の「事実性」を少しも損なっていないことが期待されている。多くの歴史家たちにとって、出来事を「本当の話《ストーリー》」のかたちで提示することは、過去に「本当に起こった通りのこと」「本当にそうであったこと」を説明する方法なのである。

したがってわたしたちは、物語的な歴史叙述を一種の描写と捉え、その認識力と価値の特徴を考えるうえで、「描写」と「物語」は相容れないといった考えを乗り越えなければならない。大まかに言えば、物語的歴史はそれ自体が世界の描写なのであり、そこには重要な意味作用の過程がストーリーのかたちをとって示されていること、さらに物語的歴史において語られる個々の物語は、出来事を悲劇的、喜劇的、ロマンス的、叙事詩的、笑劇的といった特定の種類のストーリーとして認識可能なかたちにプロット化して説明する、ひとつの描写として受け取られるよう意図されている、ということを認めるべきだ。

3

以上の見解は妥当であるとわたしは思う。なぜなら、すべてでなくともほとんどの文化において、何かがどのようにして現実的、常識的、または芸術的な意味においてそうだと認めうるものになったのかを物語ることは、その何かの「説明」として受け入れられているからだ。たとえその「何か」の存在のあり方を決定した因果法則が明示されておらず、それゆえ「科学的」とは言えない説明であっても、である。

しかし、「歴史のなか」に、またはたんに「過去」に置かれていると推定されるある客体の描写（説明でもよい）を、評価しようとなると、問題にぶつかる。その相対的な正確さ、厳密さ、真実性について、複数の異なる描写を比べたり査定したりするために「オリジナル」な現象として引き合いに出すことのできる事態や状況といったものがない、という問題である。過去の事態については、その描写のヴァージョンとして示されているものと照らし合わせることができる、未描写の現象といったものは存在しない。ルイス・O・ミンクが指摘するように、同じ過去の現象の、異なる描写を比べてみようとするとき、そこで言う「同じ」とは、どのような意味なのかを把握するのは容易ではない。どんなかたちでも描写されたことのない生の状態の、観察可能な現象など、過去に求めることはできないからである。

描写の指示対象が観察不可能であるというこの問題は、「オリジナル」と仮定される事態は歴史科学研究の「史料」となる記録文書や物的証拠のなかに見つけることができる、と主張しても解決はしない。たしかにこれらの史料は、いまここに存在しているし、その形態ゆえにそれら自体が語ることがらに関するその相対的な正確性、厳密性、妥当性、真実性について、観察、読解、吟味、批判することができる。しかし史料は、それが由来した時空間で「起こったこと」の、混ざりもののない首尾一貫した報告を提供してくれることはまずない。つまり、史料の問題とは、なんらかの説明の相対的な写実性や真実性をオリジナルな事態に照らして測定しようとするときにわたしたちが直面する問題と、同じなのである。わたしたちは同一の指示対象であろうと認められるものについての異なる複数の描写を比較することはできる。しかし、これらの異なる複数の描写の真実性、妥当性、適切性を実際に評価しようとするとなると、これらの描写の指示対象をまず確定するために、まだ描写されたことのない過去の状態を、描写しなければならないのである。

4

さて、ここで「コンテクスト(context)」の概念が、歴史的指示対象の捕らえどころのなさがもたらす不安を効果的にやわらげるために、用いられる。「コンテクスト(文脈)」がまず、宗教的な(そしてのちに文学的な）「テクスト」に関わる理論に由来する語であることを思い出そう。ここでコンテクストは、まとまった書きもののなかで「ある言葉またはその他の言語的要素の前後に話された、記述された、または印刷されたこと」を指す。だから、ある言葉が、その前後の言葉（つまりコンテクスト）から与えられる意味に反して（すなわち「コンテクストから外れて」）引用されると、違和感が生じる、という具合である。

「コンテクスト」の用法が拡大して、非言語的またはテクスト外的な環境を意味するようになると、この言葉・概念は、『オクスフォード・コンサイス英語辞典（ＯＣＤ）』が示すように、しばしば「ある状況（a situation）」を指すようになる。したがって「コンテクストとのかかわりで表現される意味」は「レファレンス（reference）」と定義され、「コンテクストにかかわらず言語の構成要素のなかに存在する」という「センス（sense）」とは区別される。ＯＣＤは続けて「「ram（雄羊）」の意味を説明するために動物の絵や実物を指し示すのはコンテクストによる説明、ram を「ewe（雌羊）」との対比において「male sheep（雄の羊）」と定義するのはセンスによる説明」と説く。

だから、つぎのように言うことができるだろう。歴史的存在のコンテクスト主義的な描写、つまりコンテクスト主義的な様式《モード》にはめこまれた描写とは、特定の歴史的存在と、それが置かれ、そのなかで特定の役割を果たした「状況」とのあいだにある関係性を言語イメージで組み立てることによって、その歴史的存在を理解させるものである、と。

したがって、言語イメージ、ましてや世界のどのような描写でも、その意味作用には二つのタイプがあるということになる。一方には動作主《エージェント》、動作《エージェンシー》または出来事と、それらが発生した「状況」とのあいだの関係性を描写によって言及、反映、模倣する、コンテクスト主義的なタイプがある。もう一方にあるのは（詩や雄弁術またはたんに「戯れの」発話・文章に見られるように）言語内における文法的、修辞的、詩的、語法的な交換や、ある記号システム上のシニフィエと別の記号システム上のシニフィアンの恣意的な置換（またその逆の置換）によって意味を作るような、意味論的または間記号論的なタイプである。(4)

ここまで考察を進めると、また一つの問題にぶつかる。過去の出来事や行動のコンテクストとは何を指すのかも、その出来事や行動自体と同様に、特定するのが困難だということである。なぜなら、ある状況において、何が能動的で何がたんに受動的なのかを示してくれるような――マルクス主義における、下部構造／上部構造モデル、あるいは歴史的変化の原因としての思想・信条に対する物質的生産様式や生産手段の優越論といった――なんらかの理論を頼みとしないかぎり、何であれ出来事に隣接するように見えるもの、または考察対象となる状況に応答していると考えられる動作主に隣接するように見えるものなら、その出来事や行動のコンテクストだということになってしまうからだ。(5)

5

哲学者スティーヴン・ペッパーは、「コンテクスト主義」とは、西洋の形而上学と認識論の伝統のなかで哲学者や知識人たちが生み出した四つの基本的な「世界仮説」の一つであるという（残りの三つはフォーミズム〔形相論〕、機械論、有機体論である）。(6) ペッパーはさらに、コンテクスト主義が、過去の客体や出来事の歴史的描写を構成する方法・手順の一つであるばかりでなく、「歴史主義」というイデオロギーが用いる手段そのものであると主張した。言い換えるなら、西洋において主流の歴史叙述に典型的な手順とプロトコルを煎じつめてゆくと、わたしたちの手元に残るのは、「事実」がすべて抜け落ちた、コンテクスト主義的な世界像（Weltbild）だということになる。

ペッパーの見解によると、コンテクスト主義の興味深い点は、歴史学的探求と同様、それが理論主導ではないばかりか、むしろ本質的に反理論的であることだ。コンテクスト主義に理論があるとすれば、歴史叙述とよく似て、それはアドホックな調査・研究の実践でしかない。コンテクストにもとづく歴史研究では、歴史家は文書館で見つかるものなら何であれ利用し、その調査結果を、文書館での発見についての「報告」という様式に即して書き上げる。これらの発見は歴史家がターゲットとする研究対象についてなんらかの光を当てるものだが、自分の調査対象と、そのコンテクストとの関係が時間的経過のなかでどのように変化していったかを語る「ストーリー」を組み立てているのは、歴史家なのである。

この組み立ての作業を、わたしたちは出来事の「物語化」（すなわち、組み合わせた出来事をストーリーまたはファーブラ（fabula）の様式にはめこむこと）と呼ぶのだが、厳密にいえばこの作業についてあらかじめ約束されたルールや方法論といったものはどこにもない。たしかに、数々の慣行、ジャンルに備わるモデル、意味や意義の原型、プロット化の様式、共通理解、「妥当性」の概念などは、物語の構成者の文化のなかで入手可能であり、彼の目的に合わせて利用することができる。しかし、過去のものであれ現在のものであれ、現実の出来事について一つの物語を構成するということは、創意を必要とする作業だ。現実の出来事の集合は、ストーリーの形式をとらないからである。もしだれかが、過去の文書記録のなかに一つのストーリーを「見つけた」と思ったなら、それは記録の作成者によってその物語が文書に埋め込まれたためか、記録の作成者が自分の空想を外的な観察と取り違えたためだ。よりありそうなことは、自分の研究する出来事のなかにストーリーを求める歴史家が、その出来事を自分のノートに最初に書き取ったときに、そこに特定の形態の物語性またはプロットを与えてしまったということだろう。

6

歴史的な過程(processes)の描写(そして再描写)は、歴史的な構造や場所の描写よりもはるかに困難になる。なぜなら、歴史的な過程は概して、研究対象の実体や属性の変化だけでなく、その研究対象が関係づけられるコンテクストの実体や属性の変化をも示すからである。歴史的な「場所(place)」の研究であれば、歴史家が探し求めるのは、変化・変容するものよりは、相対的にみて安定している要素や関係性であろう。同一律と無矛盾律を使って、変化せずに安定している、あるいは変化するものよりは安定している(コンテクストのように)と考えられる歴史上のものごとの描写の一貫性を保証することができるのは、このためである。しかし、同一律と無矛盾律のロジックは、個々の存在のライフコースにおける異なる段階と段階のあいだ、時代と時代のあいだの関係を調べようとするときのガイドとしては役に立たない。また過去の歴史的存在のどの物語化された説明の合理性をも、したがってその本当らしさをも、保証することはできない。「歴史的」であると理解されるものがわたしたちの興味を引いてやまないのは、それが変化のなかで連続したもののように、そして連続のなかで変化するもののように見えるからであろう。実に、これまで歴史的存在は、外面的変容《メタモルフォーゼス》だけでなく質的変化《トランスサブスタンシエーション》もするものとして、概念化されてきた。歴史的存在は、「状態を保ち」はしないし、(写真や肖像画のように)ある瞬間において捕らえることができるように「固定」されもしないのだ。

7

こうした困難にもかかわらず、歴史的出来事を組み合わせた物語は説得力をもって書き続けられている。それが取り扱うことがらの信頼に足る描写とされ、のちに「まっとうな」歴史叙述行為の模範となるであろう歴史著作の正典の仲間入りを果たし、何がなぜ起こったのか、なぜそのように起こったのか、いつどこで起こったのか、といったことの(説明でなければ)解釈として、文化と時間の違いを超えた権威をおびていくのである。どうしてこのようなことが可能なのだろう。わたしの考えではそれは、わたしたちが問題としている歴史叙述が――すなわちブルクハルト、ランケ、ミシュレ、モムゼン、ホイジンガ、ブローデル、ホブズボーム、ルフェーヴル、ブロック、カンティモーリ、ル=ゴフ、デュビィ、そしてそう、『ブリュメール一八日』のマルクスらによる歴史叙述が――、常識的または科学的というよりは、文学的で言述的な構成原理にもとづいているからなのである。[7]

ここでわたしは、歴史叙述の偉大な名著が結局はフィクション的な著作物のカテゴリーに属している、と言っているのではない――そう言っているとわたしは一度ならず非難されたことだが――。それらは想像的な著作物か、と尋ねられれば、その通りだと答えよう。偉大な歴史家たちが彼らの読者の合理的な意識に訴えてきたのと同じくらい、その想像力にも訴えてきた、という意味において。ただここでもわたしは、歴史家たちが事実とフィクションの違いをうやむやにしている、と言いたいのではない。歴史を書くことと文学作品を書くこととのあいだにある障壁を崩した、と言っているのである。

近代文化における、歴史と文学のこの区別——純粋に慣習的なものだが——、および両者の混淆に対するタブー視は、モダニズムによって引き起こされた文化的・社会的革命以前における、文学作品の性質についての考え方にもとづいたものだった。たしかに、モダニズム的作品——その典型例はジョイス、プルースト、ヴァージニア・ウルフ、メルヴィル、ヘンリー・ジェイムズ、ガートルード・スタイン、カフカその他の作品に見いだせる——は、スタンダール、ディケンズ、バルザック、フローベールやフォンターネらの作品に見られるような、「写実主義」的作品の大きな伝統と連続した関係にある。それゆえ、現在を「歴史」として——すなわち継続的な変化、混乱や、革命のなかにおかれた社会構造として——捉えるという特徴をもっている。しかし、モダニズム的文学は(ジャンバッティスタ・ヴィーコにしたがって)、文化のなかのすべてのものは人間によって作られるのであり、歴史ばかりか、自己形成する人間がもつ知識を構成している「事実」もまたその例外ではない、という確信のうえに成立しているのである。

もっとも、ある種の歴史科学では、「事実」とは、過去の行為、出来事あるいは一連の出来事を視覚的にシミュレートすることで「見つけ」たり「明らかに」したりすることができるものだ、という考えが採用されている。この考えが生み出したのは、ビデオ時代のポピュラー・カルチャーで人気を集める

「スペクタクル」としての歴史ジャンルである。「ヒストリー・チャンネル」や「歴史ブック・クラブ」、また文化遺産を軸とした観光業がその例であろう。ここで求められているのは、目をくらませ、人を感動させる歴史だ。「スペクタクル」的歴史叙述では、事実は経験的認識にもとづいた内容を取り去られ、まさに「フィクション化」される。現実の人々との親密で共同性のある真の関係をもたず、「欲望の崇高な対象」[8]のシミュラークルに促されるままに消費の幻想を生きる主体の衝動や欲望、不安を誘発する、フェティッシュ対象へと変容させられるのだ。

8

わたしは先にダントーの、「事実」とは「描写された出来事」である、という考えに触れた。「出来事」は事物やその物理的作用の範疇に属するのに対して、「事実」は言語の範疇だけに、またはとりわけ言語の範疇に、属する。[9]だから、故リチャード・ローティがいつも述べていたように、つぎのように言うことができる。「真実」とは、外部世界の「どこかに」ある事物の性質や、それらの事物に内在する性質などではなく、むしろある種の言語使用、また言語の成り立ちがもつ性質なのだ、と。

言明、述定、言述は、真か偽であったり、その両方であったり、またはそのどちらでもなかったりする。一方、事物については、真か偽かをわたしたちは問わない。なぜなら、わたしたちの関心はそれが何であるか、またそれらが集合体として、また組み合わせにおいて何を意味するのかにあるからである。事物について重要なのはその実在性であって、真偽ではない。わたしたちは事物についての真の言明をしようと試みることができるが、この場合に問題となる真とは、認識論よりも意味論に関わることである。[10] 過去の事物については、それらが何であったのか、それらがかつてそこで行為したり影響をこうむったりして存在を得ていたコンテクストのなかで何を意味したのかが、わたしたちの関心事なのである。

言明、述定、言述も、書かれたり話されたりすればそれ自体「事物」の属性を得ると考えて、それらが実在するか、たんに想像されただけかを問題にしてみることはできる。しかし、それらは「書かれたり話されたり」したのだから、それらが真であるか、真実を含んでいるか、または真実性をおびているかどうかが、問われてしかるべきだろう。[11] ここでわたしたちは、はじめの問題に立ち返る。それは、もはや認識に開かれていない事物（過ぎ去っており、現存する「遺物」または痕跡を通してのみ、存在したと知りうる事物）の描写は可能なのか、しかもその真偽はなんらかの科学的または事実にもとづいた方法で判定できるのか、という問題である。

ここで、複雑な現象の描写が判定を受けるのは主に知性と対象の一致（adequatio rei et intellectus）についてであって、実は多くの場合、その真偽は審査の対象にならないことを指摘したい。西洋において、世界についての命題の真実性は、慣習的に対応（correspondence）と整合性（coherence）という二つの基準に照らして判断されてきた。この二つの方法は、チャールズ・サンダース・パースが分類した、記号とその指示対象の関係、すなわち類像《イコン》的関係と象徴《シンボル》的関係の二種類に対応する。[12]〔第一に〕イメージとしての描写は、その指示対象に対してある種の模倣的な関係をもっていると言うことができる。その指示対象の構造や性質に多かれ少なかれ「似ている」、というふうに。しかし、過去の物体のように、観察や測定によって調べうる指示対象をもたない表象の場合、ある歴史描写が何の描写であると言えるのかを想定するのは困難になる。だから、記号−指示対象関係という記号論の考え方を用いるのであれば、歴史描写とその対象の関係は、指標《インデックス》的あるいは類像《イコン》的なものとして捉えることはできない。歴史的現象の描写の真実性の基礎づけは、記号論の観点から見ると、芳しくないようだ。

この問題にさいして多くの理論家たちは、歴史描写の真偽を検証するために〔第二の〕「整合性」のモデルに頼ってきた。この考え方では、ある歴史的存在または過程の描写の真実性は、描写がなされる言述全体を構成する諸述定のうちに存在する論理的一貫性の分析にもとづいて判断されなければならない。ここで問題となる「論理《ロジック》」は、同一律と無矛盾律である。描写の諸要素はまず諸概念に置き換えられたうえで、つぎに指示対象「についての一つの議論」として（指示対象の表象として、ではなく）、相互に関連づけられなければならない。しかし、こうするともはや、歴史的なものの描写が真であると言えるのは、それが過去を再現表象しているからだ、という主張の根拠を放棄したことになる。

9

そこで、少し話を巻き戻そう。ある歴史的存在の描写の適切性は、その存在とそのコンテクストとの関係性の表象に依存するとする。さらにその表象は、これらの関係性を「歴史」のなかの特定の（または確固とした）時空間に位置づける確立された法則や手順よりも、個別の（つまり個別化しうる）過去の状況を描写するために即興的に編み出された法則や手順に依存するとする。そうすると、歴史的存在とコンテクストの関係性を確立するテクニックとプロトコルとは、「詩的(poetic)」な類――すなわち概念的、論理的というよりは比喩形象的(figurative)、喩法的(tropical)なもの――にならざるをえない、ということは明らかであるとわたしには思える。これらの関係性は、調査対象となるその状況との関係において、記録文書や物的証拠を分析する過程で、即席に、いってみれば「寄せ集め《ブリコラージュ》」で作り上げられる。結果として得られる描写の「整合性」や「一貫性」は、指標的でも類像的でもなく、象徴的なものなのだ。

哲学者ルイス・O・ミンクは、現実の出来事の物語的説明(narrative account)の真実性とは、それを構成する個々の命題がそれぞれにおいて真であるか否かによって決まるのではないという。わたしたちもよく知るように、最も偉大な歴史家のテクストであっても事実誤認や、史料の引用や解釈上の間違いがあるからである。むしろミンクは、ある過去の物語的な説明に真実性(リアリズムと言ってもよいだろう)が宿るのは、それが一つの全体を成すからであり、この全体が過去の諸部分を集めた総体よりも「大きい」からというよりむしろ、字義的なレヴェルにおいてそれが主張する、あるいは主張していると見られるもの「以外」のものになるからだ、と論じているようだ。だが、物語に形づくられた歴史の説明のもつ意味や真実性が、個別的に捉えられた諸言述の総体よりも大きいとか、別のものであるなどと言うことは、意味と真実を、因果的または構造的なものではなく、相関的なものであると仮定することになる。

だとすれば、なんらかの歴史的現実の物語的な描写として一つに集められ組み立てられた記号システムは、それらが指し示すものの象徴から成り立っているのであって、指標や類像だけで成り立っているのではない、と理解することができる。

言い換えよう。過去または歴史上に存在したと考えられるどんなものであれ、その描写の真実性とは、象徴的な真実性なのである。すなわち、ある共同体で共有された記号システムにおけるある指示対象の描写、「本当に起こった」という意味で「真」であると考えられるものや出来事に、意味を、または――ここでは同じことなのだが――価値を、与えるためにおこなわれる描写は、象徴的な描写であり、そうでしかありえない、ということである。

こう考えると、なんらかの類の「歴史」とみなされる過去のどのような描写であれ――職業的またはアマチュアの歴史家、小説家、古物愛好家、詩人、伝記作家、ロマンス作家、または社会科学者によるものであれ――、それは人間の自己形成の過程に関わっていると言えよう。この過程でひとは集団の一員としてアイデンティティを構成し、またはその構成に貢献しようとするのだが、集団に所属するとは、物質的(つまり遺伝的、系譜的)なだけでなく、象徴的(つまり法的、慣習的、形式的)な経験でもあるからである。(13)

10

象徴とは記号であって、そのシニフィアンは言語的、視覚的、聴覚的、または触覚的なイメージであり(たとえば円や十字の形であったり、または「円」や「十字《クロス》」という言葉であったり)、そのシニフィエは、また別のイメージを指し示す。これらの別のイメージは、それらが意味の担い手として交換される文化によって、明瞭に肯定的または否定的に理解される。よって、「クロス」という言葉または「X」というイメージは、たんに「十字路」とかギリシア文字「カイ（χ）」を指すだけでなく、キリスト教の神が人間イエスの形をとって十字架上で犠牲の死を遂げたというキリスト教説話の特定の場面をも指す。またこの出来事との関連のゆえにこれらの言葉やイメージは、キリスト教的な意味や価値をもつ他の象徴群と一緒に用いられるときに「神聖」という価値をおびる。同様に、この十字のしるしをごく平凡な出来事の一場面のなかに書き入れたなら、象徴的または準象徴的《パラシンボリック》なコードが描写するその出来事全体の意味をすっかり変えてしまうこともできる。

もちろん、この例における宗教的なシニフィエは明らかに象徴的であり、記号とその指示対象のあいだに、また記号とその意味内容のあいだにある実体についての共有された理解にもとづいて、事物に意味を与える働きをしている。しかし同じことは、世俗的で非宗教的と考えられる記号システムにおいても起きている。つまり、事物または場面は、それを描写する過程にともなう書き込み行為（in-scription within a de-scription）によってなんらかの価値を与えられている、ということである。たとえば、「白い羽毛」、あるいはジェントルマンの武具（剣など）といった記号によって「貴族《ノビリティ》」はある価値を与えられ、悪党（短剣）や農民（棍棒や斧）と対比させられる。何かを「意味する」こと、またはなんらかの意味をもつこととは、正しい、真実である、美しい、高貴である、明るい、純粋である、賞賛されている、といった属性を明らかにするということであり、事物や場面における、その「正しい」性質をもっているということなのである。いうまでもないことだが、事物や場面の意味は、上述したさまざまな価値の組み合わせを逆にしても成立しうる。重要なことは、価値を与えることなく世界のある現象を「説明」することはできても、描写することはできない、ということである。

これは、自然言語が、象徴的な意味に満ちた、技術的な記号と一般的な記号のさまざまな混合によって成り立っているからである。このことは、対概念において事物を直示または位置づけする記号群でとりわけ顕著である。ここ／あそこ、いま／かつて、近く／遠く、高い／低い、早い／遅い、満／空、部分／全体、貴／賤、善／悪、といった記号群は、言述のなかでそれらが用いられる時間や場所との関係性や、また対となる記号との反定立的な関係性から切り離されてしまえば何の意味ももたない。

描写において起きていることは、事物や場面や出来事が連続的に再描写されることによって、それがその「正しい名（Proper Name）」をもつに値するような実質または本質が累進的に与えられている、ということだ。ここでの中心的なテクニックは「形容」、すなわち事物やその行動を、それに説得力をもって適用することのできる形容詞や副詞で修飾する同定作業である。描写がこのようにして説明効果を生み出すことに成功するのは、事物のあらゆる属性を一つにまとめ、それを他のではないこの何かであるように見せることができる、〔事物の〕推定上の実体を、累進的に顕示していくからだ。事物が、他のではないこの綱、属、種に属していると指示されるなかで、価値が、完全に事実に取って代わってしまっているのである。

第**5**章　歴史的言述と文学理論

1

「ホロコーストを物語る」ことは可能なのだろうか。あるいは、可能だとして、望ましいことなのだろうか。これが二〇一一年春、イェーナにおいて、現代史研究所が数名の研究者に提起した問いだった。わたしはこの問いに哲学者マイケル・オークショットが「歴史的な過去」と「実用的な過去」のあいだに引いた区別というコンテクストの内部に身を置いたところからアプローチしたいと思った。オークショットは、研究者や知識人、そして普通の人々が興味や調査研究の対象として、あるいは日々の生活で「実用的」ならびに「理論的」な目的のために利用する知識の対象として、過去に目を向ける理由に関心を寄せていた。歴史家たちが過去に目を向けてきたのは基本的に科学的な研究の対象としてであった、と彼は指摘する。そのさい彼らの動機をなしていたのは、過去の個々の領域で実際に何が起こったのかを確定したいという願望であり、それを歴史家たちは合意された探求、表象、説明の規則にしたがって探求してきたのだ、と。このことは、なかんずく、歴史家たちは一般大衆に向けてというよりは、他の歴史家たちに向けて書いてきたのだということを意味している。また、彼らが文書資料と遺跡によって接近することのできるたぐいの過去を調べあげることに没頭していて、それを特定の時代と場所で広くおこなわれている歴史研究の規則にしたがって狩り集められた科学的知識に付け加える以外の目的は何ももっていなかったということを意味している。これに対して、歴史家以外の人々が過去に関心を抱いてきたのは「理論的」というよりも「実用的」な目的からである。日常的な生活のなかで（あるいは非日常的な経験の場合にはなおのこと）問題に直面した人はだれでも、彼自身の過去あるいは彼が属する共同体の過去に目を向けて、なんらかの情報を捜し回り、問題の解決方法を探ろうとするだろう。あるいは少なくとも、問題を解決するための行動に乗りだすにさきだって、直面している問題の種類――それは時と場合によって功利的、倫理的、技術的、さらには個人的なものであるだろう――を見定めようとするかもしれない。オークショットが「実用的」と呼んだのは、このような過去であった。そして、歴史の哲学者（ヘーゲルとマルクスのような）と同時に普通の市民、政治家、学校の教師が対象としたのも、この過去であった。普通の市民、政治家、学校の教師は、素朴にも、過去は理論的な知識とともに実用的な知識をも与えることができると考えていたのだ。

わたしの理解では、オークショットは「実用的」という語をイマヌエル・カントが彼の第二批判書、『実践理性批判』で提示したのと同じように理解していた。すなわち、「わたし（わたしたち）は何をなすべきか」という倫理的な問いに答える手助けとなるような知識を指すものとして使っていた。たしかに、ひとがこの問いに応答しようとするなかで、なんらかの実践的な行動が必要な「状況」にある「わたし」または「わたしたち」についての観念を思い出そうとして、当人の（あるいは当人の属する共同体の）過去に手がかりを求めるというのは、よく理解できることである。ともあれ重要なことは、このようにして実践的知識の源泉ともなる役割を与えられた過去は、職業的に権限を与えられた歴史家たちによって執筆され出版された書物のなかにしかない「歴史的な過去」ではないし、そのようなものではありえないということである。遠い過去であれ近い過去であれ、過去の出来事の純粋に「歴史的な」取り扱い方から、自分自身の置かれている状況について、何を学ぶことができるというのだろうか。あるいはそこから、自分の状況についてどのような推測を立てればよいのだろうか。わたしがそもそも「過去」に目を向けるのは、いまここで、現在の状況のなかで、「わたしは何をなすべきか」を決断するための手助けを求めてのことである。そのかぎりで、それはわたしが（あるいはわたしが属している共同体が）抱えている問いかけにとってきわめて重要であると信じる過去である。「歴史的な過去」ではなくてこの過去こそが、なんらかの仕方で、わたしとわたしの共同体の現在を、実存的な現在に結びつけるナラティヴ〔物語〕を要求するのであって、その実存的な現在では、「わたしは何をなすべきか」という問いについての判断と決断が求められるのである。わたしに必要なのは、あるいは少なくともあれば助かるのは、歴史家たちが「歴史的なもの」を欠いているという理由でほとんど興味を示さない過去の部分とわたしの現在とを結びつけるようなナラティヴでありストーリーなのだ。

2

さて、ここでわたしが言いたいのは、ホロコーストに関するここ半世紀以上にわたる歴史叙述は過去についての少なくとも二つの相異なるとらえ方のあいだで宙づりになっていると解釈するのが妥当だろということである。ひとつは歴史(学)的なとらえ方、もうひとつは実用的なとらえ方であって、両者のあいだには認識面で責任を負いうる一致の可能性はほとんどないというのが実状なのだ。これが、二〇一一年六月にドイツのイェーナであらためてホロコーストに関するさまざまな問題を議論するために会議が開催された理由のひとつなのだろう。そこで提起された問題とは、「ホロコーストについて語ることはできるのか」「ホロコーストについて語るべきなのか」「もしそうだとして、その語りにふさわしい様態、作法、手段は何なのか」「生存者の証言の証拠としての身分《ステータス》は何か」「図像、写真、言葉、記念碑など、ホロコーストに関するさまざまなイメージを使用するにあたっての倫理的な問題点は何か」、そして最後に「ホロコーストに関して確認された事実をナラティヴやなんらかの芸術的な方法で取り扱うことの倫理的な問題点は何か」などである。

イェーナの会議でわたしたちは議論の対象を二冊の本に絞るよう求められた。ザウル・フリートレンダーの『絶滅の歳月――ナチス・ドイツとユダヤ人(一九三九―一九四五年)』と、クリストファー・ブラウニングの『生き延びたことを忘れずに記憶する――ナチスの奴隷労働キャンプの内側で』である(1)。どちらの本も、科学的関心とともに倫理的関心に貫かれている。ホロコーストのように現在の世界にとって重要な意義をもちつづける出来事を研究するにあたっては、わたしたちは学問的姿勢の科学的な考え方と倫理的な考え方のあいだの葛藤について自覚していなければならない。いま挙げた二冊は、この自覚がなければ真摯な批判をおこなうことができないような本である。また、この自覚こそは、ナラティヴ、あるいはわたしとしてはむしろストーリーテリングと呼びたい、ややありふれたトピックに、切迫性を与えているものである(2)。そのような切迫性は「ナラトロジー〔物語論〕」によるこのトピックの専門技術的《テクニカル》な取り扱いのなかではまったく欠如している。ナラティヴとは、はっきりと区別された始まりと中間と終わりをもったストーリー、どの共同体であれ、そこでの正しい生活とは何かについての答えを引き出すための規範となる道徳を兼ね備えたストーリー、そして最終的には、出来事を「馴染みのあるもの」にし、飼い馴らし、要約し、ラベルを貼って「収蔵する」といったかたちで処理しようとするストーリーを指す。ホロコーストをこのようなナラティヴのかたちで提示しようとするどのような決断も、倫理的関心に貫かれているだけでなく、実際には基本的に倫理的な問題である。しかも、現代《モダニティ》に特有の倫理的な問題なのである。

これが、フリートレンダーの本についてのわたしの議論を文化的なコンテクスト、とりわけ文学的なモダニズムのコンテクストに位置づけたいと思う理由である。このコンテクスト化には五つの理由がある。第一は、文学的モダニズムである。この言葉によってわたしがまずもって考えているのは、コンラッド、ヘンリー・ジェイムズ、ジョイス、プルースト、カフカ、ヴァージニア・ウルフ、ガートルード・スタインなどの範例的な人物によって代表されるモダニズム小説である。モダニズム小説は、「過去」や科学的研究の対象としての「歴史」へのいっさいの関心を斥け、一種の「現在主義」の立場をとって、現在と過去と未来のあいだの違いを突き崩し、新時代を画するようなナルシシズムを引き起こし、未来志向的でユートピア的な政治へのあらゆる衝動を圧殺してしまったと考えられている。これに対して、わたしは文学的モダニズムが伝統的なリアリズムと異なるのは、前者がその主要な指示対象として「歴史的な過去」ではなくて「実用的な過去」を採用していることにあると提起したい。

第二に、文学的モダニズムは、Ｔ・Ｓ・エリオットが「物語的方法(the narrative method)」と呼んだものを放棄して、彼が「神話的方法(the mythic method)」と呼んだもの、すなわち、現実を時間的に分節された「歴史性」においてではなく、永久不変の「本質」において把握するとされる方法を選択したと考えられている。このような考えが、フレドリック・ジェイムソンをして――ジェルジ・ルカーチにしたがって――モダニズムは「物語性」を放棄することによって、生きられた「時間性」に応答しうる歴史の観念――「歴史的に責任のある」生き方はそのなかでのみ考えられる――をも放棄してしまった、と主張させた。しかしながら、わたしの見るところ、モダニズムは時間および時間性の経験の多層性を発見したのであり、それを民話、寓話、「歴史」などの物語論的に秩序づけられた時間性への信頼を打ち砕くような仕方で提示しようとしたのだった。

第三に、わたしが議論を文学的モダニズムのコンテクストに位置づけるのは、このコンテクストにおいてこそ、倫理から「芸術」が切り離されたことの画期的な意味合いが十全に理解できるからである。この倫理からの芸術の切り離し、いわゆる「芸術の自立」は、芸術的なものの本質に「美学」があるという近代的な信念と結びついている。しかしながら、モダニズムはこの信念を拒絶する。そして、まずはフローベールの流儀で、ついではジョイスとウルフ、そして演劇ではベルトルト・ブレヒトの「教育劇(Lehrstück)」の流儀にしたがって芸術を脱美学化するのである(テリー・イーグルトン『美のイデオロギー』(一九九〇年)、ジャック・ランシエール『感性的なものの分有――美学と政治』(二〇〇〇年)などと比較のこと)。

第四に、わたしは文学的モダニズムを、全知の(ホメロス的な)語り手の神話を脱構築することによって、言述の全領域を革命するとまではいわないにしても、修正するためのコンテクストとして受けとめている。その神話では、語り手は自分が記述する世界について知るべきことをすべて知っており、それを知っていることを知っており、そして、世界とそれについての自分の思想をさしたる誤りや歪曲なしに模倣し再生産する力があることが前提になっているのだった。

最後に第五として、文学的モダニズムは出来事についてのわたしたちの観念を修正する。出来事はもはや突き玉に当たったビリヤードの玉のような直接的な反射性をもたず、直線的な因果関係というかたちでは説得力をもって表象することができない。わたしがここでモダニズム的出来事と呼んできたものは、古代以来、出来事に意味を付与するために用いられてきたもろもろのパターンではけっしてプロット化しえないような、「重層決定(overdetermination, Überdeterminierung)(3)」がなされているのである(4)。

3

何についてであれ、その長くて詳細な「歴史」を要約することはむずかしい。もちろん、それが旧来の「歴史の哲学」や伝統的な物語的歴史によく見られた重層プロット化(over-emplotted)がされていたら別だが。要約のしにくさという話は、とくにフリートレンダーのナチス・ドイツとユダヤ人の歴史について当てはまる。フリートレンダーは、主題をひと続きの「場景《シーン》」としてではなく、(ベンヤミン的に?)「星座的な布置関係」の集合として提示することによって、歴史をプロット化しようとするあらゆる傾向に抵抗する。たとえば、『絶滅の歳月』のテクストは一〇章に分割されたうえで、「恐怖(一九三九年秋―一九四一年夏)」「大量虐殺(一九四一年夏―一九四二年夏)」「ショアー(一九四二年夏―一九四五年春）」という三部にまとめられている。各章の標題は日付だけである（たとえば、「第一章　一九三九年九月―一九四〇年五月」）。これらの標題は、ホロコーストを脱ドラマ化するという効果、ホロコーストが形式も実体ももたない破局《カタストローフ》的出来事としてではなく、（ジョナサン・リテルの歴史小説『慈しみの女神たち』[5]とは対照的に）見世物として見られるのを拒絶する効果を生んでいる。

　同じことは、本のエピグラフとして選ばれたステファン・エルネストの「ワルシャワ・ゲットー」（《これは一九四三年にワルシャワの「アーリア人」の側に身を潜めるなかで書かれた》と記されている）からの引用についても言える。エピグラフはつぎのように終わっている。《そして彼ら〔いつの日かこの報告を目にする読者〕は尋ねるだろう、これは真実なのか、と。ぼくは前もって答えておく。いや、これは真実ではない、これは真実の小さな部分、ちっぽけな断片にすぎない、と。〔中略〕どんなに並外れた筆力をもってしても、全体をカヴァーしたり、リアルで本質的な真実を描くことはできないだろう》。世の権威ある語り手たちは、あらゆる資料の証拠価値を査定し、その真理価値を確定し、時と場合に応じて資料の位格を上昇または下降させることを可能にする批判的装置を手にしている。しかし、このエピグラフは、そうした権威ある語り手たちによって作りあげられるのとはまったく異なる様式で書かれた「歴史」への道を開くのである。

　あるいはまた、フリートレンダーのテクストの第三部「ショアー（一九四二年夏―一九四五年春）」のエピグラフを見てみるとよい。それは「モシェー・フリンカー（一六歳）、ブリュッセル、一九四三年一月二一日」の日記から採られていて、つぎのように記されている。

それは大きなダンスホールで大勢の人たちが楽しげにダンスをしているようなものだ。何人か、幸せそうではなく、ダンスをしていない人たちもいる。ときどきこの幸せそうでない人たちの何人かが別の部屋へ連れて行かれて絞め殺される。ホールで楽しげにダンスをしている人たちはこのことにまったく感づいていない。むしろ、これが彼らの楽しさを増し、幸せを倍加させているかのようにみえる。(6)

このエピグラフの身分《ステータス》は何か。続いて起こることの説明に役立つことだろうか。その報告を構築するために利用されるべき種類の証拠の範型をなすことだろうか。いや、そうではない。このエピグラフは、続いて記述される、「第三部　ショアー(一九四一年夏―一九四五年春)」と題された出来事を予示する、ひとつの予型《フィグーラ》的表現なのだ。(7)モシェー・フリンカーの描くイメージは直喩であって(「それは～しているようなものだ」)、続く出来事の記述に予型的な意味を投げかけ、それらの出来事に概念的な意味というよりは「星座的な」意味を与える。そしてフリンカーの描くイメージは、本の残りの部分を占める輸送、射殺、ガス殺、大量埋葬、焼却のなかで「成就」されるのである。

実際にも、フリードレンダーはあるドラマを構成するひと続きの場景《シーン》の代わりに、一連の「星座的な」イメージ(ここでもベンヤミンの語を借用する)を提示する。それぞれの星座はいくつかのパラグラフからなり、それは論証や分析や説明というかたちをとる場合もあるが、概念よりはたんに比喩ないしイメージとして集められた生《なま》の「データ」として示される場合もある。これらのデータは、相異なる時代と場所と原典資料から集められたさまざまな項目《アイテム》のソーリーテース(sorites〔連鎖体〕)あるいは「積み重なり」のように見えるもので、それらがもつかもしれない何らかの「信憑性」よりも、起こっていたと信じられていたことの真実を証言している。

フリートレンダーはまた、『絶滅の歳月』への序文で、ホロコーストについての、「信じられない」ようにみえる（そして被害を受けた者たちには「信じられない」ことだった）出来事に直面した場合に生じるにちがいない《ほとんど内臓的（quasivisceral）な不信の反応》を「知識」がたちまち圧倒し「飼い馴らす」のを阻止するような歴史を書きたい、と語っている。思うに、ここでフリートレンダーは、現代化《モダニゼーション》の条件下でのみ引き起こすことが可能だった新しい種類の出来事について指摘しているのである。たとえば、従来のユダヤ人虐殺《ポグロム》と比較した場合の「絶滅」がそれである。モダニズムは、現代化《モダニゼーション》がたんに新しい出来事を可能にしただけでなく、新しい種類の出来事をも可能にしたとの認識にもとづくひとつの文化運動である。それらの出来事は、資本主義がその発達した段階で生み出した新しい生産様式と生産手段を土台にしてのみ生じさせることのできる出来事であり、世界の広大な地域とおびただしい数の人々に直接的で大きな影響を与える。それは、ひとたび起きるとただちに世界中に伝播する。また、それらを作り出す錯綜した工程のなかでまさしく「重層決定」されていて、通常の伝統的な表象や説明やプロット化の様式に容易には一致させられない。〈最終解決〉が起きたということ自体は疑いようがない。それが起きたということは、ずっと以前からヨーロッパの社会と文化のうちにその可能性があったことを立証している。ヨーロッパの社会と文化のなかで、あの時代とあの場所で、あのような様式で起きたということ——まさにこのことがそれを「信じられない」ものにしているのである。

4

〈最終解決〉の歴史的意味とは以上のようなものであった。それが起こったということではなく、社会の本性、とりわけ近代化されたドイツのような「啓蒙された」と想定される社会の本性と、それが属するヨーロッパ文明についての伝統的な信念の枠内では、理解不可能であるということこそが問題だったのだ。ホロコーストが理解不可能であるとか、常軌を逸しているとか、表象不可能であると言われるとき、科学や芸術がもともとそれを理解したり表象したりする力をもたないことを意味するわけではない。ホロコーストという現象の「本質」と「属性」を把握しようとするなかで、わたしたちが見当違いの種類の科学や見当違いの種類の芸術――モダニズム以前の科学と芸術――を使用しているということを意味するのである。モダニズム的な出来事に立ち向かうモダニズム的な方法の真髄とは、ものごとには「本質」もなければ「実体」もないという認識にほかならない。モダニズム的な出来事の認知に失敗したとするなら、それは現象を認識や知覚や表象が可能な対象として「取り扱う」ことができるようにするための記述のテクニックや工夫のためではない。そうではなくて、モダニズム的な出来事自体が自然ではないということによるのである。

フリートレンダーにとって、〈最終解決〉は単線的な因果関係の所産ではない。そのため、伝統的な歴史叙述の流儀で「説明」することはできないのである。なるほど、彼は〈最終解決〉を生み出した決定的な要因として「自由主義の危機」とヒトラーの役割と「贖罪的反セム主義」の観念を挙げている。しかし、これらはモーリス・マンデルボーム[8]が大火災を引き起こす「稲妻」というよりは「因果的条件」であると呼んだものに属している。〈最終解決〉とその帰結、つまりヨーロッパ・ユダヤ人のホロコーストは、逸脱現象とか隔世遺伝的な事例とか「例外的な」出来事としてよりは、ヨーロッパの社会と文化の全歴史、とくにその現代版の所産として提示されることがずっと多いようにわたしには思われる。たしかに、フリートレンダーの記述にもとづいて、わたしたちはホロコーストを正規の歴史叙述的方法によっては説明されえない偶発事故や例外としてみるのではなく、ヨーロッパの文化と社会がそのキリスト教的な起源以来胚胎していたひとつの可能性として理解することができる。そのほかでもない歴史叙述的方法の正規性こそがホロコーストを予見しえなかったもの、あとから振り返った場合に理解不可能なもの、そして最終的に「信じられない」ものにしているのである。

こういったことはすべて、「ホロコーストを語る」というトピックに含まれる問題点について考察するうえで、さまざまな示唆を与えてくれる。それというのも、「語る」という言葉がホロコーストの出来事を伝統的なストーリー（fable, tale, récit（いずれも「物語」の意）など）の形式で提示することを意味するとしよう。一九世紀の「リアリズム」小説とランケによって創始された「歴史主義」的歴史叙述の双方の特徴をなす、古い「歴史的なもの」の理想を含む形式である。すると、フリートレンダーが一九九二年の『表象の限界を検証する』（邦題『アウシュヴィッツと表象の限界』）への序文で列挙した危険――審美化、フィクション化、相対主義、そして「ポストモダニズム」の名のもとにまとめられたあらゆること――がすべてただちに生起することとなる。アナール学派が、物語はイデオロギーの運搬者であるのみならず、言説をイデオロギー化するパラダイムそのものであるとして、科学的な歴史叙述の正当な道具としては拒絶したのは完全に正しかった、といわざるをえない(9)。実際、現実に起きた出来事を伝統的なストーリーの形式で提示しようとするどのようなこころみも、その出来事を審美化、フィクション化、相対化するだけでなく、それらの出来事を不可避的にドラマ化し(それゆえ)道徳的教訓に仕立てあげることにもなるといえる。

こうして、ホロコーストについて語ることができるか、また語るべきであるかは、一方ではホロコーストの性質、もう一方ではナレーション、ナラティヴ、ナラティヴ化の性質の結果として生じてくる問いなのだ。〈最終解決〉は、多くの者にとって、変則的な出来事でありつづけている。驚愕的であると同時に否定しえない出来事、従来の歴史叙述で使用されてきた用語によって完全に理解ができると同時にそれが近代の「啓蒙された」西洋社会について何を含意するのかは推測しがたい出来事なのだ。多くの点で、〈最終解決〉はナチスのプログラムの提喩であった。ナチズムにおける新しいものと古いもののすべてがこの作戦のなかに凝縮されていた。〈最終解決〉は、自分たちが何をしているのかを十分に理解していた行為者たちがとった一連の行動からなっていた。このことは、迫害者たちを法的な取り調べにおいて主犯として扱うことができると同時に、古典的ドラマにおける主役として扱うこともできることを意味する。彼らの多くが最初から多かれ少なかれヴァーグナー的なドラマの登場人物の役割を演じていたことが証拠から判明しているだけに、なおさらそうである。ナチスの党員たちは自分たちの行動を強い自意識をもって長々と記録に残していた。彼らはまるで映画の俳優のように、そしてその「英雄的な」行動の記録を残しておかなければならないかのように、自分たちの写真を撮らせていた。歴史上の出来事でこれほど「劇場化」された出来事がかつてあっただろうか。

5

「ホロコースト」(そしてその同義語である「ショアー」「ジェノサイド」「破滅」「絶滅」など)として知られる出来事の集合は、これとは話が違う。これらの出来事は、ナチスのプログラムの犠牲者たちの運命、犠牲者たちのこうむった苦難、犠牲者たちにおとずれた破滅に関係している。この苦難の範囲と性質、そしていわれのなさは、それを——多くの者たちにとって——聖なる出来事にしている。つまりはなんらの「表象」も、ましてや「解釈」などゆるさない出来事にしているのである。[10] ホロコーストは、それをはっきりとした始まりと中間と終わりをもち、わたしたちがそこから教訓を学ぶことのできる「道徳」をそなえ、こちらで仕上げたり説明したりしなければならない中途半端さなどない一貫性のあるストーリーとしてプロット化することで適切に表象できるという考え、いわんや「説明」できるという考え——こういった考えは、ホロコーストはとても込みいっていて理解するのが非常にむずかしい、と考える人の感情を逆なでする。ホロコーストは、伝統的な種類のストーリーやドラマ的な取り扱いによって一般の人々が自分たちにも理解可能だと考えるよりも、はるかに複雑だというわけである。すべてのフィクションがストーリーであるわけではないが、すべてのストーリーはストーリーのなかの出来事をフィクション化する。歴史と伝説を見分けるのは簡単だ、とアウエルバッハは言った。伝説のなかではものごとは実際よりもずっと滑らかに流れるというのだ。[11] だから、もしホロコーストの真実を伝えることのできるストーリーがあったとしたなら、そのようなストーリーは物語化を滑らかにおこなって

いることによって見分けることができるだろう。(12)

6

さて、『絶滅の歳月』におけるホロコーストについてのフリートレンダーの記述は滑らかとはとても言いがたい。それが本質的に歴史であるというひとつの証拠は、輪郭が粗いことだ。それはホロコーストについての偉大な物語《ナラティヴ》的記述であると言われてきた。もし「物語《ナラティヴ》」ということで実際には「ナレーション」を意味しているのであれば、たしかにそのとおりである。そのように言うのは、ナレーション的な言述について学んでいるモダニズムを信奉する学生たちが、ナレーション(言論、創案、雄弁の技法)とナラティヴ化(発話行為のなかで「言われていることがら」、構成、それと認知しうるジャンル――叙事詩、悲劇、喜劇、牧歌、笑劇など――としてプロット化されたストーリー)のあいだに区別を設けたがるからである。彼らはそうやって、年代記《クロニクル》や生《なま》の事実やたんなる記録にとどまっていたかもしれないものに意味――通常は道徳的な意味――を付け加えようとするのである。

ナレーションがすべてナラティヴ化であるわけではない。そしてフリートレンダーは、ホロコーストをナラティヴ化しようとする衝動に抵抗するようなホロコーストについてのナレーションにみごとに成功した、と思う。わたしたちのうちには、単一あるいは数少ない道筋をもつものとしてホロコーストを記述することによって、それを片づけてしまおうとする衝動がある。それは〈最終解決〉という状況下でどのようにしてよりましな生き方ができるかについての指針を引き出すことのできる明確な道徳を指南してくれ、その出来事を「すでに終わったこと」としてラベルを貼って棚上げするのを可能にしてくれるようなものである。この衝動に抵抗するナレーションにフリートレンダーは成功している。そして、その成功は、モダニズム小説に典型的なもろもろの工夫によって達成されているのだ。

そのような工夫のひとつは「声」である。著者の声とともに、民族汚染の「問題」を汚染源の絶滅によって「解決」するためにナチスがとった「措置」の被害者としてフリートレンダーが召喚した者たちの声である。さきにも言及したように、フリートレンダーは、自分が報告しているさまざまな行動の「外」にいる（客観的な観察者）とともに、報告するさいの言述の「外」にもいる（客観的な判事）ような、全知の語り手の口調をとることを注意深く避けている。反対に、彼はロラン・バルトが（エミール・バンヴェニストにならって）「中動態的なあり方」と呼んでいるもののあり方をとって、書記行為の内部にいる。彼の書記行為は、指示対象に対しては、他動詞的なあり方と自動詞的なあり方のあいだを揺れ動く（それは語っている対象が迫害者であるのか犠牲者であるのかで変わる）。しかし、自分自身の言述に関しては恐ろしく「中動態化されている」[13]。言い換えるなら、彼はホロコーストが起こりつつあったときにその内部から書いていた日記の作者や目撃証言者や生存者たちに場を譲ることができるようなかたちで、表象行為の「内部」にいるのである。

フリートレンダーは、彼の著作のなかに登場する——そして実際のところ、そこでなされている解釈の大部分をおこなっている——「日記を付けていた者たちの声」について語るさい、こう指摘している。《ここで提示されているような出来事について、通常の歴史的ナラティヴのただなかに個人の声が突然浮上することがある。その声は、継ぎ目のない解釈を引き裂き、（大方は無意識の）おつにすました〔対象への」学者的な距離の置き方と「客観性」を射抜くだろう》と。それからさらにこう述べる、《そのような分裂を引き起こす作用はフランス革命前夜における小麦価格の歴史のなかではほとんど不必要なものだろうが、「通常の歴史叙述」が必然的に飼い馴らし「平板化」してしまう大量虐殺やその他の一連の集団的苦難についての歴史的表象にとっては本質的なものである[14]》(強調引用者)と。フリートレンダーが言及しているのは日記の作者たちの「証言」ではなくて「声」であること、わたしたちに耳を傾けるよう求めているのは、「言明」ではなくて、彼が「叫び」とか「囁《ささや》き」と呼んでいるものであることに注意されたい。

フリートレンダーのテクストのなかで起こっていることと、そのなかで言われていることを識別しようとするさい、二つのことがらが注目される。

第一に、テクストを中断する日記や手紙から引いた文言、逸話、目撃証言者による苦痛、幻滅、絶望の証言――これらはナラティヴ化の過程を停止させる。ジョエル・ファインマンが歴史記述に挿入されている逸話に関する秀抜な論考で述べているように、《歴史が起こるままにさせておく[15]》のである。わたしたちは、読者としてストーリーに集中していたところから突然揺り落とされ、語られている出来事が現実に起こった場所に連れ戻される。こうした中断の瞬間は、眼前で形をとりつつあるテクストの構成にわたしたちが責任を負うことをゆるす。あるいは実のところ、強要する。

第二に、フリートレンダーはこれらの中断へのわたしたちの応答を彼自身の声が制御することをゆるさない。もろもろの中断は一般化の「見本」や原則の「例示」として提供されているわけではない。それらの「内容」はしばしば相違しているけれども、ユダヤ人が苦難のなかで受けた「傷」を典型的に伝える証言の累積ないし集合という効果をもっている。《だれもきみたちに尋ねなかった。それはすでに決定されていたのだ。きみたちは狩り集められた。そしてひと言もやさしい言葉が発せられることはなかった[16]》。これらの中断の効果は事実的な真理よりも感情の真理と関係している。《しばしばひとりの目撃証言者の恐怖や絶望や、根拠のない希望への叫びの直接性は、わたしたち自身の情動的な反応が触発され、極端な歴史的出来事について前もってしつらえていた、十分に保護された表象を揺さぶる[17]》。ここに、フリートレンダーがステファン・エルネストの日記（「ワルシャワ・ゲットー」）からの引用を彼のテクストのエピグラフとして利用したことの適切さが明らかになる。《そして彼ら〔いつの日かこの報告を目にする読者〕は尋ねるだろう、これは真実なのか、と。ぼくは前もって答えておく。いや、これは真実ではない、これは真実の小さな部分、ちっぽけな断片にすぎない、と。〔中略〕どんなに並外れた筆力をもってしても、全体をカヴァーしたり、リアルで本質的な真実を描くことはできないだろう[18]》。このようなエピグラフは、過不足なくつくられたストーリーや、すべてが説明されているとする論証とは異なったものに向けて心がまえをさせる。

フリートレンダーは、（ある種の「声」をもった発話の様式で）語りはするがナラティヴ化することのない歴史叙述の新しい可能性の条件をつかんだように思われる。実際、それは語りの対象である出来事や事物を脱ナラティヴ化するべく作動している。彼は全知の語り手として声を発することを慎んでいる。また、ストーリーの筋を統制することを放棄し、あちこちで起こったことの記述をおおざっぱな年代記的カテゴリーのもとに蒐集して、自分の耳が聞き目が見るものを信じるわたしたちの能力に挑戦するようなことが起こるのをそのままにしている。

7

このようなことはどのようにすればなしうるのだろうか。

ここでホロコーストについてのモダニズム的な扱い方の典型的な例であるとわたしが考える本——H・G・アドラーの『旅』(一九五〇—五一年の作)——の書き出しを引用したい。この作品は出版社によってロマン〔長篇小説〕として出されたものだが、現実にあった歴史的な出来事、すなわち、ホロコーストとそれを構成するもろもろの出来事と、それに巻きこまれた実在の人間たちによる出来事の経験を指示対象にしている。[19] 本の中心的な登場人物であるルスティッヒ一家は、みなアドラーの家族のメンバーを象《かたど》った比喩形象《フィグーラ》である。もっとも、彼らには別の名前が与えられ、実在の人物からテクストのなかの「登場人物」へと変容させられているのではあるが。彼らの生まれた町からテレージエンシュタットと思われる強制収容所への旅、そしてそこからの帰還のなかで彼らに起こった出来事は、いずれもアドラー家の人々に現実に起こった出来事だった。しかし、これらはすべて、概念としてではなく、比喩形象《フィグーラ》として与えられている。それは、出来事をフィクション化するためというよりは、いっそう具体的で生き生きとしたものにし、読者の感覚器官に訴えやすいようにするためだと思われる。だから、『旅』はほんとうにはフィクションではないのだ。そこで用いられているさまざまなテクニックは、異世界に現実味を与えるためにフィクションで用いられているようなものであるにしてもである。もし『旅』を歴史小説と呼ぶとするなら、それはとりわけ反歴史的であると同時に反小説的な種類の歴史小説であると言わねばならないだろう――トルストイの『戦争と平和』と同じように。ともあれ、短い哲学的な前置きがあったのち、三〇四頁からなる一章だけの、この小説ならざる小説の始まり方を見てみよう。

物語

だれもきみたちに尋ねなかった。それはすでに決定されていたのだ。きみたちは狩り集められた。そしてひと言もやさしい言葉が発せられることはなかった。きみたちの多くが意味を見いだそうとした。そして、きみたち自身から尋ねようとした。けれども、答える者はだれも現われなかった。「どれくらいこうしていなければならないの？　ほんのすこしのあいだなの？……一日？……何年も続くの？　ぼくたちはいままでどおりの生活を続けたいんだよ」。しかし、まわりは静まりかえっていた。不安だけが語っていた。そしてその声をきみたちは聞くことができないでいた。年寄りたちは順応できなかった。その嘆きは聞く者の神経を苛立たせたため、彼らの前には無慈悲の壁が打ち立てられた。口を固く閉ざしたまま、歯をむいた顔は、いまでも忘れがたく目に焼きついている。それはあらゆる疲労を耐え抜いて生き残り、破壊された住居のなかにまっさきに現われた。実は住居は破壊されてはおらず、屋根は無傷のまま正規の建物のうえに残っていた。階段吹き抜けのなかには、建物が建っているかぎりそれぞれの家に消すことのできない性格を与えている臭いが、なおも深く染みこんでいた。(20)

だれが語っているのか。まったくわからない。どこにいるのだろうか。定かではない。しかし、ひとつだけはたしかだ。「ぼくたち」は脅威と脅迫のもとに置かれているということである《口を固く閉ざしたまま、歯をむいた顔は、いまでも忘れがたく目に焼きついている》。

そして二、三段落後に、脅かされているものが何かが明かされる。それは家族の住む家なのだ。ここで語り手は〔彼の声は「小説」の「登場人物たち」の声のひとつなのだが〕、いつまでも自分たちのものだと考えていた家から強制的に立ち退かされる前夜の一家の感情を捕えようとする。

> やつらはたいてい、夕方遅くか夜中に、「汝、われらとともに住んではならぬ！」という恐ろしい光を投げかけるメッセージを運んでやってきた。〔中略〕
>
> 「よく考えてくださいましたかね、ルスティッヒ夫人。明日はあなたの番です。はるかな空の下へと立ち去っていくんですよ。そうだと聞いています。たしかだと存じます」。
>
> 未来の不幸を現時点の保護覆いの下に隠している不信心者は幸いである。なぜなら、いまはすべてが暗闇によって見分けがつかなくなってしまっているからだ。希望と沈黙だけが時間の経過を刻むものとなり、それ〔時間〕を信じうるものにしているときには、だれも保護を求めようとはしない。しかし、実際には何もかもが信じられないのだ。恐怖を阻止してくれる何ものもだ。不幸な信念よ！　勇敢さなんてどれほど信じられないことか。信念やあらゆる期待がどれほどありそうもないことか。それにもかかわらず、住宅のなかではそう信じられないものの遺物が集められている。彼らは老ルスティッヒ博士の武勇勲章と連隊司令官からの手紙を見つける。信じられないことだ。だ

が、信じられないことだけがぼくたちを守ることができるのだ。

「そんなにひどいことにはならないよ。そうであるべきだ。……できるはずだ。……彼はとても善いことをしたのだから。彼は認められるべきだ。……功績をね[21]」（強調引用者）。


〔前略〕さて、彼ら〔「英雄たち」「指揮官たち」「士官たち」〕は、レオポルト・ルスティッヒ博士の家に注意を向ける。家は明け渡されることになっているのだ。それ以上のことは何ひとつ確かではなかった。命令を実行している士官たちですら、その命令の結果について何もはっきりしたことはわからないまま、人々の運命を翻弄しているのである。携えてきた一片の紙切れが取り出され、手渡される。言葉はもはや重要ではない。何もかもが破壊される。きいちごのジュースの瓶が床に落ちて悲鳴があがり、絨毯が真っ赤になる。床に落ちて転がる瓶に疲れきった手が伸びて、ゆっくりと持ちあげ、テーブルに戻す。

「そんなにひどく悪いなんてことはありえないわ。それほど遠くはないんですもの。少なくとも行き先はわかっているんですから」。

しかし、だれも眠れない。夜はこなごなに砕け散っている。〔中略〕命令に従って旅を始めようとしている生者に、眠りはない。何もかも捨て去らなければならないからだ。〔中略〕これが命令の内容である。そして留まることを禁じられた者たちが破壊されてがらんどうになった家を立ち去るとき、あとに何が残るかについて、当局はこれっぽちも気にかけない。命令書を手渡すとき、躊躇する者はだれもいない。そこに「貴殿は～を禁じられている」と書いてあるからである。

レオポルト、あなたは家を立ち去らなければならない。そしてイーダはあなたといっしょに出ていかなければならない。手足が不自由であろうと関係がない。通りは乾いていて風もない。だからさっさと出かけるんだ。あなたがたにはもはや隠れ住む家はどこにもないのだよ。〔中略〕ストゥパートから路面電車に乗って旅を楽しまれるがよい。この家にはあなたがたのものは何も残っていないのだから。別れを告げやすいでしょう。——でも、これはわたしたちの家だったのですよ。——いいや、それがあなたがたの家だったことは一度もない。そのなかの何もだ。あなたがたはそれを全部盗んだんだ。あなたがたのものではなかった金を支払ってね。あなたがたが快適な住居を手に入れることができたのは賄賂のおかげだったんだよ。合わせて四つの部屋、うす暗い玄関ロビー、キッチン、居間、浴室兼トイレ。住居は外界から遮断され、あなたがたは薄っぺらな閂《かんぬき》の付いた大きくて重たいドアの背後に隠れていたんだ。ドアには不安を鎮めるための戸締まり用ボルトと鎖、それに覆いのかかった覗き穴も付いていた。覗き穴の裏にはやましい心が隠れていて、略奪品の近くにいないときは気が差すものは何ひとつとしてないかのように階段を昇り降りしている。[22]

このくだり全体はケノーシス（kenosis）[23]という修辞学上の技法として理解することができる。ある事物を識別するための属性だったものを取り去ってしまう技法だ。信念と信じられないものに関するくだりに傍点を付したのは、それが小説全体にわたって問題になる主題の導入部だからである。わたしたちはこの部分をどう考えるべきなのだろうか。

8

『絶滅の歳月』へのフリートレンダーの序文はこう結ばれている。《歴史的知識の目標は、信じられないという感覚(disbelief)を馴致し、説明して終わらせることである。本書では、信じられないという当初の感覚を除去したり馴致したりしないでヨーロッパ・ユダヤ人の絶滅に関する徹底的な歴史的研究を提供したいと願っている[24]》。この言明は『絶滅の歳月』の書評者の何人かを困惑させてきた。何ゆえに「信じられないという当初の感覚」を除去したり馴致したりしようとする者がいるというのか、というわけである。

わたしの手元にある辞書は、〝unbelief〟という語がただ漫然と信じないでいることを指すのとは反対に、〝disbelief〟を「信じるのを積極的に拒むこと」と定義している。〝*dis*belief〟という語によって、フリートレンダーはまったく予想もしていなかった恐ろしいものを眼の前にした「驚愕」のようなものを言おうとしているのだと思う。ここでは、精神分析学でいう「否定(denial)」の概念を、彼の〝disbelief〟という語を註解するのに使ってもよいのではないかと思う。ある出来事の含意することが、もともとの圏域をはるかに超えて拡大し、ひとの個人的な失敗をも尊重する文化的な自我理想を脅かすことがある。そのようなときに「信じられない」という反応が引き起こされるというのは、十分にありうることなのかもしれない。フリートレンダーが言及しているのは、迫害者たちが被害者たちに対しておこなったことが信じられないということであって、犠牲者たちがこうむったことが信じられないということではない。《わたしにはそんなことをできたはずがない。だから、わたしがそんなことをしなかったのと同じように、ほかの人もそんなことをしなかったはずだ》。この種の否定からは、〈最終解決〉でなされたことは「通常の」ことであると同時に「信じがたい」ことでもあるという自覚があったことが明らかになる。(25)《ひとりの目撃証言者の恐怖や絶望や、根拠のない希望への叫び》に対するわたしたちの最初の反応はといえば、《情動的な反応が触発され、極端な歴史的出来事について前もってしつらえていた、十分に保護された表象を揺さぶる》というものである。そしてわたしたちの否定〈信じられないという感覚〉は「ものごとのありのままの姿」についてわたしたちが前もって信じていたことを肯定する手段なのである。この信じられないという感覚がどこからくるのかをきちんと理解してはじめて、わたしたちは自分たちの先入見や偏見を、「ありのままのものごと」についての明確な知覚で置き換えることができるだろう。科学はこの明確な知覚にいたるためのひとつの方法であるが、同じく芸術もひとつの方法である。しかもわたしの考えでは、より効果的である。なぜなら、詩的・芸術的な作品には心身相関的な感覚器官すべてが動員されるからである。芸術作品を眼の前にして、わたしたちは信と不信、知覚作用と概念作用、真実と嘘、実在と虚構が相互にさまざまな仕方で絡まりあっているのを経験させられる。こうして、フリートレンダーがヴィクトール・クレンペラーの日記から《サディスティックな機械がただただぼくたちの上を転がっていく》という文言を「第一部　恐怖」のエピグラフとして選んだとき、彼が示唆しているのは、クレンペラーが「一九三九年秋―一九四一年夏」についてのフリートレンダーの記述を要約する恰好の比喩を見つけたということだけではない。彼はまた、その後に記述される出来事には「通常の歴史叙述」の語法を当てはめてはならないことも指摘しているのである。これらの出来事はあまりにも異常で信じがたいものなので、信と不信を単一のイメージのなかでつかんでいるような語法でのみ、正当に扱うことができるのだ。

9

フリートレンダーの傑作を統轄しているイメージは概念ではなく、「絶滅」という比喩形象《フィグーラ》である。今後は、これまで「最終解決」とか「ホロコースト」とか「ジェノサイド」とか「ショアー」と呼んできたものを名指しするのにこの「絶滅」という言葉を使うことにする。

「ホロコーストを物語ることはできるのか〈Den Holocaust erzählen?〉」という問いを発するということは、歴史的出来事の審美化およびフィクション化にかかわる争点と、フリートレンダーが言うところの「極端な出来事」を表象することの倫理とに立ち向かうということである。ホロコーストの極端さは、〈最終解決〉において存在するに値しないとみなされた人々すべて——その代表とされたのがヨーロッパ・ユダヤ人であったわけだが——を絶滅させるために「とられた方策」とかかわりがある。“erzählen”がその「芸術的な」意味内容において「物語ること」であるとしよう。そのときには、“Den Holocaust erzählen?”という問いは、西洋の文化と社会の自尊心にとって控え目に見ても当惑の的でしかない出来事の「正しい」表象にふさわしい言論《スピーチ》ないし書記《エクリチュール》のジャンルおよび様式について省察することを要求することとなる。

ホロコーストで「実際に何が起きたのか」という歴史家の問いとはまったく別に、わたしたちはみずからの「啓蒙された」文化のプライドにホロコーストという出来事が与えた打撃のあまりの大きさに直面している。多くの者が、この出来事はあくまでもヨーロッパ史における逸脱ないし先祖返りであって、けっして起こってはならなかったことだと主張したがっている。それが起こってしまったのは、ヨーロッパを世界文明のリーダーにした、善良でキリスト教的で人道主義的で啓蒙された民とはなんの共通点もない、ギャングや社会的不適格者の一団のせいだ、と。

もちろん、ホロコーストについてのストーリーを書くのだと言ってみたり、第二次世界大戦の文書記録や瓦礫のなかに埋もれている「ほんとうの」ストーリーを見つけ出したと装ってみたりすることなく、ホロコーストを「歴史的に」研究することはできる。ある出来事を歴史的に研究するというのは、それをもともとのコンテクストの内部に置き、先立つコンテクストのなかで起こっていたことと関連づけ、さらに出来事が起こったあとのコンテクストに対してもつ帰結をくわしく解説してみせるということである。これは、ナラティヴを書こうとこころみることなく、あるいはむしろ、変化それ自体の過程についての「ナラティヴ化した」記述をこころみることなく、できるのだと言いたい。つまりは、始まりと中間と終わりをもった「ストーリー」を語り、将来同じような過程がふたたび起こるのを回避する手助けになる教訓を引き出せるようになどといった配慮をすることなく、ホロコーストを「歴史的に」研究することはできるのだ。いうまでもなく、同じような過程がふたたび起きるのをわたしたちが望んでいないとしての話である。

それというのも、ホロコーストについてのストーリーないしナラティヴ化した記述をもちたいということは、この出来事に、神話的、宗教的、あるいは文学的な言説のなんらかのジャンルの属性ないし特徴を付与することによって、馴染みのあるものにしたいということを意味するからである。出来事の背後または内部に潜んでいる「プロット」をさらけだせば、出来事を悲劇、喜劇、ロマンス、笑劇、牧歌などといったストーリー・タイプに見合った「認知可能なもの」として扱うことができるようになるだろう。そして、それらにラベルを貼って、将来の研究のために文書館に収納してしまうことができる。それらを「理解」して、ほんとうに起きたことだと確言すると同時に、それらは「歴史」のなかでのことだから、わたしたちにとっては情報として以外にはなんらの意味ももたないと主張してさしつかえなくなるだろう。——ホロコーストのストーリーやナラティヴ化を望むということはこういったことを欲していることになるのである。

フリートレンダーはこの「馴致」の過程を、ホロコースト研究の純粋に科学的なアプローチに本質的に内在するものとみなしているようである。しかし、それは、何についてのものであれ、ナラティヴないしナラティヴ化した記述すべてのうちにある危険——それが危険であるとして——である。しかしまた、ストーリーを語るということ、またはナラティヴ化するということがひとつの芸術形式であるかぎり、それは現実についてのイメージを馴染みのないものにさせて馴致しえないものにする、あるいは現在では評判の悪い言葉を使わせてもらうなら、脱構築(deconstruct)する力をもっているにちがいない。それは現実イメージをこれ見よがしにわたしたちに差し出したかと思うとすぐさま引っ込め、存在しなかったかのように装う。そして、そのようなかたちで提示することによって、それらのイメージを見慣れないものにするのである。わたしたちはわたしたちの過去の出来事を真実ではないとして捨て去ることもできなければ、ほんとうに起こったこととして全面的に受け入れることもできないでいる。ナラティヴないしナラティヴ化の行為は、わたしたちにとってのそのような過去を馴致すると同時に馴染みのないものにする。そして、リアルなものとフィクショナルなもの、抑圧したいとわたしたちが願う過去と、たえず意識のなかに立ち戻ってきては過去であると同時に現在でもあるものとして認知を要求するものについての、わたしたちの感覚を混乱させる手段となる。しかし、「立ち去ろうとしない過去」についてのわたしたちの感覚を純化させたい場合には、そのような過去をナラティヴ化すると同時に脱ナラティヴ化することが必要なのかもしれない。

ジャン・ラプランシュ〔フランスの精神分析学者〕の所見によると、わたしたちは不断の翻訳と再翻訳の作業によって事後的なもの(Nachträglich)に対応するのだという。そして、ついには日々を切り抜けていけるだけの過去のイメージを構築することを可能にする語法を見つけ出すのだという。そのような翻訳の作業には、わたしたちが認めることのできない作為と不作為の罪を贖う儀式といったおもむきがある。この意味では、過去を書いたり消したり書きなおしたりしている歴史家やそれ以外の人々の集団的な作業は、過去を想い出すことよりは、未来を見越しながら現在を生きるために過去を立ち去らせようとしているのだということができる。

もちろん、このことは、過去を「歴史学的に」研究している者たちよりも、過去についての「ストーリーを語る」ことを願っている者たちについて当てはまる。ナレーションやナラティヴやナラティヴ化は過去を「それがほんとうにあったとおりに」表象するためには危険な道具なのだ。ストーリーには、その著者たちの統制の手を逃れ、著者たち自身について、当人が欲する以上のことを露わにしてしまうところがある。フリートレンダーはこのことを承知している。そして、このことが、ホロコーストについての《安定したナラティヴ》を提供したいという願望をフリートレンダーが表明して二〇年ほど経ったのちに、彼自身がホロコーストについての、まったく「ストーリー」ではなく、ほとんど「説明」にもなっていない記述を生み出した理由だったのかもしれない。

10

わたしがここまで述べてきたことは、「ホロコーストを物語ることはできるのか」という問いを真剣に受けとめようとするのなら、提起されるべき二つのトピックの核心にあるものである。その二つとは、ひとつは話題とする出来事についての「説明」とされる、ナラティヴの性質についての哲学者たちの議論であり、もうひとつはモダニズム的な文学作品、とりわけモダニズム小説において、伝統的な形態のナラティヴ化がなくなってしまったことである。歴史叙述における説明の様式としてのナラティヴをめぐる長い議論は、第二次世界大戦の時期にコリングウッドとポパーが始めたもので、現代ではミンク、コゼレック、ダントー、リクールの仕事に受け継がれていった。議論は最終的に、架空の出来事と違って現実に起きた出来事を提示する段になると、ストーリーを話すだけでは多くを説明することはできない、という結論を導いて終わった。ヘンペルがよく言っていたように、歴史的ナラティヴが何かを「説明」することがあるとしても、たかだか低いレヴェルの、「スケッチふうの」、間接的な「説明」でしかない。ポパーはさらに一歩進めてこう結論づけた。歴史家たちが過去についてのストーリーを話しつづけることができているのは、歴史が純粋に科学的な分析の主題にはなりえないからであり、過去についての「ストーリー」が何もないよりはましだからにすぎない、と。この結論に照らしてみると、ホロコーストのような込みいった出来事についてのナラティヴ化した記述——《安定したナラティヴ》——を提供したいという願望は危険な願望であるということになるだろう。それは出来事を「フィクション」が考案しうるあらゆる種類の解釈に開いてしまうことになるだろうからである。

ホロコーストがリリアーナ・カヴァーニ監督の映画作品『夜番のポーター』〔邦題『愛の嵐』〕に代表されるような、ストーリー化された扱い方によって審美化されフィクション化されるかもしれないというフリートレンダーの懼《おそ》れは、どのようなナラティヴ化した扱い方にも当てはまる。だから、ホロコーストについての《安定したナラティヴ》によって、イデオロギー的な手前勝手な議論や、フィクション化に向かおうとする歪曲や逸脱に対する抵抗の尺度にしたいという願望は、両刃の剣なのであった。ホロコーストについてのナラティヴを欲するということは、芸術的に扱うには道徳的および政治的な意味があまりにも深刻な出来事の審美化とフィクション化を欲するということにほかならないのだ。

そしてこれこそが、文学作品におけるモダニズム革命とモダニズム小説——コンラッド、ヘンリー・ジェイムズ、ジョイス、プルースト、カフカ、イタロ・ズヴェーヴォ、ヴァージニア・ウルフ、ガートルード・スタインなどの手になる——がかかわってくるところなのである。それというのも、とりわけ、文学的モダニズムは——実践においても理論においても——、第一には、芸術の実体についての審美主義的なとらえ方を拒絶しているからであり、第二には、物語風の作品をリアリズムとして、あるいは過去を「リアリスティックに」表象する最良のやり方とみなすことを拒絶しているからである（ここでわたしは文学作品における「リアリズム」の性質をめぐってルカーチ、アドルノ、ブレヒトのあいだで闘わされた論戦のことを述べている)。審美主義的な芸術イデオロギーを拒絶し、物語風の作品とリアリズムとの同一視を拒絶することによって、モダニズム小説はいくつかの特徴をおびることになった。そこでは、アリストテレス以来、西洋のポイエーシス観念を支配してきた「模倣主義」や、芸術は認識よりも快楽についてのものだという考え、そして詩と散文はまったく異なる発話の秩序に属しているために同一の言述ジャンルのなかに括り入れることはできない、という概念を放棄することがゆるされる。芸術を美学から切り離すことによって、フィクションをあくまでも文学作品のひとつのタイプないし種類として考えることができるようになった。その結果、現実——過去のであれ、現在のであれ、未来のであれ——についての芸術的な扱いは、まったく「ファクチュアルな」ものでもありうることになった。そして、功利目的の著作や情報提供を主眼とした著作と同じく、どこからどこまでも「現実」についてのものとしても認められるようになった。モダニズム小説はただひたすら過去と現在の関係のなかにある変則性、パラドクス、不条理に則っている。このことは、モダニズム小説が過去の馴致された(そしてナラティヴ化されているかぎりでは「フィクショナルな」)「歴史的な過去」よりは「実用的な過去」にかかわっていることを意味する。

ナレーション、ナラティヴ、ナラティヴ化についての付記

現代の歴史家たちは「ナラティヴ」を歴史研究のなかで発掘した事実をその内容に大きな変化を及ぼすことなく移すことのできる中立的な容器ないし形式として扱いがちだ。しかし、現代の物語理論が主

張するところによると、ナラティヴは(あらゆる言述ジャンルや様態と同様に)、それ自体が「内容」なのだという。それは、新しいぶどう酒を入れるつもりの甕にすでに何かの中身ないし実体が入っていたという、諺に出てくる甕と同じようなものである。ぶどう酒の甕の場合には、その中身は甕の材料(色付きか半透明のガラス)、形態(高い、細い、ずんぐりした、丸い、四角い)、栓の種類(コルク製、木製、プラスティック製)、ラベルの貼り方などからなるということができる。同じように、ナラティヴの場合にも、それをいくつかの工夫、テクニック、選択と結合の様式によって識別できる言語的表現の形式とみることができる。そして、それらの工夫、テクニック、選択と結合の様式は、いっしょに提示されると、意味が賦与された「ストーリー」を生み出し、いろいろなプロット・タイプのひとつとして識別しうる特別の意味化作用を生じさせることとなる。たとえば、「悲劇的な」様式で仕立てられたナラティヴは、「悲劇」というプロット・タイプに属するものとして認知しうる一連の工夫や符牒を利用する。そして、そうした工夫や符牒がある特定の出来事や行動や過程に投影されたときには、喜劇やロマンスといった他のプロット・タイプによって生み出されるのとは異なる「悲劇的な」意味をそのナラティヴに賦与することとなる。

さきに述べたように、文学的モダニズムが登場する以前は、実生活における出来事と行動、行為主体と行為はすでに特定の種類の出来事、行動などの属性を有していると一般には考えられていた。そして、それらを言述のなかである特定の種類の出来事としてプロット化したなら、そのまま真実の表象を構成することになる、と。悲劇的なプロット化を要求する悲劇的な出来事や一連の出来事が存在したのだった。ミメーシスというのは、所与の一連の出来事の見かけ上の特徴を模倣するというよりは、むしろ、それらをその「実体」が指示する適切な様式とジャンルのなかでプロット化することを意味していたのである。

さてここで、ナレーションそのもののいくつかの側面を紹介しよう。第一には、モダニズムとポストモダニズムの文学作品におけるナラティヴ、ナレーション、ナラティヴ化、脱ナラティヴ化ないし反ナラティヴ化の問題である。ここでは、ナラティヴの（あるいは物語論的な）形式について、それがさまざまな相異なるイデオロギーの運搬者ないし容器であるだけでなく、より重要なことには、それ自体がイデオロギーであると強調したい。イデオロギーということでわたしが（アルチュセールに倣って）言おうとしているのは、ある特定の時代と場所における《社会生活の現実的諸条件への想像上の関係》のことである。またナラティヴ化という語を、わたしは実際に起きた一連の出来事にあるひとつのストーリー形式を賦与することを指して使っている。そうしたナラティヴ化は、その宛先人である聴衆に、モダニズム社会で味わっている現実の生活条件の苦しさを緩和するものとして機能するかもしれない一貫性、完成、成就のファンタジー――それはまったく想像上のものでしかないのだが――に耽るよう仕向ける。そのとき、文学的モダニズムの特徴をなす、ナラティヴやナレーションやナラティヴ化の拒絶（削減、回避、放棄）は、そのようなファンタジーへの、象徴的なものの領域におけるひとつの回答となる。そして、モダニズムが体現すると通常は想定されている「非合理主義」ではなくて、リアリズムへの意志の印としてモダニズムが現われることとなる。そこで出てくるのは、歴史叙述におけるナレーション、ナラティヴ、ナラティヴ化の（認識論的、倫理的、政治的な）身分《ステータス》という問題である。そして、ホロコーストをはじめとする錯綜した出来事について「標準的な物語的記述」のようなものを欲するということ自体、ありのままのものとして観察するには、あまりにも恐ろしい出来事の空想的で幻想的で妄想的なヴァージョンを求めているということを示すのではないか、という疑問である。

いうまでもなく、わたしたちはナレーション（énonciation〔言表行為〕）とナラティヴ（énoncé〔言表されるもの〕）とナラティヴ化（言表されるものをストーリーの形式に整えること）の違いを強調しておかなければならない。ナレーションは音声、つまり発話の調子と様態に関係がある。ここで様態とは、扱われていることがらを語り手がどの程度まで熟知しているか、また聴衆に宛てておこなう報告にどの程度の権威があるかということである。この発話過程の産物をわたしたちはナラティヴと呼んでいる。そしてその本質は、当のナラティヴが語られているもの、あるいは言述の指示対象と特別の関係をもっていると称しているかぎりで、様態的でもある。最後に、ナラティヴ化とは提示のために選ばれた出来事に特殊な種類の――認識論的、道徳的、イデオロギー的、宗教的などの――価値を賦与するために語り手が用いるプロット化の様態の産物である。指示対象にストーリーの形式を賦与すること、それもプロット化によって特定の種類ないしジャンルのストーリーを賦与することは、提示の意味効果を生み出す。

ところで、〔第二に〕物語論的プログラムについてのこのようなとらえ方は、実在の出来事であれ架空の出来事であれ、それらを提示することによる物語論的効果について、モダニズム的作品が調整したり削減したり徹底して拒絶したりすることにどれほどのリスクがともなうか、を教えてくれる。フレドリック・ジェイムソンは、歴史的なものと時間的なものとが同一であり、両者が物語的なものと同一であるということを最も執拗に主張してきた理論家である。そのジェイムソンは、最近『弁証法の原子価』〔二〇〇九年〕で、ポール・リクールが『時間と物語』〔一九八三―八五年〕で展開したプロット化の概念を歴史叙述のなかで実在の出来事と行動をナラティヴ化するにあたっての「形式を与える」要素（わたしがノースロップ・フライにしたがって「構築の要素」と呼んだもの）をマッピングするための審美化の概念の代替肢として採用した。

ジェイムソンが物語的なものの観念に修正をほどこすにあたっては、歴史的出来事を人間や社会によって生み出された諸力の所産としてとらえなおそうとしたことが土台になっている。歴史的出来事は自然界の出来事とは対照的に、それらの原因と結果において「重層決定」されているようにみえるというのである。ここで提示されているのは、歴史家がある歴史的出来事の原因を自然科学をモデルにして探求したり表象したりすれば道を見誤る、という考えである。歴史、あるいはより正しくは「歴史的なもの」は、多数の相異なる時間的なものの経験の所産である。それは形而上学の宇宙論的な時間性とも、意識的な人間主体によって経験される実存的な時間性とも、まったく異なっている。フェルナン・ブローデルの多次元的な（地理的、社会的、政治的な）時間性の構造が、「歴史」の経験を歴史的存在のさまざまな次元の経験のあいだに存在する相違と葛藤、さらにはそれらに内在する矛盾についての経験としてマッピングしようとした努力として引き合いに出されている。

プロット化についてのわたし自身のとらえ方は、歴史的出来事をナラティヴ化しようとする者がナラティヴ化の作業を構築するにあたって、実在する指示対象に特定の文化的な（実のところは神話的な）意味を与える文化的な賦与作用のなかで利用しうるプロット・タイプ（悲劇、喜劇、ロマンス、笑劇、牧歌、叙事詩など）を駆使してきた、という考えにもとづいたものであった。ジェイムソンは、プロット化という観念を、錯綜した歴史的出来事——フランス革命やローマ帝国の衰退と没落、さらには全体主義の到来と第三帝国と〈最終解決〉を含む、近代西洋資本主義が発展するなかで遭遇したさまざまな「危機」――のなかで経験された相異なる種類の時間性を関連づけたり、結合したり、「統合形象化（configuration）」（リクールの術語）したりするために使われる、近代小説の特徴をなす「認知的マッピング」として使用している。

〔第三に〕ナラティヴ化をプロット化として理解することによって、「ファクチュアルな〔事実にもとづいた〕」ナラティヴと「フィクショナルな〔架空の〕」ナラティヴの区別は、「過去」ないしその一部に付与することのできるさまざまな意味の「リアリズム」を確定するうえで有する重要性を喪失する。ナラティヴ化は、錯綜した出来事の集合を哲学的に概念化するうえでストーリーテリングのもつ魅力を理解するための鍵を提供する。たとえば、小説のなかでは、「矛盾」は哲学的思考のなかで考えられているような「間違い」ないし論理にとっての躓《つまず》きの石であることをやめ、物語の登場人物たちが予想される読者とともにおこなう実存的な選択と決断の状況として把握されるからである。資本主義社会の社会的矛盾は多様で遍在しており、いわんや日々の生活のなかで想像したりするようなことはまったく不可能だと感じざるをえないほど、「重層決定」されている。これが、ジェイムソンが小説はすぐれてモダニズム的な多価的（polyvalent）なジャンルであると論じるようになった理由である。彼によると、小説はロマンスと違って、そこでおこなわれる「プロット化」が、歴史においてはすべてを支配する一貫した包括的な「プロット」ないし全体化的な「意味」は不可能であることを示すジャンルなのである。疑いもなく、モダニズム小説は――ヴァージニア・ウルフ、プルースト、トーマス・マン、ジョイスにおいては――

《それがなおも哲学と分かちもっていた統合化の蜃気楼を追い求めた》。しかし、ポストモダニズム（あるいは晩期モダニズム）の出現とともに、いっさいが変化してしまった。ポストモダニズム小説は「歴史」をその明白な指示対象としてとらえるだけでなく、すべてを支配するプロットないしマスター・ナラティヴの探求を諦め、《拡散と多様性を取りこむことを選択した》のである。

後記

本書の論考のなかでわたしは「実用的な過去」という考え方について説明し、第二次世界大戦以来の歴史理論に関するいくつかの争点を解決するにあたってこの考え方をどのように使うことができるか、いくつかの例を示そうとした。この時期の根本的な問題は、歴史研究を本当の（つまりは近代的な）科学にすることは可能なのかという問い、さらには、そのような歴史研究を実践することが望ましいのかという問いをめぐってのものだった。結局のところ、歴史を科学にしようとする近代のプロジェクトは、歴史をさまざまな非科学的・反科学的な実践から保護するかたちをとることとなった。神話、神学あるいはより正しくは弁神論、文学あるいはフィクション一般、形而上学、イデオロギーが、そうした非科学的・反科学的な実践の主なものであった。歴史を科学にするにあたって、真理や客観性のために「意味」（それは通常「価値」ないし「価値づけ」を意味していた）を放棄するというのが、趣旨であった。しかし、そうすることによって歴史は、道徳的諸科学のあいだで占めていた場所と倫理的反省の機関《オルガノン》としてはたしていた役割を手放さざるをえなくなった。歴史の「科学的な」身分《ステータス》は守られたが、それには、歴史が伝統的にはたしていた人生の教師《マギストラ・ウィタエ》としての役割から、事実の蒐集家という二次的な役割への格下げ、という犠牲がともなっていた。アメリカ合州国では、歴史叙述の分野における主要な変化は、政治から社会へ、さらには文化へと、歴史研究の第一義的な対象が移動したことであった。

それにもかかわらず、歴史は相対的に人気のある文学的ジャンルでありつづけた。歴史が素人たちに訴えかける力があったのは、その主題にリアリティがあると思われていたからだった。常識によって把握することができ、演算式ではなくストーリーのかたちで表象することができ、読者の現在の世界に発生論的な系譜関係で連結しているようにみえる出来事に満ち満ちた過去が、歴史の主題だった。二〇世紀においても、歴史は集団的アイデンティティの形成についての系譜学的な根拠を提供して共同体に奉仕している。民族や国民、集団や制度の歴史は、その実質ないし本質の外延的な定義に当たるものを提供していた。アメリカ国民(他の「アメリカス〔米州〕」の人々とはまったく異なるとされる実体)は、巡礼者と見棄てられた者と移住者と冒険者などがごた混ぜになった外来の集合体で、等質で土着的というにはほど遠い、異質で流浪的な存在であったかもしれない。それにもかかわらず、歴史家たちはまるで魔術のようにして、アメリカ国民がどのようにして「新世界」(「人々の住んでいない土地」?・)を自分自身の土地に変え、その過程で、みずからを新しい種類の国民——一見多様であるが本質的には単一で高貴で主権者的で土着であるかのような——に変えていったかを、一点の疑いもないかたちで証明してみせることができたのだった。

この歴史叙述の系譜学的機能は、一時代前におこなわれていた家系譜の研究とはまったく性質を異にしていた。古い系譜学の場合には、ある家系の血統が純粋なまま連綿と続いていること、なによりも、一族で父から子へと受け継がれてきた家財、土地、所有物に対する所有権を確立することが目的であった。これに対して、新しい系譜学は、土地を占有しているという事実(契約と暴力のいずれによって獲得されたものであれ）から始まって、所有者と土地のあいだに発生論的なつながりを確立することへとさかのぼっていく。新しい系譜学は所与のものとして見いだされたというよりも、《クローン化された》と言ってよいのかもしれない。すなわち、系譜学的な法的フィクションが「アメリカ」全体および旧世界から移住してきた新しい土地所有者たちに対して確立されたのだった。

旧世界から移住してきた者たちと旧世界に住んでいる者たちのあいだには発生論〔遺伝学〕的なつながりがあった。それは、アメリカへつぎつぎ移住してきた者たちと彼らの出身地域のあいだに発生論〔遺伝学〕的なつながりが存在するのと同じである。しかし、それはアメリカの主流《メインストリーム》の歴史家たちによってでっちあげられた、アメリカと旧世界のあいだの系譜学的つながりのようなものではまったくなかった。

この〔アメリカと旧世界のあいだの〕系譜学的つながりは、歴史家たちが過去について科学的な目的よりも実用的な目的に役立つ歴史記述を生み出すという完璧な例である。世代間の系譜学的つながりは、土地、人民、文化、社会システムを共有するひとつの歴史的な全体の実質の似像《シミュラークルム》を作りあげる。これが「歴史的な過去」の社会的かつ政治的な、あるいはむしろこう言いたいのだが、イデオロギー的な機能である。

「歴史的な過去」と「実用的な過去」を区別することによって、マイケル・オークショットは利用可能な過去を作りあげる責務を専門的な歴史家たちの団体《ギルド》から共同体の全員に移管する土台を提供した。この区別がなされたことによって、近代的な職業としての歴史研究は理論的な学問分野であって、歴史が人生の教師《マギストラ・ウィタエ》、《実例によって教える哲学》、世俗的な道徳教育の要《かなめ》であると見なされていたときに考えられていたような実践的な学問分野ではないことが露わになった。従来「過去」は普通の市民が問題を解決したり決定をくだしたりするうえで参考にすべき経験や現在選択しうる行動のモデルの保管庫《アーカイヴ》として持ち歩いていたものだった。ところが、その「過去」が、突如として、自分のものにするか放棄するかしかない遺産として立ち現われてきたのだった。その「過去」についてのさまざまな記憶が真正のものかどうかを歴史家たちと検証する機会は得られないままに、である。歴史家たちは、いずれにしても、普通の市民には、国家の臣民としてか、国家が「歴史的な」権利によって支配する群衆の一員としてか以外には、ほとんど関心を寄せたことがなかった。オークショットは、「実用的な過去」と関連してはいるが同時に切り離されてもいる実存的関心と存在論的土台のうちに「歴史的な過去」を基礎づけた。そのことによって、個々の主体は、自分がどこからきたのか、自分はだれなのか、どのような未来を自分のために選択する権利があるのかについて、解釈《ヴァージョン》の真実性とまではいわないまでも、真正性に対する責任を自由にとれるようになった。このことは「パストロジー（pastology）〔過去学〕」と呼びうる動きのなかで今日進行していることの多くを説明する。記憶研究、オーラル・ヒストリー、目撃証人文学、証言研究、物語論《ナラトロジー》、意識研究、スピーシーズ〔種〕理論、ポストヒューマニズム、サバルタン・スタディーズなど。

　これらはすべて、かつては専門的な歴史研究の権威に従属させられていた。歴史家たちが立てた問いに答えるよう強いられ、社会集団やそのなかで効果的に機能していた個人についての科学的研究のために歴史家たちが考案した真理と真正性の基準に合致するよう強いられていた。ところが今日では、個人や溶融状態にある集団（groupe en fusion）[1]の経験の真正性の問い、自由と豊かさと将来への希望ではなく抑圧と欠乏と困窮の状態で生を送るなかで必要とされる真理、学識よりは経験にもとづく信念の有効性――これらのすべてが「実用的な過去」を自分のものにしたり、それと渉りあったり、それに依拠したりしようとする努力のなかで前面に出てきた。この「実用的な過去」を「歴史的な過去」はみずからの言説実践で覆い隠してきたのであり、自分だけが真なるものと正なるものを融合する権威をもっていると主張して脅《おびや》かしてきたのである。専門的な歴史家ないし科学的であると見なされている歴史家の真理は、ことがらをありのままに写しとった真理であると称している。その真理は、一方では、明晰であると同時に判明でもあり、他方では、実体的な存在としての人類に固有のものであるというわけである。それは過去に対するわたしたちの倫理的および功利的な願望を存在基盤がないままに放置する。人生における存在《オントース》と本質《ウーシア》をもたないままに放置する。それは「実用的な過去」を実体がないままに放置するのである。

それでは、「実用的な過去」の実体的な土台はどのようなものなのだろうか。第一に、「実用的な過去」は変化するという事実、さらには発展もするという事実が、現実に存在するもの――鉱物、植物、動物、人間のいずれであれ――の安定した本質《ヌーメノン》的な土台としての実体というとらえ方に反することは言っておかなければならない。実体ということによって化学的合成物の実体という化学的なとらえ方を意味しているのでないとするなら、そのときには、人間性、歴史、自然の実体という概念は放棄せざるをえなくなる。そして、それはあくまでも人間の思考と想像力による構築物であって、この語を使用することによってわたしたちが名づけたいと願っている形而上学的本質《ヌーメノン》の代理をしているにすぎないことを認めなければならなくなる。物理学が意味する以外のどのような実体概念も、アイデンティティという概念と同様、死のない生とか、器官をもたない身体とか、あるいは時間をもたない歴史といった、夢のなかの幻像《ヴィジョン》のための間に合わせの手段ならびに代用語であると認めざるをえないのである。

〔第二に〕近代以前と同様、近代の職業的な専門家による歴史は、共同体のためにアイデンティティを提供する、あるいはむしろ、アイデンティティを提供することによって共同体を提供すると約束する。何であれ、変化する生のなかで起きるさまざまな変容のうち、変化しないままの実体を名指しすると約束する。しかも、それをできるかぎり科学的な厳密さと客観性をもっておこなうと約束する。こう約束するなかで、歴史はローマ・カトリック教会の全質変化(2)の学説の世俗的な等価物を提供する寸前まで行った。共同体の構成要素も、それらのあいだの関係も不断に変化していったのに、共同体の実体は同一のままだった。つまりは自己同一的であった(3)。しかし、このような変化のなかの持続性という概念は、イデンティタス(identitas)すなわち自己同一性という観念が依拠する個人という観念そのものに反するものであった。アイデンティティは個人に属するものであって——西洋の個人主義のイデオロギーではそう考えられていた——、「歴史的な過去」の系譜学的なとらえ方のなかでおこなわれる手品によって以外には、けっして集団に属するものではなかった。

心理学的な経験の空間は、有機的な空間ではなくて、機械的な空間である。それはフラクタル、断片、残り屑、老廃物、部品、がらくたでできている。そして、そのどれひとつとして、思考、言語活動、言論による以外には何かと有機的に連結することはできない。個人の記憶を構成する要素が一体となって首尾一貫した矛盾のない全体を形成しうるなどと、なんぴとであれ、どのようにして信じることができるというのだろうか。みずからが統制するはずの研究対象とみずからを取り違える「同一性と無矛盾性の論理」の暴力による以外には、である。個人の経験と記憶の過去は、この論理のめざす統制目的とは無関係である。この論理は、再生産面では記憶として作動し、生産面では喩《ゆ》として作動する想像力に対しては、なんの権限ももたない。想像力は、実在する個人という考えそのものが幻想であることを知っている。さらには、この幻想こそが、個人の生を、もし可能ならそこから逃れるか、それとも、もし必要ならまったくいわれのないストイックな決意で耐えるべき牢獄にしてしまっている、生きた矛盾を生み出しているのだ、ということを知っている。

〔第三に〕現代哲学のいわゆる「行為遂行的矛盾（performative contradiction）」は、集団のなかにある個人の正常な状態である。社会のさまざまな状態のなかでは、言ったことはおこなわないわけにはいかず、おこなったことは言わないでいるわけにはいかない。《わたしたちは言っていることを本心で言わなければならないのだろうか（Must we mean what we say?）》と哲学者のスタンリー・カヴェルは問う。(4) その答えは、「本心」に力点を置くのか、それとも「言わなければならない」に力点を置くのかで、異なる。もしわたしたちの言っていることが本心と矛盾してはならないとか、わたしたちのおこなうことが言ったことと矛盾してはならないという意味であるとしたなら、この「してはならない」は生産的な想像力に対してどのような権限をもっているというのだろうか。生産的な想像力こそは詩の魂ないし実体なのである。

しかし、わたしたちの言うことがわたしたちが本心で言おうとしていることに反してはならないとか、おこなうことがわたしたちが言っていることに反してはならないという意味であるとしたなら、答えはまったく違ってくる。なぜなら、（ある行動や人物や考えや計画や命令やさらには願望に）反して（contra）いることは、反することを言う（contra-dicere）のとは同じではないからである。わたしは、同じ人物を同時に愛したり憎んだりすることがある。あるいは、旅の仲間にみずから敵対的な態度をとったり、旅の仲間から敵対的な態度をとられたりすることがある。それと同じように、人物や事物や考えや行動などに同時に賛成することもあれば反対することもあるのである。

　実体についても同じである。問題は、外観や属性はつねに変化し変容するのに対して、実体は不変で安定しているという考えとかかわっている。どのような歴史的なことがら――つまりは変化しながら持続すると同時に、持続しながら変化すると考えられていることがら――も、存在の二つのレヴェルで変化していると考えなければならない。外観と実体である。しかし、二つのレヴェルにおいて変化しているのなら、アイデンティティ（あるいは同一であること）という考えそのものが欠如してしまうことになる。これが、どの共同体であれ、歴史的な（系譜学的な）手段によってアイデンティティを確立しようとする努力が失敗せざるをえない理由である。アイデンティティは、「存在しようとする意志」ならびに「現存しようとする意志」にしたがって想像力が作動することによってのみ、確立される。そして、これこそは「実用的な過去」が存在を得ることのできる場所なのだ。「実用的な過去」は、個人たらんとする者が想像力を駆使して努力することによって実体的なアイデンティティという幻想をアイデンティティの自己同一的な実体という錯覚と取り替えることのできる経験の空間としてとらえられるのである。

　このようなわけであるから、わたしたちが個別化された存在としての自分自身のために得たいと願うアイデンティティと機能的に等価な共同体のアイデンティティというものを歴史的なものがわたしたちに提供する能力を否定することによって、わたしたちは何をあきらめたり失ったりすることになるのだろうか。「実用的な過去」なるものを想像し、それを「歴史的な過去」の横に反対物ではあるが矛盾はしないものとして並置することによって、わたしたちは何を獲得することになるのだろうか。第一に、わたしたちの研究の射程と範囲を獲得する。第二に、深度と高度を獲得する。そして第三に、もろもろのアイデンティティを鍛造したり形づくったりすることのできる領域として、これまで以上に豊かな状態が存在するという認識を獲得するのである。

結局のところ、アイデンティティというのは審美的および倫理的な根拠（わたしはこの二種類の能力を「実践（practice）」という名で結びつけたい）にもとづく選択、決定、遂行の行為として形づくられるものなのである。伝統的な歴史叙述家たちが示唆してきたのとは逆に、歴史家たちが証拠を示すことができるものと思い込んでいるような過去についての知識は、それのみでは、わたしたちが日々の生活のなかでおこなわなければならない選択、決定、遂行にあたって、けっして助けにならない。それというのも、第一に、歴史的知識はつねに不完全であるからである。第二に、それは適切なかたちで文書資料化されていることがけっしてないからである。そして第三に、それはわたしたちに深淵（mise en abyme）まで沈潜することを促すからである。歴史的知識は、わたしたちが「自分のもの」として手に入れようとする経験となんの関係もない起源に向けて、際限のない探求を要求するのである。

何十年も前、ベネデット・クローチェは*Teoria e storia della storiografia*〔『歴史叙述の理論と歴史』〕（一九一七年）という本を書いた。ダグラス・エインズリーによる英訳（一九二一年）は*History: Its Theory and Practice*〔『歴史――その理論と実践』〕というタイトルになっている。違いに気づかれるだろう。もとのイタリア語版のタイトルが約束しているのは「歴史叙述の理論と実践」について論じるということであって、「歴史」の理論と実践について論じると言っているわけではない。「歴史」(過去の出来事など)を扱ってはいるが、それはある特定の叙述——歴史叙述——の言及対象としての「歴史」である。そうした歴史叙述が分析され、その歴史叙述の歴史が順を追って語られているのである。ところが、英訳本では、本の表向きの主題(「歴史叙述」)の実体(「歴史」)であると受けとられたものを指し示すために、タイトルに変更がほどこされたのだった。

似たようなことはその後のクローチェにも起きている。一九三八年、彼は *La storia come pensiero e come azione*(『思考としての歴史と行動としての歴史』)と題された論考集を公刊した。ところが、同書のシルヴィア・スプリッゲによる英訳(一九四一年)のタイトルは *History as the Story of Liberty*(『自由の物語としての歴史』)となっている。何が起きたのかわかるだろう。英訳のタイトルは本の表向きの主題(「思考としての歴史と行動としての歴史」)の実体(「自由の物語としての歴史」)を指し示しているのである。(5)

これらの英訳本のタイトルはどちらも間違っていない。文字どおりの(文法的な)意味を翻訳するのではなくて、実体的な(意味論的な)意味を翻訳しているにすぎない。しかし、そうすることによって、二つの本のタイトルは比喩化されてしまった。すなわち、それらは眼前描出《ヒュポテュポシス》という修辞技法を使って、文字どおりの表現のもつ表面的ないし外観的な意味の代わりに「深層の」あるいは実体的な意味を定立したのだ。しかし、どちらのタイトルも、クローチェが実体化した二つのものを示すことに成功している。ひとつは、実際に起こった歴史的世界であり、もうひとつは、実質上「自由な」思考と行動だけが「歴史的」であることを実体とする世界を生み出すことができる、そのような世界の質である。

しかし、わたしたちには最後に「実用的な過去」の実体を同定する問題が残されている。その問題を解決しなければ、わたしたちは、あらゆる事物には、それが無に帰してしまわないための事物性を与えるために、内部か背後か上部になんらかの実体が存在しなければならない、という妄想を抱いてしまうかもしれない。無に帰してしまうというのは、物質であることを実体とするあらゆる事物の宿命である。その一方で、わたしたちは実体という幻想を必要としている。もろもろの事物が実体をもっているのは、わたしたちがそれらに実体のようなものを与えて、それらがあたかもその実体に値するかのように扱う能力があるかぎりにおいてのことである、という概念を必要としている。それらの事物が「行為せよ」という挑戦に応じようとするのがたとえ時々のことでしかなく、その実効性が相対的なものでしかないとしてもである。そのほうが、わたしたちがだれなのか、何をすべきなのか、そしていやしくも存在するために何を努力しなければならないのかをわたしたちに言う権利があると主張する者たちの権威に服従するよりはずっとましなのだ。

【付録】 歴史的真実、違和、不信

未来の不幸を現時点の保護覆いの下に隠している不信心者は幸いである。なぜなら、いまはすべてが暗闇によって見分けがつかなくなってしまっているからだ。希望と沈黙だけが時間の経過を刻むものとなり、それ〔時間〕を信じうるものにしているときには、だれも保護を求めようとはしない。

――H・G・アドラー『旅』

歴史は解体して形象《イメージ》(Bilder)になるのであって、物語《ストーリー》(Geschichte)になるのではない。

――ベンヤミン『パサージュ論』

1

以前、ある論考で(1)、わたしはザウル・フリートレンダーの『ナチス・ドイツとユダヤ人』(2)をホロコーストの「表象不可能性」とされるものを扱う一例として提示したことがある。そこでは、ホロコーストは西洋の歴史および反セム主義の歴史におけるまったく新しい出来事であるだけでなく、近代の歴史叙述と近代の人文科学一般における表象実践ならびに説明様式を事実上問題に付すにいたった新しい種類の出来事である、と述べた[3]。また、これまで専門的な歴史家のあいだでは、過去の出来事を事実に即して忠実に記述したものだけが唯一妥当な歴史的解釈であり、事実となった出来事のもつ意味のような、それ以外の解釈はいずれも本来の歴史的な記述への疑わしい付加物であるとみなされてきた。しかし、わたしはこうした旧来の考え方は、ホロコーストのような出来事に直面したときには根本から見直さざるをえない、と論じた[4]。ホロコーストのような出来事には、事実だけを偶像崇拝している旧来の専門的な歴史家による歴史叙述では提供できない表象様式、説明モデル、倫理的態度が必要だというのが、わたしの主張だった。さらに、モダニズム的出来事としてのホロコーストは文学作品の特殊モダニズム的なテクニックを使用することで扱うことができるかどうかについても考えてみた。文学作品で使われているモダニズム的テクニックは、「歴史」に関するひとつの見方と、現代文化における過去と現在の込みいった関係についての提示様式の両方を提供する。それらはとりわけ、歴史におけるホロコーストの意味を求める歴史家たちの動機となっている「実践的な」(つまりは「倫理的な」)問題の解決に寄与している。ザウル・フリートレンダーは『ナチス・ドイツとユダヤ人』、とくに第二巻『絶滅の歳月(一九三九—一九四五年)』によって、ホロコーストや、少しでもホロコーストに似ている他の歴史的出来事がテクニックとしても倫理としても必要としている、モダニズム的歴史叙述らしきものを生み出した、というのがわたしの結論だった[5]。

本稿では、歴史と文学、とくに歴史叙述と文学作品の関係についてさらに追求し、フリートレンダーがホロコーストに関する歴史叙述における真実と意味のギャップを埋めるために、どのようにフィクシヨン化や審美化／美学化や相対化をいっさいおこなわずに、文学的なテクニックや工夫や喩法《トロウプ》やフィグーラ〔比喩――旧約聖書で予言されていたことが新約聖書で成就されるという「予型」の意味もあわせもつ〕を利用しているかを示したいと思う。これは「精読《クロース・リーディング》」のひとつの実践となるだろう。伝統的に、歴史叙述や科学のテクストよりも、聖書や法律文書や文学テクストを扱うさいに使用されてきた解釈学の方法である。目的は、ホロコーストについて知られている事実の集積と、この出来事へのわたしたちの倫理的な関心が求めるさまざまな意味とを媒介するために、フリートレンダーのテクストで使用されている、文学上の工夫、喩法、フィグーラ、テクニックを同定することにある。このテーマについての以前の議論のなかで、わたしはマイケル・オークショットによる「歴史的な過去」と「実用的な過去」の区別を利用したことがある。実用的な過去は、わたしたちが認識的なことと同じくらい倫理的なことに関心を寄せているときに振り返る過去である。フリートレンダーの本は――トニ・モリスンの『ビラヴド』と同様――そのカテゴリーに入るとわたしは思う[6]。それは、ホロコーストの「データ・バンク」に新しい情報を付け加えることよりも、わたしたちが歴史の記録のなかにある事実情報をすべて蒐集したあとになお「残される」倫理的性質のことがらを探求することに関心を寄せている。

　フリートレンダーはかねてよりホロコーストの《安定した統合的なナラティヴ》が必要だと主張してきた。これによって、真実からの、一方ではフィクション化への逸脱と、他方では審美化／美学化への逸脱を同定し測定する必要があるというのだった。フィクション化はホロコーストの現実を信じることに対する脅威とみなされており、審美化／美学化はその道徳的ないし倫理的な意味を信じることに対する脅威とみなされている。同時に、ホロコーストにはなにか不気味なものがある、と彼は力説していた。

一九九二年には、あらゆる事実が記録されたあとも、ホロコーストにはなんらかの表出しえない「過剰」がある、と語っていた(7)。『ナチス・ドイツとユダヤ人』の第一巻では、この「過剰」は、彼が読者のうちに喚起したいとした「違和」の感情として示されている。ついで、ドイツ人が始めたユダヤ人の絶滅計画がトピックとなっている第二巻では、彼は読者のうちに「信じられない」という不信の感情を生み出したいと思ったと述べている。彼は、テクストの本来的で直写的レヴェルで展開されているナラティヴの安定性を比喩的レヴェルで掘り崩す(あるいは脱構築する)文学上のテクニック、工夫、フィグーラ、喩法《トロウプ》を使用して、これらの効果や感情を生み出そうとしているのだと思う。

2

フリートレンダーの『ナチス・ドイツとユダヤ人』の第二巻『絶滅の歳月(一九三九―一九四五年)』の全般的な外観の特徴を探ることから始めよう。まず、本来の語りの部分に入るのに先立って、多くの前付が付いている。これだけでもフリートレンダーの本をリチャード・エヴァンズの『権力の座にある第三帝国』(8)のような伝統的な物語的歴史の唐突な書き出しから区別する。この前付についてはあとで立ちいって述べたい。前付のあとの物語の中心部分は歴史《ヒストリー》よりは年代記《クロニクル》であるようにみえる。全体は一〇章からなり、各章には標題ではなくて日付が付いている。また全体は三部に分かれていて、それぞれ標題と日付が記されている。「恐怖(一九三九年秋―一九四一年夏)」「大量虐殺(一九四一年夏―一九四二年夏)」「ショアー(一九四二年夏―一九四五年春)」の三部である。

これをホロコーストのストーリーの骨格と考えるなら、三つの部は古典劇のひと幕とみなしてもよいのかもしれない。そこでは、パトスに駆り立てられた主人公がみずからの破滅（スパラグモス）に帰結する試練（アゴーン）ののち、認知（アナグノリシス）の場面に到達し、劇が始まったときから主人公の行動を動機づけていた秘密が明らかになって、主人公の属している共同体に多かれ少なかれ道徳的な損失ないし利得をもたらすのである。しかし、フリートレンダーが語っている出来事は悲劇として考えることができるかもしれないにしても、そこには精神的な試練を経験する主人公もいなければ、みずからの破滅を宇宙的な計画に結びつける運命または摂理の概念も存在しない。また、あらゆる苦難に遭遇しながらも失われることのない人間精神の基本的な高貴さを示唆するものもまったく存在しない。ホロコーストという出来事は、初めから終わりまでの道筋が見えるように、そして全体としては納得のいく道徳的ないし倫理的な結末を迎えたという感覚を与えてくれるように、プロット化されてはいない。ホロコーストについてのフリートレンダーの歴史は、通常の物語論的な期待を裏切って、一方では「違和」の感情を、そして他方では「不信」の感情を生み出すような仕方で提示されている。これらのことは、ホロコーストの《安定した統合的なナラティヴ》をつくり出したいというフリートレンダーの再三の主張と、どのように折り合わされているのだろうか。

どの歴史家であれ、自分の著作を「ナラティヴ」の様式で仕立てあげることを選択した時点で、それを科学の言述から「文学」の領域へと入りこませていることになる。ナラティヴは昔から歴史叙述の「自然な」様式であると考えられてきた。しかし、ナラティヴの起源が神話、物語、寓意《アレゴリー》にあることは、科学哲学においてロゴスがミュートスから切り離されて以来、ナラティヴを科学的言述の様式としては疑わしいものにしてきた[9]。同じように、現実に起きた出来事をナラティヴ化することは、歴史小説におけるように、それらを「フィクション化」することにほかならないと考えられてきた。これに対して、フリートレンダーは、ホロコーストについての歴史を、ナラティヴ化することなく——つまり、西洋文化が始まったときから神話、宗教、文学において人生に意味を与えるさいに用いられてきた古典的なプロット構造のいずれをも用いることなく——語っている。

　しかし、ここで指摘したいのだが、ナレーション（語りの様式）とナラティヴ（語りの様式が生み出すストーリー）は区別されなければならない。フリートレンダーは、一方では主題についての彼の知識に対して、そして他方ではその主題を理解する人間としての自分の適性に対して、もっともながら自信をもってナレーションを始めている。しかし、彼の話しぶりには、大声でがなり立てるとか我を張って一歩も譲らないといったところは微塵もない。彼の語りの様式は、「中動態」によるものである。それは、語り手が能動態も受動態も展開することなく、書くという行為そのものの内部にみずからを置く語り方（あるいはいまの場合には書き方）である。そのことによって、何が言われたり語られたりしているかということと、それがどのように言われたり語られたりしているかということを区別できないようにしてしまうのである。こうして、中動態をとった言述においては、指示対象（ホロコースト）の提示と、それに帰属させられる意味のあいだのギャップは埋め合わされるか、少なくとも狭められることになる。いまの場合でいうと、描写されている出来事の意味とその真実——いつ、どこで、どのように起きたかという事実——とは完全に一致している。しかし、この一致は、いくつかある理由のなかでも、とりわけフリートレンダーがナラティヴ化することなく語っており、ある領域を描きながらも出来事を単一の流れとしてプロット化することをせず、事実の「馴致」をゆるすようなステレオタイプ化した意味構造を押しつけることに抵抗しているからにほかならない。

『絶滅の歳月』は、著者自身が「ホロコースト」を生き延びた者であり、その経験の内部から書いていることを忘れたり無視したりすることはできないことにも注意すべきである。ここから、中心的な主題があり、始まりと真ん中と終わりをもち、明確で曖昧なところのない意味が最後に啓示されるといった、伝統的で一貫性のあるストーリーをホロコーストに与えることに対するフリートレンダーの抵抗が出てくる。またここから、歴史《ヒストリー》をそれとわかる元型的な意味構造の形式（悲劇、牧歌、喜劇、諷刺劇など）をもったプロット化によって肉付けして、「何が起こったか」を説明することへのフリートレンダーの抵抗も出てくる。彼はむしろ、事件の並置と逸話の列挙に向かう年代記《クロニクル》の形式をとろうとする。フリートレンダーの個人的な経験はまた、ホロコーストが起こったのはなぜなのかを説明するにはやや「弱い」論証をおこなっていることと、その代わりに事の経緯を「それ自体に語らせる」ようにしていることにもつながっている。

こうして、フリートレンダーは、書いている出来事について〈知っているはずの者（one-supposed-to-know）〉、そしてほんとうにそれを〈経験した者（one-who-has-experienced）〉の権威をもって語りながらも、出来事の流れを事実上脱ナラティヴ化（de-narrativize）し、脱ストーリー化（de-storify）している。この脱ナラティヴ化の過程は、フリートレンダーをプルースト、ウルフ、カフカ、ガートルード・スタイン、ジョイスと同類のモダニズム作家のカテゴリーのなかに入れるのではないか、とわたしは思う。彼は、その労作で、ゆるい年代順的《クロノロジカル》なパターンを採用したことによって、ヴァルター・ベンヤミンがモダニズム的歴史叙述のために推奨したのと近い提示テクニックを使用することが可能になった。それはすなわち、「星座的布置」のジャンルであり、また「リアリズム的」というよりは「モダニズム的」な経験を描写するにあたって、概念よりも言語イメージを優先するやり方である。このことは、対象の客観的表象という科学的な理想と異なると同時に一致してもいる、とりわけ芸術的な著作の領域にわたしたちを導く。

3

フリートレンダーの特記に値する解釈の効果が科学的な言述手法よりは文学的な言述手法にもとづいていることを示すために、彼の著作から特徴的なくだりをいくつか引用することにしよう。

文学的ナレーションというのは、比喩的表現によって、テクストから個別に取り出された部分のなかで直写されている以上のことを主張したり、それとは別のことを言ったりする、言語的統一体である。これはあらゆる文学的な工夫、ジャンル、フィグーラ、喩法にあてはまる。わたしたちが言語活動を展開するさい、うっかりミス（parapraxis）が不意に割りこんでくることがある。それは、直写的表現のレヴェルで包み隠したり抑圧したりすることが意図されている「無意識なもの」がテクストに現前していることを示す。科学的言述の場合には、このうっかりミスを専門的かつ量的な術語を使用することで回避できると期待されているが、文学や芸術作品の場合は、これとは対照的である。芸術作品におけるうっかりミスは、言述に深さと拡がりを与えるやり方として意識的に利用される。この点が日常会話におけるうっかりミスと違うのはいうまでもない。

それでは、数多くの多様なユダヤ人共同体と、それ以外の共同体、人種、集団を破壊したひとつの出来事の歴史を表象するには、どうすればよいのだろうか。それらの共同体は空間、時間、文化における相互の結びつきはほとんどなく、居住することになったホスト国との関係もまちまちで、彼らの絶滅を第一の目的として製作された機械《マシーン》への反応や対応も違っていた。ここでフリートレンダーの課題とは、事実とその意味についての一貫した、しかしながら単線的ではない記述を提供することであった。ただし、それにあたっては細部の具体性と個別性を犠牲にした論証や説明を強調するようなことはしないというのが前提だった。しかし、書くという行為は必然的に単線的なかたちをとることになってしまう。そのため、彼は読者の注意をナレーションの時間的な「前と後」の軸から、言述の「表面と深部」の軸へと向かせるやり方を見いださなければならなかった。「表面と深部」の軸では、一つ一つの「言い回し」のなかに「意味」が保管されているからである。フリートレンダーのテクストは、ゆるい時間軸に整えられてわたしたちに提示されているものの、その時間的な単位は、通常有機的ないし生物学的な過程（生誕時、青年期、壮年期、老年期など）を分析するさいに用いられる機能と意味をもたない。結局のところ、『ナチス・ドイツとユダヤ人』の二巻はどちらも六年間しかカヴァーしておらず、ある書評者が指摘したように、テクストでカヴァーされている出来事についての有意味的な時間的「コンテクスト化」も提供していない。「絶滅」という概念が反復され、さまざまな事件がそれに還元され、そう名指しされることによって生み出された、一般的な主題の連続性は見受けられる。だが、主題化は論証ではない。それは一連の出来事をさまざまに再記述することによって出来事に「実質」を与えようとする文学上の（あるいは修辞学上の）戦略なのだ。

しかしながら、主題化は言述に時間を要する。そして、何人かの批評家が出来事の連なりを時間的な継起関係に変容するための「句切り（phrasing）」ないし分割と呼んでいるものを要する。「句切り」や分割とは、直写的な（あるいは言葉どおりの）平面で現われているものが、比喩的ないし寓意的《アレゴリカル》な平面で言葉どおりのものとして開示されると同時に隠蔽される意味をもっていることが示されるような層化（layering）の過程である。これらの効果――非プロット化、中動態によるナレーション、主題化、時間的継起化など――は、それとわかる文学的ないし修辞学的な工夫、テクニック、ジャンル化、喩法《トロウプ》によって生み出される。

4

このようなわけで、『絶滅の歳月』（フリードレンダーの『ナチス・ドイツとユダヤ人』の第二巻）は、畳みかけるような文学的工夫とともに開始される。これが、わたしが冒頭で言及した前付である。それはホロコーストの犠牲者（ステファン・エルネスト）が付けていた日記から引用したエピグラフとともに始まる。そのあとには「序文」が配されていて、この「序文」もまた、ある式典――一九四二年九月一八日におこなわれたダーヴィト・モフィーのアムステルダム大学医学部での学位授与式――で撮られた一枚の写真についてのエクフラシス的な（絵に描いたように生き生きとした）分析で始まる。続く『絶滅の歳月』の第一部は、ヴィクトール・クレンペラーの日記から採られたエピグラフで始まり、さらに第一部の第一章では、一九三九年九月一日にドイツがポーランドに侵攻したというニュースを聞いたヴィクトール・クレンペラーの反応を詳述した二つのパラグラフからなる逸話がある。そのあとに、同じニュースを聞いたワルシャワとウッチ〔ポーランド中部の都市〕の何人かのユダヤ人の反応を報告した三つの逸話が続いている。最後の逸話は、アダム・チェルニアコフがワルシャワ防衛ユダヤ市民委員会の議長に就任したことに狂喜する様子を語っている。そして逸話は《四日後ポーランドは降伏した》という語り手のアイロニカルなコメントで締めくくられている(ここで著者ではなく語り手と言うのは、これらを話しているのがだれなのか、わからないからである)。

わたしは、ここで言及したくだりはすべて文学的なジャンルあるいは工夫であることを指摘したい。エピグラフ、エクフラシス、逸話、注釈、そしてフィグーラ。少なくともわたしにとっては、これらのくだりは、そこに含まれると考えられる事実的「情報」とは別に、それらの形式(の実質)だけで、特別に詩的な、つまりは象徴化的(symbolizing)な種類のメッセージを発していることを意味する。

たとえば、どのエピグラフも、そこに書かれなければならないというにとどまらず、それが配されている場所と構造によって、テクストの外にある何かよりはむしろ、それが導入ないし予示する記述の内容を主として指示している。エピグラフは、それが導入するテクストの欄外に置かれている。しかし、その機能は、みずからを内テクスト化(intratextualizing)して、あとに続く作品の主題内容をその標題《タイトル》と連結させることにある。

だから、フリートレンダーの本の最初のエピグラフ、第二巻全体の導入をなすエピグラフが、書くことについてのものであり、それも極限状態で死に向かい合いながら書くことについてのものであるのは、偶然ではない。それは《ぼく自身が助かるための闘いは見込みがない。〔中略〕しかし、こんなことはどうでもよい。なぜなら、ぼくは自分の報告を仕上げることができるからであり、時がくればそれが日の目を見るだろうと信じているからである》という言葉で始まっている。

しかも、エピグラフは、たんに極限状態のもとで書くことについてのものではない。それはワルシャワで、一九四三年のいつだかに起こりはじめた奇っ怪な出来事について、「その都市の「アーリア人」の側」からの視点で「真実」を書くことは不可能であるということについてのものなのだ。エピグラフは（それはフリートレンダーの編集になるものだったが）つぎのように述べて終わっている。《そして彼ら〔いつの日かこの報告を目にする読者〕は尋ねるだろう、これは真実なのか、と。ぼくは前もって答えておく。いや、これは真実ではない、これは真実の小さな部分、ちっぽけな断片にすぎない、と。〔中略〕どんなに並外れた筆力をもってしても、全体をカヴァーしたり、リアルで本質的な真実を描くことはできないだろう》[10]。

冒頭の言葉《ぼく自身が助かるための闘いは見込みがない。〔中略〕しかし、こんなことはどうでもよい》[11]は、それを目にする者を驚かせる。それらの言葉には引用符が付いていない。だから、それを著者の言葉と受けとってしまうかもしれない――それがエピグラフの冒頭に置かれていることに気づくまでは。それがエピグラフの冒頭に置かれていることによって、わたしたちはこの言明を本来の意味での歴史叙述的言明として扱わなくてもよいことになる。言い換えるなら、その言明が真実なのか虚偽なのか、述べていることが事実なのか、それとも後続するテクストを読む手助けにすぎないのか、と尋ねることをしなくなる。しかし、エピグラフの主題については省察をめぐらせることはあるだろう。ジャンル化の規則に従うなら、この一節は続くテクストの主題を予示したり先取りしたりして、本題に向かうようわたしたちを督励していると想定されるからである。

5

考えてみると、このエピグラフ[12]は(少なくともフリートレンダーによって編集されたものを見る限り)書き手が自分自身に課した課題――《自分の報告を仕上げる》――についての一種の断言(affirmation)と、否定(denial)、あるいはより正しくは否認(disavowal)からなっている。《いや、これは真実ではない、これは真実の小さな部分、ちっぽけな断片にすぎない、と。〔中略〕どんなに並外れた筆力をもってしても、全体をカヴァーしたり、リアルで本質的な真実を描くことはできないだろう[13]》。

実のところ、そのエピグラフは書き手のイメージを象《かたど》ったエンブレム〔寓意画〕として読むことができる。書き手は極限状態にあって、自分の「報告」が将来いつの日か「日の目」を見て、そこに書かれている事実が「真実の小さな部分、ちっぽけな断片にすぎない[14]」にもかかわらず、「人々は何が起こったかを知るだろう」という可能性にいっさいを賭けている。だから、もしフリートレンダーが彼自身のテクストも「真実の断片の断片ですらない」と言うためにエルネストの日記の一節を使ったのだとしたなら、彼は極限状態で書くことについて述べている部分も自分の言葉として採用すべきなのだ。死に向かい合いながら書くということ、自分が書くものは「全体をカヴァーしたり、リアルで本質的な真実」には程遠いとしてもそれを書く価値があるということ、「何が起こったか」を語ろうとする努力は、「時がおとずれ」、人々が「何が起こったかを知る」ときには、一種の救済を見いだすだろうということに賭けながら書くということが、それである。このテクストの小さな断片のなかには、真実について書くことと、その責任を引き受けることの不可能性という、書くことの真実に関するアレゴリーがまるまる凝縮されている。そして、このことがエピグラフを、それが導入する本全体に対するひとつのコメントにしている。

この一節は文学的に記述されており、しかもフィクションとも美学ともまったく関係がないことにも注目すべきである。(15) フリートトレンダーはこの一節を彼の報告――記述(彼がおこなう記述)という仕事についてのものでもあれば、ホロコーストのナレーションにおいて期待されるような真実についてのものでもある――の開始を印づけるための、文学的工夫として使用しているのである。

フリートトレンダーはこれらのことすべてをとくに意図していたのだろうか。わからないが、彼はエルネストの日記の一節を本のエピグラフとして選んでおり、それがまさしく言おうとしていることを表現するために編集している。そして、エピグラフがおこなうと想定されているものをおこなうために、すなわち、後続する本文のテーマを指示するために、本の冒頭に置いている。この一節は、ホロコーストに関する「データ・ベース」に寄与することを意図したものではない。エピグラフは事実の記録に寄与することを意図して置かれるものではないのだ。もちろん、本体部分には、主題にかかわるさまざまな内容が豊富に盛りこまれている。しかし、テクストの冒頭に置かれているこのエピグラフの内容には、本体部分の内容とはまた異なった特別の機能がある。それは読者に、後続するテクストがホロコーストの事実についてのテクストであるのと同時に、書くことの問題、真実を語ることのむずかしさと極限状況に置かれた証言の必要性についてのテクストでもあることを告げている。このテクストのちっぽけな断片だけでも、わたしたちが目にしているのが「歴史叙述」であるのと同様に「文学」でもあることを証明するのに十分だろう。それは文学的な記述であって、しかもフィクションとも美学ともまったく関係がないのである[16]。

6

『絶滅の歳月』では、その巻全体と、ナレーションの三つの部分（「恐怖」「大量虐殺」「ショアー」）のそれぞれにエピグラフが使用されている。わたしたちの前に並べられている出来事には一種の展開の「道筋《ライン》」のようなものが存在するが、その道筋《ライン》は年代記《クロニクル》のうちにあって「これがあそこかここで起こった」というものにすぎない。フリートレンダーはこの「ゆるい《ルーズ》」年代順の配列を「時間的な」道筋《ライン》と呼んでいるが、現実には、このテクストあるいはそれが語っている出来事は時間によって整序されてはいない。「恐怖」から「大量虐殺」へ、そして「大量虐殺」から「ショアー」への転回は、ひとつの出来事の展開過程における異なる局面への移行を印づけるものではない。出来事は、ナチス・ドイツとかユダヤ人とかホロコーストといった、中心的な主題の展開を表象するようには「プロット化」されていない。もろもろの事実、逸話、エピグラフ、引用、そしてなぜホロコーストが起こったのかについての理論や思弁からなる群ないし星座の連鎖を形づくるプロット構造といったものは存在しない。テクストのひとつの部分と別の部分に存在する唯一の関係は、出来事を群にすることを可能にする「前と後」および「ここ」と「あそこ」という関係である。そして、それは同等性と同一性によってよりも相似性と隣接性によって関連づけられている。このようなわけで、「恐怖」は「大量虐殺」に先行しており、「大量虐殺」は「ショアー」に先行しているけれども、この継起のうちには空間的ないし時間的なつながりもなければ因果的な連鎖もない。また、なんらかの「プラン」が付け足されているわけでもない。それは、一方では「フロル・テウトニクス〔furor Teutonicus〔チュートン族〔ゲルマン人〕の猛威〕〕」にかかわることがらであり、他方では「忍従」状態への転落にかかわることがらである。このことは、テクストの全体をストーリーとしてよりも、一種のモダニズム的なヴァルプルギス夜祭〔古代ケルトで五月一日の春の祭りの前夜におこなわれていた魔女の夜の宴〕、メドレー〔接続曲〕ないしパスティッチョ〔混成曲〕としてとらえたい気持ちにさせる。

この本には数多くの逸話や小話〔petits récits〕が盛りこまれているが、それらはナレーションの動きを補助するよりは妨害する役割をはたしている。実のところ、フリートレンダーは、彼が報告する出来事を注釈したり解釈したりするために、逸話というジャンルを使用している。[17] フリートレンダーのテクストは様態的〔modal〕なテクストであり、その主要な説明効果は様態化、すなわち、ひとつの剝奪構造から別の剝奪構造への移行によって生み出されている、と考えることができるのではないかと思う。様態的なテクストであるということは、指示対象〔「ナチス・ドイツ」と「ユダヤ人」〕を概念的ないし範疇的に特徴づけることよりも、人物や場所や出来事を「世界への強度」の感じ《フィーリング》や、ムード、雰囲気、「気分」で比喩化することに関心があることを含意している。

このようなわけで、フリートレンダーは「第一部　恐怖」へのエピグラフとして、ヴィクトール・クレンペラーの日記の《サディスティックな機械がただただぼくたちの上を転がっていく》という言明を選択している。「サディスティックな機械」としてのナチス・ドイツというクレンペラーの比喩をエピグラフに使用することによって、フリートレンダーは抑圧のイメージを提示することができる。「ナチス・ドイツ」に関する判断を刻みつけ、被抑圧者の感じた絶望感を描き、ナチスの戦争機械の威力を一挙に、しかし一方で判断の適合性を実証したり確立したりする労をとることなく、指摘することができるのである。実際にも、このテクストでなされている判断はいずれも「サディスティックな機械」に巻きこまれて破壊されつつある者たちの声によってなされている。「サディスティックな機械」がどのように作動したかについてのフリートレンダーの報告の公正さ、平静さ、公平さ、客観性は、すべての書評者が指摘しているところである。出来事についての評価は犠牲者たちにゆだねられている。

7

こうしたことのすべては、本文第一章の冒頭に置かれた逸話によって補強される。ヴィクトール・クレンペラーの日記からのもうひとつの引用である。《九月一日、金曜日の朝、若い肉屋の少年がやってきてぼくらに告げた、〔中略〕ポーランドとの戦争が進行中だ、イギリスとフランスは中立のままだ、と。〔中略〕ぼくはエヴァに言った、モルヒネを注射するのが最善の策だろう、ぼくらの人生は終わったのだ、と》(18)。

フリートレンダーは、普通の人々、とくに犠牲者の「声」を、迫害者や傍観者の「声」とともに、ホロコーストについての報告のなかに織りこんだことで称賛されてきた。それによってフリートレンダーは個人的な経験と人間的な感情を記述のなかに注入することができたが、同時に、歴史家のテクストのうちに意見よりも確立された事実を求める要求を侵害するというリスクも冒した。わたしはフリートレンダーに、ホロコーストのような出来事の衝撃を提示するためには言明や数値よりも芸術的イメージのほうが効果的ではないか、と問い質した[19]。それに対してフリートレンダーは、《歴史叙述上の厳密な規則を守りながらも、衝撃や驚愕や否認の瞬間を表現するための〔中略〕唯一の解決策は、主として日記や手紙や〔中略〕回想記などのなかで表現されている、出来事に直面した被害者たちの反応に目を向けることなのです》と述べた。また、自分が求めたのは被害者たちの「言明」ではなくて、彼らの生《なま》の「声」であり、虐げられ抑圧された者の叫びや囁《ささや》きなのだ、と。

それに異議を唱えるわけではないが、わたしとしては『絶滅の歳月』でエピグラフとして選ばれた引用文は「生《なま》の」そして「自然的な」ものであるよりは、「芸術的」で「文学的」なものであると指摘したい。そして、実際にもそれらに力を与えているのは、その自然的な性質よりは作為的な性質である、と。要するに、それらは、語っている出来事や表現したいと思っている感情を、経験したあとで書かれているのだ。さらに、フリートレンダーのテクストでエピグラフに選ばれている引用文が出来事を語るさいに使っている言葉は、どれも直写的（あるいは本来的）というよりは、はるかに比喩的である。無理もない。それらは信じるにはあまりにも奇っ怪な出来事への反応を報告しているのだから。

わたしが言いたいのは、フリートレンダーのテクストには、ナレーションを中断してナラティヴ化を阻止すると同時に、年代順《クロノロジカル》に配列された記録のなかの事実と並んで比喩的な意味のレヴェルをつくり出す、さまざまな文学上、修辞上、言説上のジャンル――エピグラフ、エクフラシス、逸話、星座的布置、アイロニー――が豊富にあるということである。これらのジャンルは、記述が「馴致」されるのを防ぐ「違和」と「不信」の効果を生み出すという、フリートレンダーが口にする目的に申し分なく役立つ。記述のなかでこれらの効果を生み出すのに「文学的」手段以外のどのような手段がありえたというのだろうか。

しかし、わたしはすべての文学的記述をフィクショナルな記述と混同したり、詩的な発話をフィクション化と同一視したりする傾向に対して警告したい。ファクチュアルな記述――事実についての記述――も、フィクションに転化することがなくても、フィクショナルな記述――想像上のことがらについての記述――と同じく文学的でありうるのだ。フィクションとノンフィクションの区別は言述の指示対象の性質にもとづいているのに対して、文学的と非文学的の区別は発話の形式的な特性と関係していることを指摘しておきたい[20]。同一の形式的特性（ジャンル上、様態上、喩法上の）がフィクショナルなテクストにもノンフィクショナルな（あるいはファクチュアルな）テクストにも姿を見せることがあっても、いっこうにかまわないのだ。現実に起きた出来事は悲劇的なストーリーや喜劇的なストーリーを描写したものとして提示することができるし、実在する人物は小説や演劇で出会うキャラクターとして（英雄や悪漢として、王や乞食として）形象化することができる。また「コンテクスト」も場合に応じて、脅威的なものとしてや幸運なものとして、あるいは援助的なものとしてや敵対的なものとして描写することができる。同様に、これらの効果はすべて同じテクニックによって反転させることもできる。そして、このことによって、ひとが期待していたストーリーの代わりに、各部分が一体となって全体を構成するのを拒否するようなストーリーを見いだすことも可能となるのである。

重要なことは、現実に起きた出来事に意味を付与することは概念化によっても比喩化によってもできるが、パトス、とりわけ受難のパトスは、概念によってよりもイメージによっていっそう効果的に生み出されるということである。ベンヤミンは《歴史は解体して形象《イメージ》(Bilder)になるのであって、物語《ストーリー》(Geschichte)になるのではない》(『パサージュ論』N一一・四)と信じていた。ザウル・フリートレンダーの大著を要約し、それに意味を与え、主要な「理解効果」を提供しているのは、(論拠とかテーゼとか説明であるよりは)一連のイメージなのだ。

8

さきに述べたように、『絶滅の歳月』の第一部には「サディスティックな機械」というクレンペラーの比喩を引いたエピグラフが導入として置かれており、第一章も自殺を考えているクレンペラーの姿を描いた逸話とともに始まる。逸話はクレンペラーが妻のエヴァ・クレンペラーの誕生日とイギリスの参戦を祝って乾杯するところで終わっている。そして、この逸話のあとには、ワルシャワのハイム・カプランが《戦争の勃発がユダヤ人にもたらす特別の脅威を理解し》、来たるべき攻撃にそなえて町の防衛体制を固めようとするワルシャワ市民の努力にほとんど慰めを見いだすことができなかったことを示す逸話が続いている。それから場面は突然ウッチに切り替えられ、《わずか一五歳のユダヤ人少年》ダーヴィド・シェラコフィアクが日記に、ポーランド人がにわかにあらゆるドイツ的なものに対して熱狂するようになった、と書いている。そして場面はふたたび、アダム・チェルニアコフが町の防衛のためのユダヤ市民委員会を組織しつつあるワルシャワに戻る。

第二次世界大戦前夜におけるドレスデンとワルシャワとウッチの四つの異なるタイプの「普通の」人々についての四つの逸話が——そこに刻まれているコメントとともに——注目に値するのは、それらが語り手の代役を務めている仕方である。逸話は、語り手（フリートレンダー）がテクストの背後に引き下がり、登場人物たちが彼ら自身の言葉を語り、語り手を代弁することを可能にしている。語り手が受動的な客観性の立場をとっているように見えることについて、さきほどコメントしたさいに指摘したかったのは、著者が表舞台から身を退いているこの様態であった。それを中動態的なあり方だと述べようとしたのである。すでに「歴史叙述」が始まる前に、フリートレンダーは逸話を利用して、ナラティヴ化の衝動を封印し、出来事をプロット化させないようにしている。そして現実の一端を「サディスティックな機械」の受難者たちの困惑、狼狽、「信じられない」という感情の形態で挿入しようとしている。しかし、フリートレンダーはこれらの声を「芸術」としてよりは「生の《なま》」自然な声として聞こうとしている。しかし、声の使い方は芸術的な使い方以外の何ものでもない。そして、何百万というユダヤ人がいるにもかかわらず、彼らのための場所がない世界を想像させるには、芸術を利用するしかないのだ。

きっと、あなたがたはもう——さっきまでそうではなかったとしても——わたしが衒学者ないしデリダ的脱構築主義者だけがやりそうな仕方で深読みしていると考えているのではないだろうか。所詮ひとつの慣行でしかないこと、すなわち、テクストの冒頭にエピグラフを置くとか、章を逸話で始めるといった慣行について、批判的な読みですら要求しないほどの読み方をしている、と。

しかし、ここで別の逸話について考えてみてほしい。『絶滅の歳月』の「序文」(わたしたちはなおナラティヴの準テクストのなかにいる)の初めに置かれている逸話である。それは《ダーヴィト・モフィーは一九四二年九月一八日、アムステルダム大学で医学の学位を授与された》という事実の言明とともに始まる。

それから長々とした描写(description)が、ただしこの出来事そのものではなく、この出来事を撮った写真についての描写が続く。その手つきは『絶滅の歳月』の冒頭に掲げられているエピグラフについてわたしがおこなった描写とどこか似ている。[21] フリートレンダーのテクストには問題の写真は提示されていない。写真に代わって、――そしてこれが喩法論的《トロポロジカル》な所作なのだが――エクフラシス(あるイメージの言葉による描写あるいは「ワード・ピクチャー」)が提示される。指示対象(写真)そのものは提示されず(フリートレンダーは写真を掲載しようと思えばできたにちがいないにもかかわらず[22])、代わりにそれについての描写が与えられているのだ。写真に記録されている出来事についての事実的情報はある。写っているのはだれなのか、いつどこで撮られたのか、そして写真がドイツのネーデルラント占領に対する大学当局の「挑戦的行為」の記録として解釈できるのはなぜなのか、など。[23]

しかし、写真を一目見ただけでわかる意味ないし情報を解釈したあとで、フリートレンダーは《話はそれだけではない》と付言している。表面的には、わたしたちが目にしているのは《すぐそれとわかる、ごくありふれた式典》であって、《晴れがましい席で一人の若者が医療をおこなう資格を公式に認められた》のだが、《周知のように、モフィーの上着にピンで留められたJood(ユダヤ人)という記章にはまったく異なるメッセージが込められていた。ヨーロッパ大陸に居住するその「人種」のすべてのメンバー同様、新しい医学博士号取得者は殺害される運命にあることを刻印されていた》というのだ。

この言明には、写真の「内部」を見ての注解が付いている。写真には、《かすかに見える》だけだが、《特別な目的のためにわざわざデザインされた文字》で、《ヘブライ文字を想起させることを意図したのか、歪んだ、嫌悪感をかきたてるような、そして漠然とではあるが脅《おびや》かすような仕方で、それでも容易に解読可能な仕方で》、ダヴィデの星と"Jood"という語が記されている。《この刻印とその特別のデザインのうちに》フリートレンダーは《写真のなかで表象されている状況》の《精髄》とその不吉な意味を見てとる。《ドイツ人はユダヤ人を一人残らず絶滅させ、星とその刻印が表現するもの――「ユダヤ人」――を抹殺しようと懸命になっていた》。

ここにあるのは一種の入れ子(mise en abîme)、あるいは表象の表象の表象のようなものだ、と指摘することは不適切だろうか。ある出来事(《ごくありふれた式典》)を表象する表象(一枚の写真)についての(エクフラシス的な)表象のうちにフリートレンダーはさらなる表象(ひとつの兆候)を感知し、それをホロコーストと呼ばれる出来事の複合体の「精髄」であると解釈するのである。星印と"Jood"という語のうちに《わたしたちは「ユダヤ的なもの」のいかなる痕跡も、「ユダヤ的精神」のいかなる兆候も、政治、社会、文化、歴史における(実在のであれ架空のであれ)ユダヤ的現前《プレゼンス》のいかなる残滓も根絶してしまうことを狙った猛攻のかすかな反響を感知する》とフリートレンダーは述べている。(24)

この写真についてのフリートレンダーの読みは寓意的《アレゴリカル》である。一枚の写真が二つの事物ないし二つまたはそれ以上の意味のレヴェルを同時に表象しているようにみえる。しかしながら、実をいうと、モフィーの学位授与式の写真がフリートレンダーがそのなかに見いだそうとしているようなメッセージを発していると言いうるとは思えない。寓意的《アレゴリカル》な次元は、フリートレンダーと、当時アムステルダムのユダヤ人を待ち受けていた、当人たちはまったく気づいていなかった運命についての彼自身の知識によって、提供されているのである。フリートレンダーは、写真が撮られたときにモフィーやほかの者たちにはほとんど知りようもなかった意味を写真のなかに読みこもうとしている。そして、その結果、フリートレンダーが彼の本の第一巻で自分の目的であるとしていた「違和」の効果を生み出している。(25) しかし、その効果が生み出されているのは、もろもろの事実を叙述することによってであるよりは、それらを比喩化することによってなのだ。こうして、ダヴィデの星が《この特別な目的のためにわざわざデザインされた文字》で《ヘブライ文字を想起させることを意図したのか、歪んだ、嫌悪感をかきたてるような、そして漠然とではあるが脅かすような仕方で、それでも容易に解読可能な仕方で》記されていると描写するとき、フリートレンダーはすでに彼が《容易に解読可能な》とみている解釈を彼の描写のなかに組みいれてしまっているのだ。写真に代えてエクフラシスを置くという決断は、特殊に文学的な、あるいはできればこう言いたいのだが、喩法論的《トロポロジカル》な所作である。それは視覚的なイメージの場所に言葉によるイメージを置いたうえで、視覚的イメージの解釈に進む。そして、そのことによって言述のこのくだりの指示対象としての出来事に写真を代置するのである。

これは批判ではない。というのも、わたしの意見では——どの歴史家も過去の出来事を歴史的分析の可能な対象に「つくりあげる」ためには、これに似たようなことをおこなわなければならないからである。この種の所作は、テクストの現実的効果を減少させるのではなく、むしろ高める。なぜか。写真そのものは物を言わないからである。写真はなんらも言うことをしなければ、主張したり断言したりもしない。写真はそれらに声を与えるなんらかの種類のキャプションないしテクストを必要としている。これが視覚的イメージを言葉によるイメージに変容させるエクフラシスの目的なのだ。

9

しかし、ダーヴィト・モフィーの写真についての議論は、別の目的にも役立つ。それをテクストの本体への序文の冒頭に置くことによって、フリートレンダーは読者に、出来事から出来事の描写へ、さらには出来事の解釈へと動いていくために、自分がおこなった構成上の選択についての洞察を提供している。このくだりの物語論的機能は、残虐非道な行為と苦しみと死の全景を生き生きと描くために用いる文学的手法を明らかにすることにある。モフィーの写真の分析(あるいは描写、あるいは解釈)は歴史的製作物を象徴的に読むためのパラダイム――ケネス・バークが「代表的逸話(representative anecdote)」と呼び[26]、パースが「解釈項(interpretant)」と呼んだもの――として役立つ。序文の冒頭に置かれたモフィーの写真についての分析は、序文の終わりで「成就」される(寓意的な《アレゴリカル》)読みのフィグーラ(比喩・予型)として役立つのである。

たとえば、一一頁後ろの序文の最終節はこう始まっている。《モフィーの写真、彼の上着に反撥を引き起こすかのようにして縫いつけられている星とその意味に立ち戻ろう。(中略)その意味するところが理解されるやいなや、この写真は不信(disbelief)を誘発する。そのような不信は、ほとんど内臓的(quasi-visceral)な反応といってもよいものであって、知識が押さえ込みに駆けつける前に湧き起こってくる[27]》

（強調引用者）。

このくだりは《「写真の」意味するところが理解されるやいなや》、不信を《誘発する》と述べている。しかし、そんな意味であることはありえないのではないだろうか。それが意味しているにちがいないのは、ひとたび理解されたなら、写真は不信を誘発してしかるべきであるということだろう。フリートレンダーは不信を誘発されたのだろうか。何への不信だろうか。写真への不信か。写真が記録している出来事への不信か。星印と「ヨード（Jood）」という語の「意味するもの」への不信か。モフィーの上着に縫いつけられている記章が提喩《シネクドキー》をなしている状況への不信か。

これらの問いは、このコンテクストのなかで用いられている「不信」という言葉によって何を意味しているのかについての、フリートレンダーが直後に提示している定義によって答えられている。彼は述べている、《「不信」とは、ここでは、ひとが世界について直接に知覚するものの深部、通常のものでありながら「信じがたい（unbelievable）」ままにとどまっているものの深部から生じてくる何ものかを意味している[28]》と。

この定義は、控え目にいっても、特異である。統辞論的にも、意味論的にも。これはちょっとしたミス――テクストで時に生じる混乱ないし方向感覚の喪失――ではないかとわたしは思う。だから、わたしたちはいま少し立ちどまって、テクストが言っていることに付け加えてテクストが言いたがっていることを見定めるよう努めなければならない。統辞論的ないし文字どおりに読むなら、フリートレンダーの定義は《「不信」とは（中略）、①ひとが世界について直接に知覚するものの深部、②通常のものでありながら、③「信じがたい」ままにとどまっているものの深部から生じてくる何ものかを意味している》というものである。さらに続けて、フリートレンダーはこうも言っている。不信は「ほとんど内臓的な反応といってもよいもの」であって、この反応によって、あるいはこの反応のなかで、「直接に知覚するもの」として与えられるものは「信じがたい」ものになってしまう、と。この見方にもとづけば、信じがたいこと＝疑念(unbelief)というのは「直接に知覚するもの」のある側面の特質であって、それは信じがたい(*un*believable)ものでないからこそ、信じられない(*dis*believed)ものになりうるのである。しかし、どうしてまたわたしたちは真実――あんなにも多くの者たちが懸命に覆い隠そうとしたり否定しようとしたりしてきた真実、そしてほかの者たちが懸命に明るみに出そうとしてきた真実――が信じられないものになるのを願わなければならないのだろうか。

「不信(disbelief)」の通常の定義は、たんに「信じうる」ものとしてだけでなく、実際に「信じられている」ものとして提供されている考えや主張や知覚を意識的に拒絶したり否定したりすること、である。不信は、意志によって動機づけられていることによって、疑念(unbelief)から区別される。疑念の場合には、わたしは他の者たちが見たり、聞いたり、そうだと感じたりしているものを信じない、ということにすぎない。これに対して、フリートレンダーは読者に、ホロコーストについて彼がこれから語ることへの「不信」の「ほとんど内臓的な反応といってもよいもの」を起こしたいと欲している。そして、ヨーロッパの多くのユダヤ人が死の収容所とナチスによる絶滅計画のニュースを聞いたときだけでなく、収容所のなかで彼らに現に起こっていることを経験しているあいだや、家に戻ってから収容所で起きたことについて語っているあいだにも、感じていたことを読者に経験させたいと欲している《わたしはいまだにそれを信じることができない。あなたがたもわたしが語るとき、それを信じようとは思わないだろう[29]》)。不信は精神分析でいう否認（disavowal）の概念にきわめて近い。それは、フロイトの古典的な定式によると、ひと〔女児〕があるべきもの〔ペニス〕が欠如しているという事実を否認し、それを見たのだと思いこむことからなっている。否定（denial）の場合には、自分が知覚したことを否定することができる。これに対して、否認の場合には、知覚しなかったものを否定するのである。否認は、道徳的な反撥、起こるべきではなかったがゆえに信じることがむずかしいものを知覚したことから生じる「ほとんど内臓的な」嫌悪感の所産である。《なぜ天は暗くならなかったのか》というアーノ・マイヤーの問い[30]に対して、ホロコーストについてのフリートレンダーの記述は、信用するに足る説得的な答えを提供する。天が暗くならなかったのは、ナチス体制のもとでは、以前は人間的な連帯感を下支えしていたものの最後の痕跡までが完全に抹消されてしまったという、胸騒ぎがするような気付きのゆえなのだ。

それにしても、不信感がそれをただちに押さえ込みに駆けつけてくる「知識」によって脅かされている、というコメントは何を意味するのだろうか。この問いは《歴史的知識の目標は、信じられないという感覚（disbelief）を馴致し、説明して終わらせることである[31]》という「メタヒストリカルな」コメントによって答えられている。またそれと同時に、批評家たちによって通常の歴史的ナラティヴの通常の読者の通常の期待から逸脱していると受けとられるにちがいないフリートレンダーの説明、すなわち、《本書では、信じられないという当初の感覚を除去したり馴致したりしないでヨーロッパ・ユダヤ人の絶滅に関する徹底的な歴史的研究を提供したいと願っている[32]》という説明によっても答えられている。伝統的な歴史的知識はさまざまな事件や行為に直面したときに人々が抱く「不信」の契機を馴致し無力化しようとする。それらの事件や行為はどれほど奇っ怪で異様でスキャンダラスなものにみえようとも、歴史的知識によって一点の疑念もなく信じうるものにされ、その結果、それらのもつ道徳的ないし倫理的な意味内容が中和されたり抹消されたりしてしまう。歴史的知識についてのこのような特徴づけをフリートレンダーは繰り返しおこなっている。

10

「不信」についてはのちほど立ち戻ることにする。ここではさしあたり、フリートレンダーが彼の報告を時間的・空間的断片に分解したうえで、すべてを包みこむプロット化や概括やナラティヴ化をゆるさないような相対的に劣決定的な(*under*determined)集合に再度組み立てるために用いている、二つの工夫についてコメントしておきたい。逸話と星座的布置がそれである。

読者も知っているように、伝統的な物語的歴史叙述においては、出来事の時系列をプロット化されたひとつのストーリーに変容させることがそれらの出来事についての解釈であると想定されている。一連の出来事をひとつのストーリーとして把握すること、目の前で形をとりつつあるストーリーが特定の種類(ジャンル)のストーリーであり、一定の音域ないし音調(モード)で形づくられているのを認知できること——これがナラティヴ化によって生み出される出来事の解釈なのである。『絶滅の歳月』のなかでは、フリートレンダーはエピグラフを、ひとつのセクションを次のセクションに連結する蝶番《ちょうつがい》として利用している。ナラティヴ化によって凝縮された(イメージ的な)素材の総体は、水平的な(前と後の)軸から垂直的な(表面と深部の)軸へと移転させられる。垂直的な(あるいは表面と深部の)軸上での凝縮作用は、フリートレンダーが彼のテクストの第二部（「大量虐殺」）の終わりから第三部（「ショアー」）の始まりへの移行をとどこおりなく進めるために選んだエピグラフの構造のうちにその見本を見てとることができる。実際にも、第二部「大量虐殺」の終わりの頁をめくると、つぎのような頁に出会う。

第三部　ショアー　一九四二年夏―一九四五年春

それは大きなダンスホールで大勢の人たちが楽しげにダンスをしているようなものだ。何人か、幸せそうではなく、ダンスをしていない人たちもいる。ときどきこの幸せそうでない人たちの何人かが別の部屋へ連れて行かれて絞め殺される。ホールで楽しげにダンスをしている人たちはこのことにまったく感づいていない。むしろ、これが彼らの楽しさを増し、幸せを倍加させているかのようにみえる。〔後略〕

モシェー・フリンカー（一六歳）[33]
ブリュッセル、一九四三年一月二一日

モシェー・フリンカーについてはフリートレンダーのテクストのもっとあとで多くのことを知ることになる。しかし、ここでは、フリートレンダーがテクストの第三部「ショアー（一九四二年夏―一九四五年春）」へのエピグラフとして採用しているフリンカーの日記のこのくだりに注目したい。そして、なぜこのくだりが分離すると同時に結合している二つの章を構成する「事実」の集合体に「解釈」を付加した文学的な工夫であるとわたしが考えようとしているのか、その理由を説明しようと思う。

第一に、引用されているくだり自体には事実的なものは何ひとつ含まれていない。ここでわたしたちが目にしているのは、別のコンテクストであればたんに架空のシーンとみなすかもしれないようなものである。説明書きはこの文章がモシェー・フリンカーによってある時点で書かれたことを告げているが、これも真実かどうか問題視できないわけではない。しかし、なによりも注目されるのは、そのくだりが設定する舞台が、現実的というよりは空想的で奇っ怪な舞台（「大きなホール」）であるということである。そしてそれは直喩（「それは～のようなものだ」）であって、ある状況（それがブリュッセルのユダヤ人の置かれていた状況であることはコンテクストからしかわからない）を、「大勢の人たちが幸せで」「何人かの人たちが幸せでない」狂気じみたダンス・パーティになぞらえている。そのうちの一部の者たちが連れ去られて絞め殺され、残りの者たちはそんな目に遭うことがなく、絞め殺されなかった者たちは、見たところ、不運な者たちが虐殺されるのに応じて、あるいは虐殺された結果として、ますます幸せで楽しげになっていく。

そのエピグラフは第二部から第三部への、そして第六章から第七章への移行をとどこおりなく進めさせている、と言った。それはどのようになされているのか。また、移行の過程では何が起こっているのか。第一に、それは第六章を閉じるさいに用いた隠喩《メタファー》を継承している。第六章はワルシャワ・ゲットーでユダヤの子どもたちのために計画されたパーティに異議を唱える声が数多くあったという逸話で終わっている。そして、その逸話は「絶滅の歳月」の期間中のヨーロッパ・ユダヤ人の状況を特徴づける、別の隠喩《メタファー》を導入するのに役立っている。実際にも、ワルシャワ・ゲットーの指導者アダム・チェルニアコフは、ゲットーの子どもたちのために計画されたいくつかの「遊戯活動」への異議について、日記でこう評している。《ぼくはある映画のことを思い出した。船が沈没しつつある。船長は乗客を元気づけようとしてオーケストラにジャズを一曲演奏するよう命じるのだ。ぼくは腹を据えて船長を見習うことにした》(34)。次の頁でわたしたちは、沈没しつつある船上でのジャズ・オーケストラのイメージから、モシェー・フリンカーが描く「ときどき何人かの人たちが連れ去られて絞め殺された」ダンス・パーティのイメージへと連れていかれる。船が沈没するあいだ演奏しているジャズ・オーケストラのイメージは、何人かが殺害されているのに、ほかの者たちはそれを無視すると同時に、殺害される者の運命によって元気づけられているといった、狂気じみたパーティでダンスをする者たちのイメージのなかで(アイロニカルなかたちで)複製されている。二番目のイメージは一番目のイメージの「成就」と受けとることができる。そして二つのイメージはいっしょに合わさって、伝統的な歴史叙述様式のなかで報告されるどんな「事実」にとっても、過剰以外の何ものでもない記述に意味を付加する寓意的《アレゴリカル》な構造としてみることができるのだ。

11

さて、やろうと思えばこのようにして『絶滅の歳月』全体を検討することもできる。ただし、それは(非文学的なテクストも含めて)「精読」の利点を示すためだけではない。わたしの狙いは、フリートレンダーの本に見いだされる文学的な工夫、喩法《トロウプ》、ジャンル、フィグーラは自然言語が不可避的におびている「比喩」的な側面の一機能ではまったくないということ、そうした外延的な機能にくわえてさまざまな内包的意味をも担っているということを示す点にある。しかし、ある作者がエピグラフ、エクフラシス、逸話、星座的布置、注釈といった文学的工夫を用いるのは、たんに口に合わない「事実」にきれいな糖衣をほどこして、食べるのを渋っている読者にとって食べやすくするための方便ではない。それらの工夫は、ヤーコブソンが「詩的機能(poetic function)」と呼ぶものを生み出す文学的製作活動の手段と様態そのものに人々を注目させ、テクストの「徒言《ただごと》(plain speech)」的な部分に特殊な情動を付与する効果をもっている。ヤーコブソンの術語を借りるなら、言語活動の「働きかけ機能(conative function)」である。しかし、それらはテクストの「内容」の一部でもあるのだ。

こうして、フリートレンダーがモフィーの学位授与式の写真についての描写(エクフラシス)を写真そのものに代置していることは、歴史叙述におけるひとつの基本的な喩法《トロウプ》としてわたしたちの——少なくともわたしの——注意をひく。その喩法《トロウプ》とは、指示対象と目されるものを描写することによって言述の主題を創造するというものである。ある歴史的出来事を撮影した写真は、この原理の恰好の例示である。というのは、写真を描写によって置き換えることは、過去における実在的な指示対象に対する歴史家のどのような所作も、その指示対象を描写して言述のうえで指示対象の代役を務めさせることを前提とすることを示しているからである。このような置き換えをおこなったからといって、出来事の描写の写実性を減少させたりフィクション性を増大させたりするわけではない。それが意味しているのは、どのような歴史的現象の描写もその現象を歴史叙述的表象の可能な対象として構成するひとつのやり方であるということにすぎない。

わたしが見てとってきた工夫、トロウプ、フィグーラは伝統的な批評にも知られているものである。しかし、フリートレンダーはそれらを出来事の真実というよりは、むしろ「現実《リアリティ》」のうちに違和と不信のとりわけモダニズム的な(文学的)効果を生み出すために利用しているというのが、わたしの指摘したかったことである。そして歴史的現実を表象するにあたっては、このことが伝統的な一九世紀的リアリズムとそのモダニズム的代替肢《オルターナティヴ》との主要な相違を構成するのである。

注

序言

(1) 〔訳注〕ある言明の真偽はそれが事実に正確に対応しているかどうかによってのみ決定されるとする理論。古来の形而上学的実在論の流れを汲みつつ、二〇世紀になってからはバートランド・ラッセルらによって唱道された。

(2) 〔訳注〕アルフレッド・ホワイトヘッドの『過程と実在』に出てくる用語。具体を抽象と取り違えることをいう。

(3) Marie-Laure Ryan, "Truth without Scare Quotes: Post-Sokalian Genre Theory," *New Literary History*, 29, no. 4 (1998), pp. 811–830.

(4) Michael Oakeshott, *On History and Other Essays* (Oxford: Blackwell, 1983)〔マイケル・オークショット、添谷育志・中金聡訳『歴史について、およびその他のエッセイ』風行社、二〇一三年〕。

第1章

＊この章はもともと、日本の東京や京都のいくつかの大学での講演用に書かれたものである。その来日の手はずを整えてくれた友人・岡本充弘氏の好意に感謝したい。

(1) 〔訳注〕Michel de Certeau, "History: Science and Fiction," in: *Heterologies: Discourse on the Other*, trans. Brian Massumi (Minneapolis: University of Minnesota Press, 1986), p. 219. ただし、ホワイトが引用

した通りの文言はここにはなく、ド・セルトーは当該頁でつぎのように述べている。《歴史叙述の領域に出没するフィクションに正当性を認めるためには、まずもって、「文学」の形態をとる抑圧されたものが科学的として正当化されている言述の内部に存在していることを「認知・承認」しなければならない》。この文章をホワイトが要約してエピグラフとしたものと思われる。

なお、このエピグラフは原書には存在せず、本章のもとになった講演原稿にのみ掲げられていたものである（講演の詳細については本書の【監訳者解説】を参照）。しかし、本文内の一〇頁でもこのエピグラフについての言及があり、エピグラフがないと本文の理解に支障をきたすと思われたため、訳者の判断により独自に追加した。

（2）〔訳注〕W. G. Sebald, *Austerlitz* (München: Carl Hanser, 2001); English ed., trans. Anthea Bell (New York: Random House, 2001)〔W・G・ゼーバルト、鈴木仁子訳『アウステルリッツ』白水社、二〇〇三年。引用は、ホワイトの引用にあわせて細かい修正をほどこしつつ、邦訳を参照した〕。

（3）〔訳注〕同書、邦訳三頁。

（4）〔訳注〕同書、邦訳二六九頁。

（5）同書、英語版四頁、ドイツ語版一〇―一一頁〔邦訳四頁〕。

（6）George Lakoff and Mark Johnson, *Metaphors We Live By* (Chicago: University of Chicago Press, 1980, 2003)〔ジョージ・レイコフ、マーク・ジョンソン、渡部昇一・楠瀬淳三・下谷和幸訳『レトリックと人生』大修館書店、一九八六年〕。

（7）Hayden White, "Against Historical Realism," *New Left Review*, 46 (July-August 2007).

（8）〔訳注〕一七一八―一八〇〇年。スコットランドの非国教派の牧師、著述家。主著にエディンバラ大学の修辞学・文学講座の主任教授としておこなった講義録（一七八三年公刊）がある。

（9）エーリヒ・アウエルバッハ『ミメーシス』の一七―一八章を参照。Erich Auerbach, *Mimesis: Dargestellte*

Wirklichkeit in der Abendländischen Literatur (4 Aufl.: Bern und München: Francke Verlag, 1967); published in English as *Mimesis: The Representation of Reality in Western Literature* (Princeton: Princeton University Press, 1953)〔エーリッヒ・アウエルバッハ、篠田一士・川村二郎訳『ミメーシス――ヨーロッパ文学における現実描写』上・下、ちくま学芸文庫、一九九四年〕。

（10） Catherine Gallagher, *Nobody's Story* (Berkeley: University of California Press, 1994).

（11） これらブルジョワ家族を脅かすならず者の一覧は、フーコーの『性の歴史』からのものである。Michel Foucault, *Histoire de la sexualité*, Vol. I, *La volonté de savoir*, part 4, section 3 (Paris: Gallimard, 1976), pp. 136–139〔ミシェル・フーコー、渡辺守章訳『性の歴史Ⅰ　知への意志』新潮社、一九八六年、一三三―一三六頁〕。Eve Kosofsky Sedgwick, *Between Men: English Literature and Male Homosocial Desire* (New York: Columbia University Press, 1985)〔イヴ・K・セジウィック、上原早苗・亀澤美由紀訳『男同士の絆――イギリス文学とホモソーシャルな欲望』名古屋大学出版会、二〇〇一年〕。

（12） 以下を参照。Hayden White, "The Burden of History," in: *Tropics of Discourse: Essays in Cultural Criticism* (Baltimore: Johns Hopkins University Press, 1978)〔ヘイドン・ホワイト、上村忠男編訳「歴史という重荷」、『歴史の喩法――ホワイト主要論文集成』作品社、二〇一七年〕。

（13） 以下を参照。Hans Ulrich Gumbrecht, "After Learning from History," in: *In 1926: Living at the Edge of Time* (Cambridge: Harvard University Press, 1997), pp. 411–436.

（14） アウエルバッハ『ミメーシス』の一七―一八章を参照（だれもそれを重要に思わないらしいので、今一度指摘しておくが、アウエルバッハの著作の副題の「描写された現実（Dargestellte Wirklichkeit）」は、既存の英訳のように「現実の表象（Representation of Reality）」ではなく、「提示された現実（Presented Reality）」と訳すべきである）。

（15） Reinhart Koselleck, *Futures Past: On the Semantics of Historical Time* (Cambridge: MIT Press, 1985), p. 21.

（16） Jean-François Lyotard, *The Postmodern Condition* (Minneapolis: University of Minnesota Press, 1984)〔ジャン゠フランソワ・リオタール、小林康夫訳『ポスト・モダンの条件――知・社会・言語ゲーム』水声社、一九八六年〕。

（17） 西洋におけるポストモダニズム小説と、歴史小説が支配的ジャンルとして復活したことで生じた理論的問題の双方に関する研究として、以下を参照。Amy Elias, *Sublime Desire: History and Post-1960s Fiction* (Baltimore: The Johns Hopkins University Press, 2001). それより少し前、リンダ・ハッチオンは、ポストモダニズム小説は彼女が《歴史叙述的メタフィクション》と呼ぶものを産出する傾向がある、と指摘している。歴史叙述的メタフィクションとは、《フィクションを歴史的に条件づけられたものとして、歴史を言語的に構造化されたものとして》描き出すものだと、彼女は特徴づけている。Linda Hutcheon, *A Poetics of Postmodernism: History, Theory, Fiction* (New York: Routledge, 1988), p. 120.

（18） ウォルター・スコットの小説が歴史学的に不正確だという理由で、ランケはその小説に異議を唱えているのだが、他方、カートイス（Curthoys）やドッカー（Docker）が思い出させてくれるように、ランケはスコットの小説を『自伝』（一八八五年一一月）において嫌々ながらも賞賛している点に、エミリー・サザーランドは注目している。《ちょうどランケが没する前年、ランケはつぎのように記している。ウォルター・スコットの「ロマンス的‐歴史的作品」は、あらゆる言語あらゆる国民に受け入れられ、過去の行いや偉業へと参加する意識を呼び起こすという点にとくに貢献をした。スコットは一九世紀の歴史への関心を刺激したという点で重要であり、ランケも認めるように、スコットの小説は「わたし〔ランケ〕にとっても十分魅力があり、わたしもこの作品を生き生きした関心をもって読んだ〔後略〕」。しかしランケは、スコットがわかっていながら、個々の細部においてさえ、歴史的な証拠と完全に矛盾するように思える歴史的描写を作り出したことによって、自分が攻撃されたと感じていた》。以下を参照。Emily Sutherland, "Is Truth More Interesting than Fiction? The Conflict Between Veracity and Dramatic Impact in Historical Fiction," *The* And Is *Papers*, AAWP, 2007, p. 2.

(19) Toni Morrison, Foreword to the 2004 edition of *Beloved* (New York: Vintage International, 2004), pp. xvi–xvii.

(20) 以下、引用はすべて『ビラヴド』第四版の序文からのものである。

第2章

(1) ベレル・ラングは、ホロコーストは「直写的な出来事(literal event)」であるという考えの主唱者である。この「直写的な出来事」という言い方によって、彼は明白な真実以外の何ごとも語ってはならない出来事のことを言おうとしている。ラングの見解によると、ホロコーストとはその性質上、どのような詩的ないし修辞学的な装飾、そして事態をほとんど沈黙したまま畏敬の念をもって直視する以外のどのような《想像力を働かせた》扱いもあらかじめ排除する出来事なのだ。彼はこの考えを "The Representation of Limits," in: *Probing the Limits of Representation: Nazism and the "Final Solution,"* ed. Saul Friedlander (Cambridge: Harvard University Press, 1992)〔ベレル・ラング「限界の表象」、ソール・フリードランダー編、上村忠男・小沢弘明・岩崎稔訳『アウシュヴィッツと表象の限界』未來社、一九九四年所収〕から、*Holocaust Representation* (Baltimore: The Johns Hopkins University Press, 2000) をへて、*Philosophical Witnessing: The Holocaust as Presence* (Lebanon, N.H.: Brandeis University Press, 2009) にいたるまで、かずかずのテクストのなかで哲学的な巧みさと倫理的な鋭さを発揮して発展させ洗練してきた。Isabel Wollaston, "'What Can – and Cannot – Be Said': Religious Language after the Holocaust," *Journal of Literature and Theology*, 6, no. 1 (March 1992), pp. 47–

57: Zachary Braiterman, "Against Holocaust-Sublime," *History and Memory*, 2, no. 2 (Fall/Winter 2000), pp. 7-28 も参照。

(2) Carlo Ginzburg, "Just One Witness," in: Friedlander, op. cit., pp. 82-96〔カルロ・ギンズブルグ「ジャスト・ワン・ウィットネス」、フリードランダー編、上村ほか訳前掲書、九〇－一一八頁〕。

(3) わたしは最近ホロコーストに関する講義でレーヴィの『これが人間か』を教えてきた若い歴史家に会った。彼は、テクストの大半が《仕立てあげられて》いて、事実的内容にかかわることがらを台無しにしてしまっていることをいつも憂慮していると言った。

(4) Todd Presner, "Subjunctive History: The Use of Counterfactuals in the Writing of the Disaster," *Storiografia: Rivista annuale di storia*, no. 4 (2000), pp. 23-38.

(5) もちろん、ホロコーストの芸術的ないし詩的な扱いが不可避的にそれを「審美化」してしまっているような著作も大量に存在する。「審美化」という言葉が美化したり望ましいものにしたりするという言葉に翻訳できるとでもいうかのようにしてである。また同じように、一部の理論家はホロコーストの「文学的」取り扱いは不可避的にそれを「フィクション化」することになると考えているようである。まるで文学的な著作といえばフィクショナルな著作のことでしかないとでもいうようなのだ。ここで問題になるのは、この場合に使われている「審美的」とか「文学的」といった観念である。わたしは審美的なものをある物体や場面や出来事の知覚が身体器官におよぼす効果およびそのような効果の認知的な影響に関係していると受けとめている。また「文学的」という言葉によってわたしが言おうとしているのは、実在のものであれ架空のものであれ、事物に意味を与えるさいのいくつかの工夫、テクニック、シンボル化の使用のことである。「アウシュヴィッツについて何が正しく示されているのか」をめぐる論争に関する別の解釈については、Ernst van Alphen, "Caught by Images: On the Role of Visual Imprints in Holocaust Testimonies," *Journal of Visual Culture*, 1, no. 2 (2000), pp. 205-222;

Georges Didi-Huberman, *Images in Spite of All: Four Photographs from Auschwitz*, trans. Shane B. Lillis (Chicago: University of Chicago Press, 2008)〔ジョルジュ・ディディ゠ユベルマン、橋本一径訳『イメージ、それでもなお――アウシュヴィッツからもぎ取られた四枚の写真』平凡社、二〇〇六年〕を参照。

(6) Immanuel Kant, *Groundwork of the Metaphysics of Morals*, trans. Mary Gregor (Cambridge: Cambridge University Press, 1997), pp. 24-28〔カント、篠田英雄訳『道徳形而上学原論』岩波文庫、一九六〇年、五二―五六頁〕。

(7)〔訳注〕『普通のドイツ人とホロコースト――ヒトラーの自発的死刑執行人たち』(一九九六年。望田幸男監訳、ミネルヴァ書房、二〇〇七年)の著者。

(8)〔訳注〕『普通の人びと――ホロコーストと第一〇一警察予備大隊』(一九九二年。谷喬夫訳、筑摩書房、一九九七年)の著者。

(9) J. L. Austin, *How to Do Things with Words* (Oxford: Oxford University Press, 1973), p. 150〔J・L・オースティン、坂本百大訳『言語と行為』大修館書店、一九七八年、二五二頁〕。

(10) Ibid., p. 151〔邦訳二五三頁〕。

(11) Roman Jakobson, "Closing Statement: Linguistics and Poetics," in: *Style in Language*, ed. Thomas Sebeok (New York: Wiley, 1960), pp. 353-357〔ロマーン・ヤーコブソン、川本茂雄監修、田村すゞ子・村崎恭子・長嶋善郎・中野直子訳『一般言語学』みすず書房、一九七三年、一八三―二二一頁〕。

(12) Primo Levi, *Se questo è un uomo*, in: *Opere* I, a cura di Marco Belpoliti (Roma: La Biblioteca di Repubblica-Espresso, 2009)〔プリーモ・レーヴィ、竹山博英訳『アウシュヴィッツは終わらない――あるイタリア人生存者の考察』朝日新聞社、一九八〇年〕。

(13)〔訳注〕フランスの批評家ジェラール・ジュネットが『スイユ〔敷居〕』(一九八七年)で編みだした概念。《テクストにまとわりつく、テクストの一部として認定できる範囲までの衣装》のことで、《それによってあるテクストが書物となり、それによってあるテクストが読者に対して書物として提示されるもの》をいう。すなわち、著者名、タイトル、序文、挿絵など。

(14)〔訳注〕ヘブライ語聖書の律法(トーラー)の最初に登場する言葉。敬虔なユダヤ教徒たちは彼らの祈りのなかで一日二回《聞け、おお、イスラエルよ》と唱える。

(15)この詩の英訳者、ルース・フェルドマンとブライアン・スワンは、イタリア語の“meditate”に“consider”という英語をあてている〔Cf. *Shema: Collected Poems of Primo Levi*, trans. Ruth Feldman and Brian Swann (London: Menard Press, 1976)〕。わたしが“meditate”と直訳するのは、その語が「〜について深く省察する」という意味合いをもっているからである。“consideration”というのは、モンタージュとかコラージュの場合のように、もろもろのイメージや思想をいっしょにして提示するやり方である。“meditation”は“consideration”のあとにやってくる。以上のことから、わたしは《とくと考えてみよ、こうしたことがあったことを》と告げている行が〔イタリア語テクストで〕コロンで終わっており、そのあとに《ぼくはこれらの言葉をきみたちに託す》という文言が続いていることについて、説明できる。実をいうと、フェルドマンとスワンによって“consider”と訳された命令語は“commando”であって、英語の“commend”〔託す〕よりも“obey”〔従え〕の意味合いが強いのである。また、“Considerate se. . .”〔「〜かどうか、考えてみよ」〕という行頭反復文で、「〜かどうか」と間接疑問形で語られていることがらは、いまや事実である。「起こるかもしれない」ことが起きてしまったのだ。

(16)フェルドマンとスワンは“La malattia vi impedisca”を“Disease render you powerless”と訳している。

(17)Hayden White, “Figural Realism in Witness Literature,” *Parallax*, 10, no. 1 (January-March 2004), pp. 113-124.

(18) Levi, *Se questo è un uomo*, pp. 5–6〔邦訳ii頁〕。
(19) Ibid., p. 6〔邦訳ii頁〕。

第3章

(1) Alain Badiou, *Infinite Thought: Truth and the Return of Philosophy*, trans. Oliver Feltham and Justin Clemens (London and New York: Continuum, 2004), p. 62.
(2) Michael Oakeshott, *On History and Other Essays* (Indianapolis: Liberty Fund, 1999), p. 18〔マイケル・オークショット、添谷育志・中金聡訳『歴史について、およびその他のエッセイ』風行社、二〇一三年、三四頁〕。
(3) あるいはドラマの過程に属している。わたしはドラマの過程という言葉を、人間と、他の実在あるいは空想上の集団や勢力といったものとの争いを中心に描く過程という意味で用いている。そうした過程では、結末や解明部が結果にいたるまでの行為を明らかにすることになるが、過程全体のどの時点からもけっしてその結果を予見することはできない。西洋のドラマの主要なジャンルにおけるプロットの諸形式が、実際の歴史においてそれに相当するもののモデルとしての役割を果たすのは、けっしてフィクション化の仕方においてではなく、そうしたプロットが図式化するような種類の対立が、西洋のように「歴史」を有することができる種類の社会においては潜在的にありうるからである。
(4) わたしは「歴史のイデオロギー」という言葉を、歴史は過去と現在の関係を扱う科学であるだけでなく、人類が時間の経過とともに成立する過程を明らかにするうえで比類なく適した科学である、とする考え方を意味するものとして用いている。
(5) 同じことは、西洋における他の二つの歴史的過程を表わす形式、すなわち年表(annals)と年代記(chronicle)

についても言うことができる。そのようなジャンルは真に歴史科学的なモティーフを特徴としているかもしれないが、歴史叙述で了解されている約束事を満たすような、あるいは果たすようなものではない。Hayden White, *The Content of the Form: Narrative Discourse and Historical Representation* (Baltimore: Johns Hopkins University Press, 1987)所収の "The Value of Narrativity in the Representation of Reality," pp. 1-25〔ヘイドン・ホワイト、上村忠男編訳『歴史の喩法』作品社、二〇一七年、一一七－一五七頁〕参照。「歴史的な過去」を表象するさまざまな方法については、Marshall Sahlins, *Islands of History* (Chicago: University of Chicago Press, 1985)〔マーシャル・サーリンズ、山本真鳥訳『歴史の島々』法政大学出版局、一九九三年〕、Jack Goody, *The Theft of History* (Cambridge: Cambridge University Press, 2006)で提唱されている議論を参照。Goodyの序言によれば、この本のタイトルは「西洋による歴史の乗っ取り」を指している。Ian Hacking, *Historical Ontology* (Cambridge: Harvard University Press, 2002)〔イアン・ハッキング、出口康夫・大西琢朗・渡辺一弘訳『知の歴史学』岩波書店、二〇一二年〕も参照せよ。

（6）　わたしは歴史、歴史的知識、歴史意識といったようなものをめぐる議論に、ハイデガー的な用語のいくつかを取り入れようとしている。たとえば、わたしの使う「ヒストリー（history）」という用語には、マルティン・ハイデガーの『存在と時間』(*Being and Time*, trans. John Macquarrie and Edward Robinson (Oxford: Blackwell, 1962), sections 72-77)〔マルティン・ハイデガー、熊野純彦訳『存在と時間』全四巻、岩波書店、二〇一三年〕においてその言葉が有している多義性がある。さらに、わたしの使う「ヒストリアル（historial）」は「歴史的（history-like）」を、「ヒストリオロジー（historiology）」は実際の、あるいは準、疑似、自称「歴史の科学」を意味し、「ヒストリオソフィー（historiosophy）」は「わたしたちが歴史の研究から引き出すとされるたぐいの見識」、「ヒストリオグラフィー（historiography）」は「歴史についての記述」を意味する、といった具合である。あるいは「ヒストリオゴニー（historiogony）」や「ヒストリオノミー（historionomy）」もありうるかもしれない。

こうしたことは無益な行為であり、英語圏の言説のなかで採用される望みはまったくない。その第一の理由は、これらがあまりにも不可解な用語だからである。第二の理由は、こうした用語は「ヒストリー」という言葉とその多くの派生語がもつ意味を明確化する一助となるかもしれないが、その意味を曖昧にしておくことが、「ヒストリー」という言葉はなにか実在のものを表わしているとする神話を維持するために不可欠だからである。〔訳注〕“historial”は、ハイデガー『存在と時間』で“historisch”と区別して用いられている“geschichtlich”の英訳である。熊野純彦訳『存在と時間』（岩波文庫）では、前者には「歴史学的」、後者には「歴史的」という訳語があてがわれている。

(7) 「出来事」と「歴史的な出来事」を扱った文献は膨大な数にのぼる。歴史に対するあらゆる考察が出来事を議論の対象のひとつにしているはずであり、そのような議論を欠いた歴史の考察があるなら、それは「歴史」にとって何が最も大切かを理解するうえで不可欠なことを看過するものである。関連する諸問題についての便利な要約は、*Enciclopedia Einaudi* 中の Krzysztof Pomian による“evento”についての権威ある論考のなかに見つけられる。これは同じ著者による *L'Ordre du temps* (Paris: Éditions Gallimard, 1984) の第一章になっているが、同書は優れた著作であるにもかかわらず、どういうわけか概して見落とされることが多い。「事実」は「記述された出来事である」という考えは Arthur Danto, *Analytical Philosophy of History* (Cambridge: Harvard University Press, 1965)〔アーサー・C・ダント、河本英夫訳『物語としての歴史――歴史の分析哲学』国文社、一九八九年〕に由来する。

(8) Hayden White, *Figural Realism: Studies in the Mimesis Effect* (Baltimore: Johns Hopkins University Press, 1999) 所収の“The Modernist Event,”pp. 66-86 を参照。

(9) 〔訳注〕ホワイトは「モダニズム」という語を、主に二〇世紀以降に生まれた、あるいはその時代を表象するための、文学・芸術上のモダニズム、現代のメディア、技術など多義的に用いている。注8の White, “The

Modernist Event" を参照。

(10) Paul Ricoeur, *Time and Narrative*, trans. Kathleen McLaughlin and David Pellauer (Chicago: University of Chicago Press, 1984), vol. 1〔ポール・リクール、久米博訳『時間と物語Ⅰ』新曜社、一九八七年〕。

(11) Alain Badiou, *Infinite Thought: Truth and the Return of Philosophy*, chapter 2. 構造と出来事の関係は、社会科学の諸分野における出来事に関する現在の分析で最も好まれているモデルである。William H. Sewell, Jr., *Logics of History: Social Theory and Social Transformation* (Chicago: University of Chicago Press, 2005)所収の"A Theory of the Event"を参照。Mark Franko, ed., *Ritual and Event: Interdisciplinary Perspectives* (New York: Routledge, 2007)、およびStuart McLean, *The Event and Its Terrors: Ireland, Famine, Modernity* (Stanford: Stanford University Press, 2004)も参照せよ。後者は、一八四五年のアイルランドの大飢饉とその後日談にまつわるものである。この飢饉は「あの出来事」として人々に知られており、「歴史的な出来事」とは厳密には何でありうるのか、という問題をめぐって多くの議論を呼んだ。

(12) 〔訳注〕ウィトゲンシュタインの第一命題をもじったフレーズで、本章中でたびたび用いられている。

(13) Paul Veyne, *Comment on écrit l'histoire, suivi de Foucault révolutionne l'histoire* (Paris: Éditions du Seuil, 1978), p. 157.

(14) わたしは「始原」または遠い過去に対する調査者を表わす「アルカイオログラフォス(archaiolographos)」という言葉の存在を確認できていない。この言葉をわたしに紹介したのは、アテネ大学の歴史家であるアントニン・リアコスの古典期ギリシアの歴史思想に関する論文であるが、同論文はわたしの言える範囲ではまだ発表されていない。わたしがこの言葉を取り入れる理由は、初期のギリシアの歴史家たちの慣例では、近い過去あるいは最近の過去と、遠い過去あるいは絶対的な過去とのあいだには重要な区別があることが暗に了解されており、前者がのちに「歴史家」と呼ばれるようになる人々の本来対象とする領域であった、と信じたいからである。バーナード・ウィリアムズの提言では、歴史の調査が生まれるのは、かつては人間だけでなくさまざまな種類の怪物、神々、奇想天外な半神といったようなものが生息していたと考えられていた遠い過去が、突然自分たち自身とまったく同じ人々の居住する世界だとわかり、その結果、自分たち自身を理解するために用いるのと同じ解釈の原理によって把握できると考えられるようになったときである。Bernard Williams, *Truth and Truthfulness: An Essay in Genealogy* (Princeton: Princeton University Press, 2002), pp. 160–161 を参照。

(15) Ricoeur, *Time and Narrative*, p. 208〔ポール・リクール、久米博訳『時間と物語Ⅰ』、三五二頁〕。

(16) 「ストーリー」が「プロット」と対比させられるように、近現代におけるギリシア文化と言語の研究者の多くは、「ミュートス」を「ロゴス」と対比させている。しかし、ヘロドトスや他の作家らは、彼らが語る、あるいは語ろうとする「ストーリー」について述べるとき、「ミュートス」ではなくむしろ「ロゴス」という言葉を使っている。実際にも、多くの辞書が伝説、フィクション、あるいは嘘(ト・プセウドス)に対してさえ「ミュートス」をあげる一方で、「ストーリー」に対しては、それが架空の場合であれ真実の場合であれ、「ロゴス」を使っている。こうした相違は、ナレーション(ストーリーを語ること、あるいは解き明かすこと)とナラティヴ(語られたストーリー、明かされたその「結末」、そして始まりと終わりとのあいだに確立された関係)の区別を守ることを可能にしているが、ギリシア人は世界に関するいかなる「ヒストリアルな」記述をおこなうさいにも、両者を一緒くたにし、両者の相互的な含意性を認める傾向にあった。

(17) 〔訳注〕神話(myth)の語源はギリシア語のミュートス(mythos)であるが、アリストテレスらはこの語を「プロット」の意で用いている。

(18) もちろん「プロット」に相当する語は、ドイツ語にも、フランス語、イタリア語、スペイン語にも、"Handlung" "intrigue" "intreccio" "intriga" "trama" などのかたちで存在する。

(19) Frank R. Ankersmit, *Narrative Logic: A Semantic Analysis of the Historian's Language* (1983). 同書の

議論は、*A New Philosophy of History*, eds. Frank Ankersmit and Hans Kellner (London: Reaktion Books, 1995)所収の論文 "Statements, Texts and Pictures," p. 223で要約・増補され、さらにコンテクスト化されている。

(20) デイヴィッド・カーは、ナラティヴ形式は歴史の筋の範型として適したものであるという。というのは、人間は社会において自分たちの生活に秩序を与え、あらかじめ計画を立て、ナラティヴ的な人生のシナリオにしたがって行動しようとする傾向があるからである(David Carr, *Time, Narrative and History* (Bloomington: Indiana University Press, 1986))。

(21)〔訳注〕一八世紀スコットランドの詩人ロバート・バーンズを指す。

(22)〔訳注〕主人公がそれまでは説明できないでいた出来事を説明する発見をおこなう瞬間を指す。

(23) C. O. Sylvester Mawson, *Roget's Thesaurus of the English Language in Dictionary Form* (New York: Garden City Books, 1940), p. 166. 同辞典の「出来事」という見出し語のあとの「対義語」の項目には、つぎのような謎めいた指示があるだけだった――《「運命」を参照せよ》。「運命」の箇所を見てみると、《1 名詞。運命、定め、巡りあわせ、天意、悲運、運勢、因縁、宿命、将来、来世、後生、死後、あの世、後世、予想、見込み》などとあり、さらにその先には――《対義語。「出来事」を参照せよ》。わたしは果たしてどのような意味で、出来事が「運命」の「対義語」とみなされうるのかを自問してみた。すると、「出来事」はつぎのような意味で「運命」と対義的な関係にあることがわかってきた。「運命」という言葉は「定め」を意味するだけでなく、より幅広い意味で、起きたことの連鎖の「最終的な結果」を暗示する。そしてその連鎖をなす個々の単位(もしくは部分)は、それらが起こる時点までは連鎖に属していなかった出来事の「噴出」、というよりもむしろ「遮断」に、反応ないし応答するかたちで構成されている。このように考察することで、わたしは意味論上のレヴェルで出来事がナラティヴに対してもっているであろう関係を理解することができたのである。つまり、ミンクとリクールが提起したように、歴史的な出来事とは、偶然起きたことであるが、(なんらかの)ストーリーのプロットのなかに場所を有すると知覚できるようなものである。

(24) Aristotle, *The Basic Works of Aristotle*, ed. Richard McKeon (New York: Random House, 1941)所収 "On Interpretation," pp. 44-61〔早瀬篤訳「命題論」17b-24b、中畑正志ほか訳『アリストテレス全集1 カテゴリー論 命題論』岩波書店、二〇一三年〕。

(25) Hans Rämö, "An Aristotelian Human Time-Space Manifold: From *chronochora* to *kairotopos*," *Time & Society*, 8, no. 2, pp. 309-328.

(26) もちろん《特性がない(ohne Eigenschaften)》というのは、ムージルの有名な小説を示唆している。この小説の描く現代の/モダニズムの状況は、「現存在」は特性のない世界に「投げ込まれている」というハイデガーの考えにまさしく相当するものである。彷徨者、住処を求める無宿の存在としての人間には、永遠にそのような住処が与えられることはない。人間が「投げ込まれている」世界は、この「特性のない存在」にとっては、「場所」が一時的な休息所にすぎない空間だからである。Heidegger, *Being and Time*, trans. Macquarrie and Robinson, sections 45, 57を参照。

(27) 注8の "The Modernist Event" を参照。

(28) ここでわたしの言うポストモダニズムは、一九世紀の西洋で起こった、技術、産業、都市、社会の「モダニゼーション」に対するさまざまなかたちの反対ではなく、むしろ芸術上のモダニズムに対する反発として、芸術、文化、思想界で全般的に起こった運動を指している。

(29) Sigmund Freud, *Moses and Monotheism*, trans. Katherine Jones (New York: Vintage Books, 1955)〔ジークムント・フロイト、渡辺哲夫ほか訳『フロイト全集22 モーセという男と一神教 精神分析概説』岩波書店、二〇〇七年〕、とくに第三章第一部「歴史学的前提」。Michel de Certeau, *The Writing of History*, trans. Tom

Conley (New York: Columbia University Press, 1988)〔ミシェル・ド・セルトー、佐藤和生訳『歴史のエクリチュール』法政大学出版局、一九九六年〕所収の “The Fiction of History: The Writing of *Moses and Monotheism*” における本テクストの分析も参照せよ。ここでセルトーは、フロイトのテクストを小説として扱っている。

(30) 〔訳注〕ホワイトは「神話的な思考法へと引き込むスタイル」を表わす用語として、mythagogy という造語を用いている。

(31) Oakeshott, *On History*, chapter 1.

第4章

＊この論考の初出は、*Taiwan Journal of East Asian Studies*, 7, no. 1 (2010), pp. 1–19 である。

(1) ある社会における過去と現在の、生きられた経験については、ラインハルト・コゼレックの「経験の空間(Erfahrungsraum)」と「期待の地平(Erwartungshorizont)」を参照。Reinhart Koselleck, *Futures Past: On the Semantics of Historical Time*, trans. Keith Tribe (Cambridge, Mass.: MIT Press, 1985).

(2) 例として、「計量経済史」研究におけるつぎの有名な歴史叙述が挙げられるだろう。Robert William Fogel and Stanley L. Engerman, *Time on the Cross: The Economics of American Negro Slavery* (Boston: Little, Brown and Company, 1974)〔R・W・フォーゲル、S・L・エンガマン、田口芳弘・榊原胖夫・渋谷昭彦訳『苦難のとき――アメリカ・ニグロ奴隷制の経済学』創文社、一九八一年〕。

(3) ここでは特定の文学的表現ジャンルに見られる、「生きられた」あるいは「行為がなされた」時空間的な結び目を仮定したミハイル・バフチンの仕事を念頭に置いている。たとえば近代都市は一つのクロノトープであり、植民地や「フロンティア」などの辺境はまた別のクロノトープである。他には古典古代における楽園「ロクス・アモエヌス」や、帝国の大都市を結ぶ汽船が行き来する大洋、ギリシアのポリス国家、「シベリア」、そしてもちろん収容所、監獄、宣教会などが挙げられるだろう。つぎに収録された諸論考も参照せよ。Mikhail Bakhtin, *The Dialogic Imagination*, eds. Caryl Emerson and Michael Holquist (Austin: University of Texas Press, 1981). この考え方によれば、ジャンルとは、「リアル」な世界に投影される、すなわち「フィクション」化される文学形式ではなく、現実の場所・現実の時間のなかで発生した、具体的な行為の産物として理解される。あらゆる種類の文学のジャンルは、散文/詩文、写実/空想、事実/フィクションの違いにかかわらず、特定のクロノトピカルな場所でしか発生しえない出来事を指示・描写するモデルまたはパラダイムとして機能する。クロノトープは、場所についてドイツ語 "Stätte" が暗示するものに対応する(「場所」をあらわす他のドイツ語 "der Ort" "der Platz" そして "die Stelle" との対比で理解されよう)。

(4) ジャック・デリダやポール・ド・マンの脱構築論では、コンテクスト主義的と意味論的という二種類の意味作用は実際には相互に「干渉」し合い、不確定領域またはアポリアを形成するため、ある長い発話や書きものから整合性・一貫性のある主張を導き出したり、特定の言説の指示対象としてどちらの種類が定められているのかを正確に定めたりすることは、不可能であるとされる。

(5) 哲学者マイケル・オークショットは、歴史的出来事や事物のあいだに存在しうる唯一の関係性は、隣接であると論じている。つぎを参照せよ。Michael Joseph Oakeshott, *On History and Other Essays* (Oxford: Blackwell, 1983)〔マイケル・オークショット、添谷育志・中金聡訳『歴史について、およびその他のエッセイ』風行社、二〇一三年〕。

(6) Stephen C. Pepper, *World Hypotheses: A Study in Evidence* (Berkeley: University of California Press, 1966).

(7) この大きな問題を扱ったのが、一九世紀ヨーロッパにおける歴史的想像力についてのわたしの研究、『メタヒストリー』である。Hayden White, *Metahistory: The Historical Imagination in Nineteenth-Century Eu-*

rope (Baltimore: Johns Hopkins University Press, 1973)〔ヘイドン・ホワイト、岩崎稔監訳『メタヒストリー――一九世紀ヨーロッパにおける歴史的想像力』作品社、二〇一七年〕。

(8) このフレーズは、ジジェクのつぎの著作から取った。Slavoj Žižek, *The Sublime Object of Ideology* (London: Verso Books, 1989)〔スラヴォイ・ジジェク、鈴木晶訳『イデオロギーの崇高な対象』河出書房新社、二〇〇〇年〕。

(9) または、ロラン・バルトが言うように「〝事実〟が有しているのはたんにひとつの言語的な存在〔中略〕でしかない」。Roland Barthes, "Le discours de l'histoire," *Social Science Information*, 6, no. 4 (1967), pp. 65-75〔ロラン・バルト、川瀬武夫訳「歴史のディスクール」、『現代思想』八巻七号(一九八〇年六月)、一〇一―一一三頁〕。

(10) 認識論的な真実と記号論的な真実の区別について、ジェリー・フォーダーのつぎの仕事を参照せよ。Jerry Fodor, *LOT 2: The Language of Thought Revisited* (Oxford: Oxford University Press, 2008).

(11) Bernard Williams, *Truth and Truthfulness: An Essay in Genealogy* (Princeton: Princeton University Press, 2002).

(12) わたしが思うに、「事物」の言葉による描写が写真のネガフィルムのような指標的な記号ではないということは、言うまでもないことである。感光膜の表面に当たった光線が化学反応を起こすように、指示対象が描写を「引き起こす」ことはないからである。

(13) 科学的な歴史科学は、集団に所属する人間の物質的・象徴的な関係性の網の目の長期的発展を、ランダムな変異と自然淘汰で「種の起源」や「人間の進化」を解き明かしたダーウィンの理論を応用して、説明しようとするだろう。近年の一部の歴史家たちの関心が神経生物学や認知科学、また「認知の進化」に向けられているのはこのためである。人類の歴史的な段階を、認知能力の進化の過程として説明しようというわけだ。当然ここでは人類の「精神」や「知性」ではなく「脳」が、研究テーマとして好まれる。だがより重要なのは、この種の「歴史叙述」では、人間の脳の発達過程は、他の動物種の脳のそれの一部として扱われるということである。もしこれが正しければ、人間だけでなく動物たちも歴史をもつ、ということになるだろう。

第5章

(1) Saul Friedländer, *The Years of Extermination: Nazi Germany and the Jews, 1939-1945* (New York: HarperCollins, 2007); Christopher Browning, *Remembering Survival: Inside a Nazi Slave-Labor Camp* (New York: W. W. Norton, 2010). Norbert Frei und Wulf Kansteiner, hrsg., *Den Holocaust erzählen: Historiographie zwischen wissenschaftlicher Empirie und narrativer Kreativität* (Göttingen: Wallstein Verlag, 2013) への「まえおき」を見られたい。同書はイェーナ会議《ホロコーストは物語ることができるのか》の報告集である。

(2) その点に関しては、自分たちを何か言うべきものをもっているように見せようとして、自分たちの「ナラティヴ」に磨きをかけることにあたふたするアメリカ合州国の国務省や政治家たちはいうまでもなく、現代のポップ・カルチャーやビジネス・カルチャーも同様である。

(3) 〔訳注〕フロイトの精神分析理論に登場する用語で、無意識の形成物が複数の決定要因に関係しているという事実を指す。

(4) この点は、Fredric Jameson, *Valences of the Dialectic* (London: Verso Books, 2009), p. 471 によって透徹した指摘がなされている。

(5) 〔訳注〕Jonathan Littell, *Les Bienveillantes* (Paris: Gallimard, 2006)〔ジョナサン・リテル、菅野昭正・星埜守之・篠田勝英・有田英也訳『慈しみの女神たち』集英社、二〇一一年〕。

（6） Friedländer, op. cit., p. 397.

（7） 〔訳注〕「フィグーラ」という語には、旧約聖書に登場する人物や出来事が新約聖書の救済物語をあらかじめ比喩的に形象化した予型であるという意味があった。エーリヒ・アウエルバッハ、高木昌史・岡部仁・松田治訳「フィグーラ」、『世界文学の文献学』みすず書房、一九九八年を参照。

（8） 〔訳注〕一九〇八―八七年。『歴史認識の解剖』などの著作のあるアメリカ合州国の哲学者。

（9） Fernand Braudel, *On History*, trans. B. Sarah Matthews (Chicago: University of Chicago Press, 1980).

（10） Georges Didi-Huberman, *Images in Spite of All*, trans. Shane B. Lillis (Chicago: University of Chicago Press, 2008)〔ジョルジュ・ディディ＝ユベルマン、橋本一径訳『イメージ、それでもなお――アウシュヴィッツからもぎ取られた四枚の写真』平凡社、二〇〇六年〕を見られたい。

（11） Erich Auerbach, *Mimesis: Dargestellte Wirklichkeit in der Abendländischen Literatur* (4 Aufl.: Bern und München: Francke Verlag, 1967), pp. 21-22〔E・アウエルバッハ、篠田一士・川村二郎訳『ミメーシス――ヨーロッパ文学における現実描写』ちくま学芸文庫、一九九四年、四五頁〕。

（12） たとえば、Richard Evans, *The Third Reich in Power, 1933-1939* (New York: Penguin Books, 2005)を見られたい。同書では、もろもろの事実が申し分なくコントロールされており、ナチスという現象についての知識において自信に満ちあふれていて、読者が想像力を働かせる余地は何ひとつ残されていない。すべてが滑らかに進行していて、まるで伝説のようである。小説家や詩人ではなくて歴史家自身がフィクションの製作者なのだとひとに感じさせるのは、同書のような作品である。たしかに、過去は過去の人間たちにとっては、それが歴史家たちに見えているように見えることはありえなかった。歴史家たちは、どのような場面であれ、行為主体たちには想像できなかったことを見つけ出すのだ。

（13） Roland Barthes, "To Write: An Intransitive Verb?" in: *The Structuralist Controversy: The Languages of Criticism and the Sciences of Man*, eds. Richard Macksey and Eugenio Donato (Baltimore: Johns Hopkins University Press, 1966)〔ロラン・バルト、花輪光訳「書くは自動詞か?」、『言語のざわめき』みすず書房、一九八七年、一九–三五頁〕、Émile Benveniste, "Active and Middle Voice in the Verb," in: *Problems in General Linguistics*, trans. Mary Elizabeth Meek (Coral Gables: University of Miami Press, 1971)〔エミール・バンヴェニスト、河村正夫訳「動詞の能動態と中動態」、岸本通夫監訳『一般言語学の諸問題』みすず書房、一九八三年、一六五–一七三頁〕。

(14) Friedländer, op. cit., pp. xxv–xxvi.

(15) Joel Fineman, "The History of the Anecdote," in: *The Subjectivity Effect in Western Literary Tradition* (Cambridge: MIT Press, 1991), pp. 59–90.

(16) これはH・G・アドラーの「モダニズム」小説『旅』の書き出しの言葉である。H. G. Adler, *Eine Reise* (Wien: Paul Zsolnay, 1999), p. 9; 英語版はH. G. Adler, *The Journey*, trans. Peter Filkins (New York: The Modern Library, 2008), p. 7. フィルキンスの英訳本については、その翻訳のすばらしさだけでなく、同書への彼の序文における解説のすばらしさも指摘したい。また息子ジェレミー・アドラーのあとがき、「旅をする者たちだけが家への帰り道を見つけ出す」も有益である。そこでは、彼の父には《ジョイス、ウルフ、フォークナー》が書いたようなモダニズム小説を書いてやろうという意図があったことが記されている。

(17) Friedländer, op. cit., p. xxvi.

(18) わたしにとっては、このエピグラフは、過去——この場合は歴史的な過去ではなくて実用的な過去——についての記述のうちには、適切な応答が「これは真実なのか」ではなく、むしろ、「これは信じられることだろうか」といったような記述があるのではないか、という問いを提起する。あるいは、「これはフリートレンダーが「極端な出来事」と呼ぶもののコンテクストで「真実」について考える、適切な、倫理的に責任のあるやり方だろうか」と応答すべきものがあるのではないかと考えさせる。わたしは本書第2章の論考「真実と環境——ホロコーストについて（何かを語りうるとして）何が正しく語りうるのか」でこの問いに答えてみようとこころみた。

（19） H. G. Adler, *Eine Reise: Roman*. もともとのサブタイトルは“Eine Ballade”だった。そして本のスタイル（“Stil”）は作者自身によって《抒情的イロニー（Lyrische Ironie）》であるとされていた。同書への息子ジェレミー・アドラーによる「あとがき」を見られたい（p. 313）。それによると、アドラーは、フィクショナルなものでもファクチュアルなものでもなく、論理的および存在論的にこの区別に先行するような新しいジャンル、アドラーの見解によると、ジョイス、ウルフ、フォークナーのような（モダニズム的）作家たちによって達成されたような新しいジャンルをつくり出そうとこころみたとのことである。ジェレミー・アドラーは、彼の父が同書を“Eine Ballade”と呼ぶことに決めていたと報告している。このことによって、ファクチュアルなものでもフィクショナルなものでもなく、〈最終解決〉に巻きこまれることがどのような感じがしたかを表現する新しいジャンルをつくり出そうとしたというのだ。《かくて、ここではバラードはなんらかの伝統的なジャンルのことではなく、ジョイス、ウルフ、フォークナーのあいだのどこかに位置するような新しい物語形式を指して言われているのである》（p. 311）。

（20） Adler, *Eine Reise*, p. 9; *The Journey*, p. 7.

（21） Adler, *The Journey*, pp. 8–9; *Eine Reise*, pp. 9–10.

（22） Adler, *The Journey*, pp. 12–13.

（23） 〔訳注〕「無にすること、空っぽにすること」。キリスト教神学では、神の子であるイエスがみずからの特権を捨て去り、身を低くして、人間と同じく神の僕になることをいう。

（24） Friedländer, op. cit., p. xxvi.

（25） Ibid., p. xxvi.

後記

(1) 〔訳注〕サルトルが『弁証法的理性批判』で使っている術語。集合態として存在した群衆が、物質性のあらゆる水準での危難や道具性の変貌を発動条件として、共同の実践行動を起こした直後の集団現象をいう。

(2) 〔訳注〕聖体儀礼においてパンとぶどう酒がイエス・キリストの体に変化すること。

(3) 全質変化では、パンとぶどう酒の属性は不変のままだが、その実体は変化する、と想定されていることはわたしも承知している。わたしが言いたいのは、国民や国家や人民の歴史を書く伝統的な歴史家たちが愛好するような連続のなかの変化は、全質変化を裏返したものに似ていると考えられていることである。もろもろの属性のなかで起こるどのような変化も、実体の真の本性、深層にあって変化しないままの本性を露わにするのに奉仕しているにすぎないのである。

(4) 〔訳注〕Stanley Cavell, *Must We Mean What We Say?* (Cambridge: Cambridge University Press, 1969).

(5) わたしが実体-外観問題の例としてクローチェを選んだのは、彼がファシズム専制下で執筆活動をしていた偉大な思想家だったからである。

付録

(1) Hayden White, "Historical Discourse and Literary Theory. On Saul Friedländer's *Years of Extermination.*" これは二〇一一年六月、イェーナの現代史研究所に提出された論考である。近刊の Norbert Frei und Wulf Kansteiner, hrsg., *Den Holocaust erzählen: Historiographie zwischen wissenschaftlicher Empirie und narrativer Kreativität* (Göttingen: Wallstein, 2012) に収められる予定である〔同書は二〇一三年に公刊された。ホワイトの論考は pp. 51-78 に収められている。またその後、Hayden White, *The Practical Past* (Evanston,

Illinois: Northwestern University Press, 2014), pp. 75-96（本書第5章）に収録されている〕。

（2）Saul Friedländer, *Nazi Germany and the Jews: The Years of Persecution 1933-1939* (London: Weidenfeld & Nicolson, 1997); *The Years of Extermination: Nazi Germany and the Jews, 1939-1945* (New York: HarperCollins, 2007)〔ちなみに、Saul Friedländer は、英語では Saul Friedlander と表記されることが多い。ホワイトもそう表記している。しかし、ここではこの論考で主題的に取りあげられている『ナチス・ドイツとユダヤ人』の著者名が Saul Friedländer となっているのにしたがってドイツ語の表記と読みを採用することにする〕。

（3）わたしが念頭に置いていたのは、ホロコーストを広い範囲の地面や建物だけでなく、震動の場所、幅、強度を測定する道具そのものも破壊してしまう地震にたとえたジャン＝フランソワ・リオタールの譬えである。Cf. Jean-François Lyotard, *The Postmodern Condition* (Minneapolis: University of Minnesota Press, 1984)〔ジャン＝フランソワ・リオタール、小林康夫訳『ポスト・モダンの条件』水声社、一九八六年〕。

（4）ザウル・フリートレンダーは、『表象の限界を検証する』のなかで、《大半の歴史家は、事件の展開を正確に描写しさえすれば、それがおのずと解釈となり、真実をもたらしてくれると考えている》と書いている。Cf. Saul Friedlander, ed., *Probing the Limits of Representation: Nazism and the "Final Solution"* (Cambridge, Mass.: Harvard University Press, 1992), p. 7〔ソール・フリードランダー編、上村忠男・小沢弘明・岩崎稔訳『アウシュヴィッツと表象の限界』未來社、一九九四年、二六頁〕。この言明は、諸君が何が起こったかを知っているなら、すでにそれがなぜ起こったかを知っているのだ、と述べたR・G・コリングウッドの言明に似ている。

（5）このわたしの結論はフリートレンダーの仕事についてのつぎの二篇の分析に負っている。Wulf Kansteiner, "Success, Truth, and Modernism in Holocaust Historiography: Reading Saul Friedländer Thirty-Five Years after the Publication of *Metahistory*," *History and Theory*, Theme Issue 47 (May 2009), pp. 25-53; Dominick

LaCapra, "Historical and Literary Approaches to the 'Final Solution'," *History and Theory*, 50 (February 2011), pp. 71-97.

(6) Toni Morrison, Foreword to the 2004 edition of *Beloved* (New York: Vintage International, 2004), pp. xvi-xvii には以下の通り書かれている。《『ブラック・ブック』〔一九七四年にトニ・モリスンがミドルトン・A・ハリスらと共同で刊行したアフリカン・アメリカンの歴史のための資料集〕に収録されている新聞の切り抜きは、逃亡奴隷で、所有者のもとから逃亡したのち、自分の子どもたちを所有者のプランテーションに返さずに、一人を殺した(そしてほかの子どもたちも殺そうとした)ために逮捕された若い母親、マーガレット・ガーナーのストーリーを要約している。彼女の裁判は、逃亡した奴隷を所有者に返還するよう命じていた逃亡奴隷法に反対する闘争のなかで有名な裁判となった。彼女が正気であって、しかも悔悟の素振りをいっさい示さなかったことは、新聞各紙だけでなく奴隷廃止運動家たちの注目するところとなった。彼女はたしかに一途なところがあり、彼女の述言から判断するに、知性と、獰猛さと、彼女にとっての自由に必要であったもののためにはどんなリスクをも冒そうとする意欲を兼ね備えていた。／歴史的なマーガレット・ガーナーは魅力的であるが、小説家にとってはあまりにも制限が多すぎる。そこにはわたしの目的のために想像をはたらかせる余地があまりにも少なすぎるのだ。そこでわたしは彼女が考えていたのではないかと推測されることを案出してみようと思う。そして、その推測をもとに、本質においては歴史的に真実であるが、厳密には事実に即したものではないサブテクストをつくりあげ、彼女の歴史を自由、責任、女性の「場所」をめぐる現代の論争に関連させるようにしようと思う。ヒロインは恥辱と恐怖の弁解することなき受諾を代表することだろう。幼児殺しを選択したことの結果を引き受け、彼女自身の自由を要求するだろう。奴隷制という領域は手強くて前人未踏だった。読者を(そしてわたし自身を)反撥心を引き起こすような風景(それは隠されていたが、完全に姿を見せないでいたわけではなく、慎重に埋められていたが、忘れ去られていたわけではなかった)のなかに招き入れることは、声の大きな幽霊たちの住まう墓場にテントを張るようなものであった》。

(7) Saul Friedlander, Introduction to: *Probing the Limits of Representation* cit., pp. 19-20〔『アウシュヴィッツと表象の限界』、五三―五四頁〕には以下の通り書かれている。《ショアーを例外的な出来事ととらえようと、より広い歴史的カテゴリーに属するものととらえようと、そこから普遍的に妥当する意義を引き出す可能性はなんら侵害されない。困難が出現するのは、この言明が逆になったときである。普遍的な教訓は、それが十分につかみとられるためにとりたててショアーへの参照を要求してはいない。ショアーはひとつの過剰をもたらす。そして、この過剰は、言表されてしかるべきでありながらいまだに言表されないでいる何ものかについての、なんらかの種類の一般的な言明によって以外には定義されえない。わたしたちは、ひとりひとりがそれぞれ、もろもろの言葉のうちにある何ものかを見つけだそうと努めているのだ》。

(8) Richard J. Evans, *The Third Reich in Power* (New York: The Penguin Press, 2007). エヴァンズのテクストは伝統的な物語的歴史叙述の完璧な見本である。エヴァンズはストーリーを語っており、ストーリーにはプロットがあって、プロットはストーリーの終わりをその始まりに結びつける機能をはたしている。それはどのようにして《ナチスが戦争へ向こう見ずにも突き進んでいったことが第三帝国の来たるべき破壊の種子を内包することになったか》を示している。《これがどのようにして、またなぜそうでなければならなかったかが、本書の主要な問題のうちでも、全体を一貫して流れていて、各部分をひとつに結び合わせている問題なのである》(p. xvi)。このストーリーの提示様式は序文で詳述されている。《本書は、第三帝国、すなわち、ヒトラーと彼の率いる国民社会主義者たちによって創造された体制が一九三三年の夏に権力奪取を完遂した瞬間から、一九三九年九月の初めにヨーロッパを第二次世界大戦に突入させた時点までのストーリーを語る。本書で採用されるアプローチは必然的に問題別のアプローチであらざるをえない。しかし、それぞれの章の内部では、わたしは〔中略〕ナラティヴと描写と分析を混ぜ合わせ、急速に変化していく状況をそれが時間とともに展開していくままに図示することに努めた。〔中略〕ナラティヴの糸は、各章の配列によって提供されている。各章は本書が進むにつれて、しだいに戦争へと接近していくように配置されている。〔中略〕わたしは本書の構造についての〔問題別構成を採用するという〕決定が有意義なものであってほしいと希望している。しかし、その決定の論理《ロジック》は本書を初めから終わりまで連続して読む者にだけ明らかになるだろう》(p. xv)。エヴァンズの言明は、彼の本をどのように読むべきかについての指示としても、潜在的な読者への約束としても、見ることができる。著者は事実上、ナチスが一九三三年と一九三九年のあいだにドイツで権力を強化した過程についての伝統的な種類のナラティヴ化された(あるいはストーリー化された)説明を与えるという契約をしているのである。そしてこの契約のあとには七一二頁の問題別構成をとったナレーションが続いており、一一三頁の注と、四一枚の図版と、二二葉の地図と、七三頁の書誌と、四一頁の索引が《本書をたんに参考書として使いたいと思っている人たち》のためにと称して)付されている。エヴァンズはたしかに彼の潜在的読者との契約を十分になしとげてみせた。それも「すばらしい」、「威厳のある」、「読む者の心を捕らえる」、「生き生きとした」、「印象的」、「流麗な」などと称賛されてきた散文によってである。

(9) ロゴスとミュートスの関係を補完的なものから対立的なものへ変容させるというのは、近代の科学哲学においてはじめて主題化された論点である。古典古代のギリシアにおいては、両者はそのようにはとらえられていなかった。ロゴスは「話」という意味であり、ミュートスは「筋《プロット》」という意味であった。ところが、近代では、それぞれが「理性」と「神話」という意味をもつようになる。まるで神話のうちには理性は存在しえず、理性のうちには神話は存在しえないかのようなのだ。

(10) Friedländer, *Nazi Germany*, vol. 2, p. viii. この文章には別の英訳がある。《ぼくは体力が衰えつつあるとはっきり感じている。ますます不愉快になるばかりだ。〔中略〕自分の救出のための闘いは見込みがなくなりつつある。〔中略〕ここ、壁のこちら側では〔中略〕。しかし、こんなことはどうでもよい。なぜなら、ぼくはぼくの報告を完成させることができるからであり、時がくれば日の目を見るだろうと信じているからである。〔中略〕そして人々はそれがどのようなものであったかを知るだろう。〔中略〕そして、これは真実なのか、と訊ねるだろう。前もってぼくは答えておこう。いや、これは真実ではない、これは真実の小さな部分、ちっぽけな断片にすぎない、と。本質的で、絶対的で、ほんとうの真実は、最善の筆力をもってしても再現できない。なぜなら、それは信じがたいほど残酷で現実離れしているため、全体としても断片としても正常な人間の想像力によっては捕らえることができないからである。正常な頭脳では、知覚したり耳にしたりしたありとあらゆる残虐行為をたとえ何カ月も何年もかけて書きとめようとも、この底なしの悪を吸収し記憶することはできないだろう。目は見ており、耳は聞いていたが、意識は把握することができず、心はすでに感じていなかったのだ。なぜなら、それはそもそも人間向きのものではなかったからである》。Stefan Ernest, *O wojnie wielkich Niemiec z Żydami Warszawy 1939-1943*（Warszawa: Czytelnik, 2003）, p. 354 のこの英訳は、ヴワド・ゴジックによるものである。わたしのためにポーランド語のテクストを見つけてくれた、現在ワルシャワで研修中のカトリーナ・ストールに感謝する。フリートレンダーはエピグラフのために彼が使ったヴァージョンの出典を明示していない。しかし、それは Lucjan Dobroszycki, ed., *The Chronicle of the Lodz Ghetto, 1941-1944*（New Haven: Yale University Press, 1984）から採られたのではないかと思う。同書は彼の本の文献目録に入っている。なおまた、エルネストの日記から採られたこのくだりのフリートレンダーのヴァージョンは、ミハウ・グリュンベルクによって公刊された英訳とは若干相違している。Cf. Michal Grynberg, ed., *Words to Outlive Us: Eyewitness Accounts from the Warsaw Ghetto*（London: Granta Books, 2003）, p. 334, quoted in a review by Tim Cole, in: *The Guide to Historical Sources*, issue 7, *The Holocaust* ——《ぼくは穴に隠れて、新鮮な空気を吸うこともなく、しっかりと栄養を摂ることもなく、鉛管工として十分な働きをすることもなく、なんらかの変化の見通しもないまま、ぐずぐずと生きつづけている。そして過ぎ去っていく一刻一刻がとても貴重だ。ぼくは体力が衰えていくのを感じている。空気が欠乏しているために窒息しそうなのを感じている。個人的な生き残りのための闘いは見込みがなくなりつつある。ここ、壁のこちら側では――。しかし、こんなことはどうでもよい。なぜなら、ぼくは報告を完成させることができるからであり、時がくれば日の目を見るだろうと信じているからである。[省略符号なし]そして人々は何が起こったかを知るだろう。[省略符号なし]そして、これは真実なのか、と訊ねるだろう。前もってぼくは答えておこう。いや、これは真実ではない、これは真実の小さな部分、ちっぽけな断片にすぎない、と。本質的な真実、ほんとうの真実は、どんなにすぐれた筆力をもってしても描写することはできないのだ》。

(11) 『ジューイッシュ・デイリー・フォワード』のインタビュアーがフリートレンダーに質問した。《あなたはあなたの本のエピグラフをステファン・エルネストとかいう一九四三年にワルシャワの「アーリア人」地区に隠れて生活していたユダヤ人の日記から採っておられます。〔中略〕ここであなたは謙遜の気持ちを表明しようと努めているようにみえます。しかし、ここにはどこか虚勢めいたものもあると感じるのですが、まちがっていますか。あなたは自分が「強大な筆力」を揮っていると感じませんか》。これにフリートレンダーはこう答えている。《わたしはわたしの仕事を過小評価しようなどとは思っていません。書いておきながら、「これは価値がない」というのは、奇っ怪なことでしょう。しかし、わたしはそのエピグラフをごく単純かつ直接的に受けとっています。なんらの幻想ももたないようにしないといけません。わたしたちは努力しますし、努力すべきですが、これは真実の断片の断片ですらないのです》(強調引用者)。「わたしはそのエピグラフをごく単純かつ直接的に受けとっています。なんらの幻想ももたないようにしないといけません」とはどういうことだろうか。もしこれがフリートレンダーの言わんとしていたことであったのなら、彼はそのことを単純かつ直接的に言うこともできたはずである。ところが彼はトロウプ、つまりはエピグラフを使ったのだった。

(12) このエルネストのテクストのマルタ・ミウォドコフスカ Marta Młodkowska の編集になるポーランド語版については、Stefan Ernest, *O wojnie wielkich Niemiec z Żydami Warszawy 1939-1943* cit., p. 354 を参照。

（13） Friedländer, *Nazi Germany*, vol. 2, p. viii.

（14） Ibid., p. viii.

（15） フリートレンダー『ナチス・ドイツとユダヤ人』の第二巻『絶滅の歳月』ではエピグラフが重要な役割を演じている。第一巻『迫害の歳月』では、一つのエピグラフしか付いていない。それは同書全体の導入の役割を果たしていて、〈最終解決〉の建設者の一人による、《わたしはドイツでユダヤ人であろうとは思わない》（ヘルマン・ゲーリング、一九三八年一一月一二日）という、たった一言の直接的な言明からなっている。このエピグラフとエルネストの日記からとられたエピグラフのあいだの相違は、フリートレンダーのテクストの二つの巻のあいだに存在する相違を指示している。ひとつは「迫害」について記述したものであり、もうひとつは「絶滅」について記述したものなのだ。

（16） 神秘化された「文学」の概念から区別されたものとしての文学的記述という概念は、わたしのテーゼにとって決定的な意味をもつ。文学的記述は、そこではヤーコブソンが会話の詩的かつメタ言語的機能と呼んでいるものが支配している、ということで同定することができる。文学的なモダニズムが出現する以前には、リアリズム的な記述は事実の世界を指示する機能が支配していることと同一視されていた。これに対して、モダニズム的記述は指示性という考え方自体を問題視しており、力点が指示対象から指示の様態および手段の問題に移転するところにまで指示性というものの価値を減じている。モダニズム的な文学的記述においては、現実とさらには「歴史」さえもが、目と耳に対して与えられたものというよりは、むしろ曖昧化され隠されたものとしてしか現前しないのだ。

（17） Cf. Joel Fineman, "The History of the Anecdote: Fiction and Fiction," in: *The Subjectivity Effect in Western Literary Tradition: Essays toward the Release of Shakespeare's Will* (Cambridge: MIT Press, 1991). 逸話は低級なジャンルだという考えに対抗して、ファインマンは逸話をナラティヴ化の過程で失われて

しまうか、少なくとも抑圧されてしまう歴史叙述行為の基礎単位（歴史素）として再評価しようとしている。逸話の還元不可能性は、ナラティヴ化をくわだてる者に自分が「プロット」のなかに組みいれようと努めている歴史過程が「現実には何であるか」を想い起こさせるのに役立つ。

（18） Friedländer, *Nazi Germany*, vol. 2, p. 3.

（19） わたしは自分が心に思い描いているもののモデルとしてH・G・アドラーの『旅』を示唆した。わたしの見るところ、『旅』はあらゆる「事実」を除外したあとでホロコーストを表象するための比喩やトロウプのまぎれもない語彙集とみなしうる。フリートレンダーとわたしとは、アドラーの本が「フィクション」とみなされるべきであるかどうか、をめぐって意見を異にしている。わたしはアドラーの『旅』をホロコーストを表象するという問題に直面したさいに事実とフィクションの二分法そのものを脱構築するひとつのくわだてであるとみている。それは事実でもなければフィクションでもないのであって、リンダ・ハッチオンとエイミー・エリアスのいう意味でのメタフィクショナルなものなのである。それは、ホロコーストのような出来事のフィクショナルな提示と事実的な提示を対比するだけでは、出来事の幽霊的な側面にいかに適切に対応できないか、を示している。そのような側面に関しては、事実は奇っ怪なものにみえ、フィクションのほうがそれらについての単純なクロニクルないしヒストリーよりもはるかに忠実であるようにみえるのである。西洋におけるポストモダニズム的小説と支配的なジャンルとしての歴史小説の復活によって持ちあがった理論的論争を概観したものとしては、Amy Elias, *Sublime Desire: History and Post-1960s Fiction* (Baltimore: The Johns Hopkins University Press, 2001)を見られたい。また何年か前、リンダ・ハッチオンは、ポストモダニズム的小説は彼女が《歴史叙述的メタフィクション》と呼ぶものの生産に没頭してきた、と指摘した。そして《フィクションは歴史の制約を受けており、ヒストリーは言説的に構造化されている》ことを明らかにした点にポストモダニズム的小説の特色がある、と述べている。Linda Hutcheon, *A Poetics of Postmodernism: History, Theory, Fiction* (London & New York:

Routledge, 1988), p. 120.

(20) この「フィクション」の「指示関係本位」的とらえ方についてはDorrit Cohn, *The Distinction of Fiction* (Baltimore: The Johns Hopkins University Press, 1999)を見られたい。

(21) ここでさらに衒学者ふうになるのを許してほしい。エクフラシス(descriptio〔言葉による描写〕)というジャンルは、典型的には、美術史家たちによってある芸術作品の視覚的要素の直写的描写から象徴的な意味を抽出するために用いられている。

(22) わたしはフリートレンダーに手紙を書いて、写真を掲げなかった理由について訊ねてみた。すると、自分は意識的に写真を公表しないと決めたわけではないが、写真について描写したことは写真を公表していても同じだっただろう、という返答があった。テクスト論的な観点からは、写真が公表されず、その場所に写真についての言葉による描写が置かれているということは、ひとつのトロウプを作成しているということを意味している。

(23) Friedländer, *Nazi Germany*, vol. 2, p. xiv.

(24) Ibid., p. xiv.

(25) 『迫害の歳月』への序文で、フリートレンダーは《その特別の過去を「馴致」し、継ぎ目のない説明と標準化された演奏によってその衝撃を緩和しようとするわたしたちの傾向に逆らって、違和感をつくり出すという目的をもって》《現実のまったく相異なるレヴェルを対置させる》という、彼の願望によって要求された「ナレーション」における「移動」について語っている。《その違和感は、体制の不運な犠牲者たちの、不条理であるとともに不吉な現実についての、冷え冷えとした平常の外装の下に潜んでいるまったく奇っ怪で凍りつくような世界についての知覚を反映しているようにわたしにはみえた》というのだった。Friedländer, *Nazi Germany*, vol. 1, p. 5.

(26) Kenneth Burke, *A Grammar of Motives* (Berkeley: University of California Press, 1969), pp. 59-61〔ケネ

ス・バーク、森常治訳『動機の文法』晶文社、一九八二年、八三―八五頁〕。

（27）Friedländer, *Nazi Germany*, vol. 2, p. xxvi.

（28）Ibid., p. xxvi.

（29）フリートレンダー『絶滅の歳月』の最終節、および『表象の限界を検証する』に収録されているジェフリー・ハートマンの論考を見られたい。

（30）〔訳注〕Arno Joseph Mayer, *Why Did the Heavens Not Darken? The "Final Solution" in History* (New York: Pantheon Books, 1988).

（31）Friedländer, *Nazi Germany*, vol. 2, p. xxvi.

（32）Ibid., p. xxvi.

（33）Ibid., p. 397. Moses Flinker, *Young Moshe's Diary: The Spiritual Torment of a Jewish Boy in Nazi Europe*, edited by Shaul Esh and Geoffrey Wigoder (Jerusalem, 1971) から採られている。原文はヘブライ語。

（34）Friedländer, *Nazi Germany*, vol. 2, p. 395.

【監訳者解説】ホロコーストをどう表象するか
――「実用的な過去」の見地から――

上村忠男

本書の著者、ヘイドン・ホワイト(Hayden V. White, 1928-)は、一九七三年に世に問うた『メタヒストリー――一九世紀ヨーロッパにおける歴史的想像力』によって世界の歴史学界に衝撃を与えたことで知られるアメリカ合州国の批評家である。以下、本書に先立ち作品社から刊行されたヘイドン・ホワイト著、上村忠男編訳『歴史の喩法――ホワイト主要論文集成』(二〇一七年)の「解題」と重複する記述もあるが、基本的な情報を示しつつ、本書の位置づけについて説明する。

ホワイトは、一九五一年、ウェイン州立大学(ミシガン)を卒業後、ミシガン大学の大学院に進学し、一九五五年、「グレゴリウス七世からクレルヴォーの聖ベルナールにいたるまでの教皇権理想をめぐる抗争――とくに一一三〇年の教会分裂について」で同大学から博士号を授与されている。

一九五八年から六八年までロチェスター大学(ニューヨーク)、一九六八年から七三年までカリフォルニア大学ロスアンジェルス校の歴史学部で教え、一九七三年から七七年まで同校の人文学センター長。さらに一九七六年から七八年までウェズリアン大学(コネチカット)で歴史・文学教授をつとめたのち、一九七八年、カリフォルニア大学サンタ・クルーズ校人文科学部に新設された「意識の歴史(History of

Consciousness)」コースの教授に就任し、同コースを合州国における代表的な革新的かつ学際的コースのひとつに育てあげる。一九九五年に同職を退いてから二〇一四年までスタンフォード大学で比較文学・ドイツ研究のコンサルティング・プロフェッサーをつとめた。現在、カリフォルニア大学サンタ・クルーズ校名誉教授。一九九一年にはアメリカ芸術・科学アカデミーの会員に選出されている。

刊行された編著・著書に以下のものがある。

- 『自由主義的ヒューマニズムの出現――西ヨーロッパ思想史　第1巻　イタリア・ルネサンスからフランス革命まで』*The Emergence of Liberal Humanism: An Intellectual History of Western Europe,* vol. I: *From the Italian Renaissance to the French Revolution* (New York: McGraw-Hill, 1966)(Willson Coates, J. Salwyn Schapiro との共著)
- 『歴史の利用法――ウィリアム・J・ボッセンブルークに献げられた思想史・社会史論集』*The Uses of History: Essays in Intellectual and Social History Presented to William J. Bossenbrook* (Detroit: Wayne State University Press, 1968)(編集)
- 『ジャンバッティスタ・ヴィーコ――あるひとつの国際シンポジウム』*Giambattista Vico: An International Symposium* (Baltimore & London: The Johns Hopkins University Press, 1969)(Giorgio Tagliacozzo との共編)
- 『ケネス・バークを表象する』*Representing Kenneth Burke* (Baltimore & London: The Johns Hopkins University Press, 1969)(Margaret Brose との共編)

- 『自由主義的ヒューマニズムの試練――西ヨーロッパ思想史　第2巻　フランス革命以降』*The Ordeal of Liberal Humanism: An Intellectual History of Western Europe*, vol. II: *Since the French Revolution*（New York: McGraw-Hill, 1970）（Willson Coatesとの共著）
- 『ギリシア＝ローマ的伝統』*The Greco-Roman Tradition*（New York: Harper & Row, 1973）
- 『メタヒストリー――一九世紀ヨーロッパにおける歴史的想像力』*Metahistory: The Historical Imagination in Nineteenth-Century Europe*（Baltimore & London: The Johns Hopkins University Press, 1973）
- 『言述の喩法――文化批評論集』*Tropics of Discourse: Essays in Cultural Criticism*（Baltimore & London: The Johns Hopkins University Press, 1978）
- 『形式の内容――物語的言述と歴史的表象』*The Content of the Form: Narrative Discourse and Historical Representation*（Baltimore & London: The Johns Hopkins University Press, 1987）
- 『フィギュラル・リアリズム――ミメーシス効果の研究』*Figural Realism: Studies in the Mimesis Effect*（Baltimore & London: The Johns Hopkins University Press, 1999）
- 『物語というフィクション――歴史・文学・理論（一九五七－二〇〇七）』*The Fiction of Narrative: Essays on History, Literature, and Theory, 1957-2007*（Baltimore: The Johns Hopkins University Press, 2010）（Robert Doran編）
- 『実用的な過去』*The Practical Past*（Evanston, Ill.: Northwestern University Press, 2014）

そのほか、日本でも讃井鉄男によって訳され、一九五九年に未來社から出版されたカルロ・アントー二『歴史主義から社会学へ（*Dallo storicismo alla sociologia*）』（一九四〇年）の英訳を手がけている（Carlo Antoni. *From History to Sociology: The Transition in German Historical Thinking* (Detroit: Wayne State University Press, 1959)。

歴史という重荷

以下、本書との関連に留意しながら、ホワイトの仕事の概要をかいつまんで見ておく。ホワイトはミシガン大学に提出した博士論文をまとめなおし、「クルニューのポンティウス、ローマ教皇庁、そしてローマにおけるグレゴリウス改革運動の終焉」（一九五八年）と「グレゴリウスの理想とクレルヴォーの聖ベルナール」（一九六〇年）という、歴史学的な内容の二本の論文を世に問うた[(1)]以外にも、二〇世紀に入ってからのイギリス歴史思想の変遷について論じた「コリングウッドとトインビー」（一九五七年）[(2)]や、ベネデット・クローチェの歴史観念が彼の死後一〇年が経過してもなお「変わらざる重要性」を保持していることを指摘した論考（一九六三年）[(3)]など、歴史思想にかんするいくつかの論考を発表してきた。

しかし、学問としての歴史についての本格的な理論的考察がなされるのは、一九六六年の論考「歴史という重荷」[(4)]をもって嚆矢《こうし》とする。歴史は芸術と科学の中間にあって両者を媒介する役割をはたしているというのが、一九世紀後半における大半の歴史家に共通した自己了解であった。「歴史という重荷」では、このことが確認されたうえで、二〇世紀に入るとともに、こうした歴史家の自己了解の現実的有効性にたいする疑問や批判が、社会科学者だけでなく、芸術家のあいだからも提起され、歴史は現在を生きる人々にとって桎梏《しっこく》ないし重荷でしかないという意識が支配的になっていったことが、いくつかの代表的な小説作品に即して明らかにされる。そして現代における「歴史家の責務（the burden of the historian）」は「歴史という重荷（the burden of history）」から現在を解き放つことにあると主張される。

ホワイトによると、一九世紀の前半、「歴史の黄金時代」の著作家たちは——哲学の分野におけるヘーゲルにしろ、小説の分野におけるバルザックにしろ、歴史叙述の分野におけるトクヴィルにしろ——歴史家の責務とは、人々を歴史という重荷から自由にする道徳的な責任にほかならないと解釈していた。ところが、一九世紀の後半以来、歴史はますます、複雑なもののなかに単純なものを見いだし、見慣れないもののなかに見慣れたものを見いだそうとする「健全な」者たちの避難所になってきた。しかし、現在の世代が必要としているものがあるとするなら、それは《現代生活におけるダイナミックで分裂と崩壊を招来しかねない諸力に英雄的に立ち向かおうとする意志》にほかならない、というのがホワイトの主張だった。

これは、ホワイト自身が論考中で認めているように、ニーチェの『反時代的考察』第二論文「生にとっての歴史の利害」（一八七四年）における歴史学批判に共感した実存主義者たちの立場に依拠した主張である。しかし同時に、そこには当時ホワイトが親炙《しんしゃ》していたベネデット・クローチェの『思考としての歴史と行動としての歴史』（一九三八年）における「歴史からの解放としての歴史叙述」という規定との連関もうかがわれる。(5)

また、現代の芸術家たちが開発した新しい表現技法を歴史叙述において意味ある仕方で利用しようと努めている数少ない歴史家の一人として『死に抗する生』（一九五九年、邦題『エロスとタナトス』）のノーマン・O・ブラウンの名が挙げられているのも、目を惹く。ホワイトによると、ブラウンは意識の与件のすべてを存在論的に同一のレヴェルに還元したうえで、それらをあざやかで衝撃的な方法で対置、対合、還元、歪曲してみせることによって、わたしたちがもろもろの社会的命令に応答するなかで抑圧していた材料を新たな光のもとで見るよう読者に強いるという。要するに、ブラウンは彼の著作のなかで、「ポップ」アーティストやジョン・ケージが「ハプニング」のなかで追求しているのと同じ効果を達成しているというのである。

ここで言われている現代の芸術家たちが開発した新しい表現技法を、ホワイトは一九九〇年代以降、「モダニズム(modernism)」と呼ぶようになる。そして、それは二〇世紀という時代に出現した未曽有の「モダニズム的な出来事(modernist events)」(二次にわたる世界大戦、大恐慌、核兵器と情報伝達テクノロジーによって可能になった新しい種類の軍事作戦、人口爆発、環境破壊、大規模な飢饉や飢餓、「近代化された」体制によって意識的に採用された政策としてのジェノサイドの出現)に適合的な表現技法として案出されたものであるとホワイトはいう。本書のなかでも、彼がそうした「モダニズム」的作品の代表例とみる、アウシュヴィッツからの生還者プリモ・レーヴィの『これが人間か』(一九四七年、邦題『アウシュヴィッツは終わらない』)などを取りあげつつ、ホロコーストという「モダニズム的な出来事」をどう表象するかをめぐって「実用的な過去」という観点から思索をめぐらせているが、その胚芽はすでに一九六六年の論考「歴史という重荷」のうちに認められるのだった。ここからは、ホワイトという批評家の仕事にはそれを終始支え導いてきた根本的な動機の存在することがうかがわれる。「実用的な過去」という概念との関連でいうなら、一九六六年の論考中にも、《ブラウンは史料を利用するが、しかしそれらをまさしくひとが同時代の経験を利用するのと同じような仕方で利用する》とあることに留意したい。

「歴史の詩学」

ついでは、一九七三年に刊行された『メタヒストリー――一九世紀ヨーロッパにおける歴史的想像力』(6)。同書は、歴史を記述した作品を《物語性をもった散文的言述の形態をとった言語的構造体》と受けとめたうえで、その構造体のメタヒストリカルな形式的分析をこころみたものである。歴史記述という行為は本質的に詩的な行為であり、歴史家が調査・研究したことがらを記述するにあたっては、メタファー(隠喩)、メトニミー(換喩)、シネクドキー(提喩)、アイロニー(反語)の四種類からなる喩《ゆ》のうちのどれかが用いられるとする。そして、それらが前認知的に受容されたパラダイムとして「ヒストリカル・フィールド(historical field 歴史の場)」を構成し、記述の深層で規定的に作用しているというのがホワイトの分析だった。また、歴史家による「説明」の特色は悲劇、喜劇、ロマンス、諷刺劇のいずれかのプロット・タイプを用いた「プロット化による説明」である点にも注意がうながされている。

ちなみに、この時期、ホワイトはみずからを構造主義者であると称しており、折あるごとにクロード・レヴィ＝ストロースやミシェル・フーコーやロラン・バルトの著作への親近感を表明している。そして右に見たようなホワイトの「歴史の詩学」ないし現実への喩法論的《トロポロジカル》なアプローチと、構造主義者／ポスト構造主義者たちの言語観に共通するものがあるのは事実である。しかし、ホワイトの論集未収録論考を集めた『物語というフィクション』(二〇一〇年)の編者ロバート・ドランも指摘しているように(7)、ホワイトの出発点はソシュールの記号論ではなく、一八世紀ナポリの哲学者ジャンバッティスタ・ヴィーコの、キケロ以来の古典的ヒューマニズムの流れを汲むレトリック論であったことを見過ごしてはならないだろう。

じじつ、わたしなども『メタヒストリー』でくわだてられている現実への喩法論的《トロポロジカル》なアプローチから少なからぬ示唆を得た一人であるが、そのわたしの目を惹いたのも、ソシュールの衣鉢《いはつ》をつぐフランスの構造主義者／ポスト構造主義者たちの「言語論的転回」の潮流との共通性もさることながら、なによりもヴィーコのレトリック論との親近性であった。わたしは当時、歴史学は社会科学の補助学としての地位から脱却して、本来の土壌である人文的教養の原点に立ち戻ったところから起死回生を図るべきではないかと考えていた。そして、そのための手がかりとなるものをヴィーコのレトリック論のうちに探し求めていた。(8) そのわたしの問題意識と通底するものが『メタヒストリー』、とりわけその序論「歴史の詩学」からはうかがえるのだった。

転機――〈最終解決〉と表象の限界

ところが、一九九〇年春のことである。このホワイトの「歴史の詩学」ないし現実への喩法論的《トロポロジカル》なアプローチに代表される〈表象の歴史学〉と呼びうる立場にとって、決定的といっても過言ではない深刻な事態がおとずれる。カリフォルニア大学ロスアンジェルス校で「〈最終解決〉と表象の限界」をテーマにした会議が開催されたのだ。

会議の記録は『表象の限界を検証する――ナチズムと〈最終解決〉』と題して一九九二年にハーヴァード大学出版会から刊行されたが、同書の編者ソール・フリードランダー（ドイツ名ザウル・フリートレンダー）が序文で証言しているところによると、一九八九年、当時カリフォルニア大学サンタ・クルーズ校の教授をつとめていたホワイトと、その年からボローニャ大学との兼任でカリフォルニア大学ロスアンジェルス校でも教鞭をとることとなったイタリアの歴史家カルロ・ギンズブルグとのあいだで《歴史、事件、言述》をめぐって討論が交わされたという。[9]

討論会の記録はおおやけになっていない。しかし、『メタヒストリー』に代表されるホワイトの立場にたいして、文学理論家たちは歓迎する向きがあった一方、歴史家たちの反応はといえば、おおむね無視を決めこむか、そうでなければ批判的なものであった。なかでも批判の急先鋒はギンズブルグであった。ギンズブルグは一九八四年、ナタリー・ゼーモン・デイヴィスの『マルタン・ゲールの帰還』(フランス語版一九八二年、英語版一九八三年)のイタリア語訳が彼と経済史家のジョヴァンニ・レーヴィの監修する《ミクロストリア叢書》の一冊として刊行されたさい、それに寄せた「証拠と可能性」と題する跋文のなかで、どの歴史叙述にも物語的な次元が含まれているというホワイトの主張にはフィクションとヒストリーのいっさいの区別を事実上廃止してしまおうとする「相対主義的な態度」がともなっていると指摘して以来、[10] 折あるごとにホワイトの立場を厳しく批判してきた。[11] この二人が直接対決した討論会であったようである。

折しも一九八〇年代半ばから、ナチズムのもたらしたアウシュヴィッツ的現実の解釈と表象の仕方をめぐって、ドイツで激しい論争(いわゆる「歴史家論争」)が起こっていたこともあって、二人の討論は大きな反響を呼んだ。そこで、〈最終解決〉とホロコーストという、旧来の概念と表象の枠組みに根本的な反省を迫るかにみえる「限界に位置する出来事」に即して、歴史叙述のあり方ないし表象一般の問題に関心を寄せる歴史家や理論家たちに、「表象の限界」というテーマで議論をしてもらおうということで企画されたのが、一九九〇年春のカリフォルニア大学ロスアンジェルス校における会議だった。しかし、なにしろ「表象の限界」が会議のテーマなのだ。ホワイトの目には、自分の「歴史の詩学」への挑戦状と映ったのではないだろうか。

ホワイトの「歴史の詩学」にたいしては、ギンズブルグが批判の矢を放つ以前にも、その構想が『メタヒストリー』で披瀝された直後から、多くの疑義や批判があったようである。この点にかんしては、ホワイト自身、たとえば一九八二年の論考「歴史的解釈の政治——ディシプリンと脱崇高化[12]」のなかで、《どんな歴史的対象も、その過程について一定数の同等に蓋然性のある描写ないし物語を受けとることができると主張するわたしのような「形式主義者」は、事実上指示対象の実在性を否定しており、産み出される説明が構造的に一貫しているかぎり、証拠になんらかの操作がほどこされてもそれを大目に見過ごし、学問としての威力を衰弱させてしまうような相対主義を推進しており、こうしてナチズムの歴史のナチス版にすら、それが最小限度の信用性を主張することを許可するような種類の遠近法主義《パースペクティヴィズム》を許容していると、しばしば申し立てられている》と証言しているとおりである。

また、一九八二年の同論考は一九世紀以降、歴史研究がディシプリン化の度合いを強めていくのにともなって、人々の歴史意識のなかで「崇高なもの」の占めていた位置が「美しいもの」に取って代えられたことを指摘する。そして、そうしたなかでとりわけフリードリヒ・シラーの「崇高について」(一八〇一年)の場合には、歴史の「光景」が呈する「混乱」「不確実性」「道徳的アナーキー」にかんする省察が人間に特有の「自由」の感覚を生み出しえていたこと、そのかぎりで「世界史」は「崇高な対象」となってシラーの眼前に立ち現われていたことに注意を喚起する。その一方で、現代における歴史解釈をめぐる議論のなかでは、ホワイトが暗々裡に称賛してきた歴史にかんする見方は通常、ファシズム体制のイデオロギーと結びつけられていることをも認めたうえでホワイトは言うのだった。《わたしたちは歴史についてのそのようなとらえ方をたんにそれがファシズムのイデオロギーと結びついていたという理由だけで見限るようなセンティメンタリズムに走ることのないようにしなければならない。歴史記録の理解に向かおうとするとき、歴史記録それ自体のうちにはその意味を解釈するどの仕方のほうが他の仕方よりも好ましいかを見さだめるための根拠は存在しないという事実を直視しなければならない》と。

しかし、今回の場合には事情が異なっていた。ホロコーストのような「限界に位置する出来事」を前にしては、「歴史の詩学」にとって要石をなす「表象」そのものの可能性に乗りこえがたい限界のあることを認めざるをえないのではないか、との疑問が突きつけられたのである。そして、会議にはホワイトもギンズブルグとともに参加し、「歴史のプロット化と真実の問題」という報告をおこなったのだが(13)、そこではホワイト自身、彼の構想する「歴史の詩学」が招来しかねない「相対主義」の最も極端な帰結――「なんでもあり」的な帰結――からの脱出の道を探ろうとしているように見受けられるのだった。

中動態への着目

このような「相対主義」緩和のこころみの一端は、物語はつねにプロット化されるからこそ、物語同士の有意味な比較は可能となるのであり、物語のプロット化にはさまざまな様式があるからこそ、プロット・タイプの種類を識別することが可能となるとしながらも、《第三帝国にかかわるもろもろの出来事が喜劇的または牧歌的様式でプロット化されたものについていうなら、それらを第三帝国をめぐる競合しあう物語の一覧表から除外するにあたって、事実に助けを求めることが許されるのはいうまでもない》(傍点引用者)とことわっている箇所などからうかがうことができる。[14]

しかしまた、一九九〇年の会議におけるホワイトの報告には、この点にもまして特記されることがある。ホワイトはまず、ベレル・ラングが『ナチスによるジェノサイドにおける行為と観念』(一九九〇年)で提出した、ホロコーストは本質的に「反表象的(antirepresentational)」な出来事であって、もっぱら事実を直写することによってのみ語りうるというテーゼの意味するところを丹念に吟味する。そのうえで、ラングがロラン・バルトの一九六六年の講演原稿「書くは自動詞か」に登場する「自動詞的記述」という概念をホロコーストにかんする省察によってもちあがった理論的諸問題を議論するのにふさわしい言述のモデルであるとしていることに着目する。そして、アウシュヴィッツからの生還者プリモ・レーヴィの小説『周期律』(一九七五年)のなかの「炭素」の章から自動詞的記述に該当すると思われる一節を引きながら、ホロコーストを表象するにあたっては、このレーヴィの一節に見られるようなリアリズムのモダニズム的変奏版、とりわけ中動態的な叙述形式こそが要請される、と主張しているのである。

これは大いに注目に値する述言である。ただし、このホワイトの述言をめぐっては、一部で誤解されているようである。たとえば、ハーマン・ポールは『ヘイドン・ホワイト——歴史的想像力』(二〇一一年)のなかで、「自動詞的記述」と「中動態の意識的採用」を同等視している。[15] しかし、バルト自身が問題にしているのは、書くという動詞がいつのころからか自動詞的に用いられるようになったということ自体ではない。そうではなくて、動詞の態には能動態と受動態のほかに中動態と呼ばれる態があったということ、そして少なくともインド＝ヨーロッパ諸語においては、態の観念によって真に対立させられているのは、能動態と受動態ではなくて、能動態と中動態であるということ——このことをこそ、バルトは言語学者エミール・バンヴェニストの一九五〇年の論考「動詞の能動態と中動態」に依拠しながら主張しようとしているのである。《ここで問題になっているのは、ほんとうに自動詞性なのだろうか。どのような時代に属していても、作家とはつねに何かを書く者であって、どのような作家もこの事実を無視することはできない。〔中略〕したがって、書くという現代的な動詞の定義を探し求めなければならないのは、見かけに反して、自動詞性の側ではないのである》。バルトはこう述べたうえで、動詞の態の観念こそが書くという現代的な動詞の定義の手がかりになるとして、つぎのように続けている。《能動態の場合、行為は主語の外で遂行される。〔中略〕これとは逆に、中動態の場合には、主語＝主体は行為するなかで自分自身に作用を及ぼす。主語＝主体は、たとえ目的語をともなっていようとも、つねに行為の内部にとどまっている。したがって、中動態は、他動詞性を排除するものではないのだ。このように定義されるとき、中動態は、書くという地位に完全に対応するものとなる。今日では、書くということは、自らを言葉《パロール》の行為の中心にするということである。自ら作用を及ぼされながら書記行為を実践することである。書き手を心理的な主体としてではなく〔中略〕行為の動作主として書記行為の内部に放置しておくことである[16]》と。そしてホワイト自身も明言しているのだった。《自動詞的記述ということでわたしたちが理解すべきであるのは、ホロコーストという出来事にたいする中動態によって表現されるような関係に似たなにものかであろうということである》と。誤解があってはいけない[17]。

一九九〇年の「〈最終解決〉と表象の限界」の会議以来、ホワイトはホロコーストという「表象の限界」に位置するかにみえるモダニズム的な出来事の表象可能性をめぐる問題に本格的に取り組みはじめる。

そして省察の成果は、二〇〇四年の論考「目撃証言文学におけるフィギュラル・リアリズム」[18]をへて、本書『実用的な過去』に収録されている五本の論考においてある程度まとまったかたちで発表されることとなる。そこでは、それまでホワイトが提唱してきた歴史への喩法論的《トロポロジカル》なアプローチの有効性があらためて確認されるとともに、ホロコーストというモダニズム的な出来事を表象するには文学や芸術の分野で誕生したモダニズムの技法から学びうるところが少なくないとして、そのための理論的・方法論的示唆が与えられている。

まず二〇〇四年の論考「目撃証言文学におけるフィギュラル・リアリズム」では、ホロコーストあるいはナチスによるユダヤ人問題の〈最終解決〉は二〇世紀に特有の「極限的状況」であって、《「歴史的出来事」という概念そのものの修正、ひいては、それを「歴史的記憶」に同化・吸収するための証拠を分類し査定する仕方の修正が必要であることを暗示する》としたうえで、そのような「極限的状況」を経験するなかで生み出された目撃証言文学がどれほど特異なものであるかに注意を喚起する。ホロコーストにかんする目撃証言文学は、その出来事について、一般の人々の知識に資するものとして提示されているものであるが、しかし、ホロコーストの目撃証言者たちは、本質的に「信じがたい」事実を報告しなければならないことにまつわる怖れのなかで証言していた。じっさいにも、耐え忍んだ出来事はあまりにも異様で、あまりにも「言表しがたい」ものであったため、自分たちの証言が真実であることを信じてもらえるような声や書き方を見つけ出すことに多くの者が絶望してしまったほどであった。くわえて、彼らの証言の大部分はあまりにも情動的で苦痛に満ちたものであったため、一部の研究者たちはそれを「トラウマ（心傷）」的なものとして精神分析学者の分析に委ねるよう進言した。こうして、ホロコーストにかんする証言は、一方では、それが語っている出来事の指標であるとされながら、他方では、理解よりも医学的ないし心理学的な治療を要する傷ついた意識の所産として受けとられている、というのだった。

そして、ホロコーストにかんして証言した偉大な作家の一人であるプリモ・レーヴィを取りあげて、彼の場合には、ホロコーストの体験者が証言しようとするさいに直面する右に述べたような事態がプレッシャーとなって、《客観的な観察力、判断の合理性、表現の明晰さ》を保持したいという願望が一種の強迫観念にまでなってしまっているという。このため、レーヴィは化学の学生として学んだ科学的な手順（化合物の測量と測定をおこない、それをいったん元素に分解したうえで、ふたたび合成して別様に組み合わせるという手順）こそが収容所での出来事をありのままに観察するのに適していると考えたのだと分析する。レーヴィの『これが人間か』（一九四七年）でも『溺れてしまった者と救いあげられた者』（一九八六年）でも、化学者たちが化合物における変化した部分と安定している部分を記録するのに用いる量的な表現形式に似た陳述スタイルがこころみられている、との指摘がなされる。

そのうえで、ホワイトはつぎのように主張する。《レーヴィがおこなっている書記行為《エクリチュール》は、彼がひとりの文体論者《スタイリスト》として言明している狙いとは実際には正反対の方向に向かっていることを、現代の言説理論にもとづいて示すことができる》と。《彼の書記行為《エクリチュール》は一貫して（そしてあざやかに）比喩形象的（figurative）である。レトリックの文彩や装飾を欠くどころか、ことのほか文学的な書記様式が採用され、それがどれほどまでに事実的言述の指示的ならびに意味論的な価値を高めうるかのひとつのモデルを構成している》というのだ。そして、このことを『これが人間か』のうち、「一九四四年一〇月」「オデュッセウスの歌」「溺れてしまった者と救いあげられた者」と題された章に即して具体的に立証する。要するに、レーヴィの作品を終始導いているのは、自分がアウエルバッハにならって「フィギュラル・リアリズム」と呼んできた力にほかならないというのが、二〇〇四年の論考でホワイトが言わんとしたことなのだった。

「歴史的な過去」と「実用的な過去」

つぎに、今回訳出したホワイトの最新論文集『実用的な過去』であるが、ここには、論文集のタイトルにもなっている「実用的な過去」を筆頭に、「真実と環境――ホロコーストについて（何かを語りうるとして）何が正しく語りうるのか」「歴史的な出来事」「コンテクスト主義と歴史的理解」「歴史的言述と文学理論」の五本の論考が収められている。

うち、第1章に配されている「実用的な過去」は、ホワイトが二〇〇九年に来日したさい、東洋大学でおこなった講演（同年一〇月二四日）が元になっている。[19] 自分の両親がナチスの収容所で処刑されたかもしれないという情報を得たひとりのユダヤ人青年、ジャック・アウステルリッツがその真偽を確かめるべく、過去の痕跡をとどめる「記憶の場所」を旅して回るという、W・G・ゼーバルトの『アウステルリッツ』(二〇〇一年)[20]――この作品をホワイトは「ポストモダン的歴史小説」と呼んでいる――についての分析を枕に、歴史と文学、あるいは事実とフィクションの関係をめぐってのホワイトのこれまでの考察の要点が提示されている。そこでは、イギリスの哲学者マイケル・オークショットが『歴史について、およびその他のエッセイ』(一九八三年)[21]所収の論考「現在、未来、および過去」において提出した「歴史的な過去(historical past)」と「実用的な過去(practical past)」の区別を援用しつつ、議論が展開される。

ただ、オークショット自身は、過去の行為や発話についての歴史的理解とは、それを現在との関係においてではなく、それ自体の過去との関係において理解することであるとの認識に立って、現在に生きる人々の実践的・実用的な関心から自由になった、いわば「死んだ過去」としての「歴史的な過去」の意義を強調していた。これにたいして、ホワイトは、オークショットのいう「歴史的な過去」を歴史研究の専門家の手になる「歴史学的な過去」と等置したうえで、普通の人々の日常のなかに息づいている「実用的な過去」の意義を力説している。

また、ホワイトは末尾で、これまでの考察の仕方を自己批判して、つぎのように述べている。《かつて問題が一方における「事実」と他方における「フィクション」という二つの実体の関係でもって構成されていると主張したことで、わたしがミスを犯したのは、いまではよくわかっている。ここはむしろ、問題は、指示対象に忠実であろうとしながら、しかし、文字どおりの記述以上の意味を生み出し、その効果という点で、フィクション化するとまではいわないにしても、どう見ても文学的であるような表象の慣習を受け継いできた言述(歴史)と関係している、と述べるのが妥当だったのかもしれない》。この反省の弁にも注目しておきたい。

さらにもう一点、一九世紀に歴史の科学化への傾向が強まるなかで、専門の歴史家たちによって排除された思弁的な「歴史の哲学」が、じつはオークショットのいう「実用的な過去」への人々の関心に応えようという意図をもっていたこと、ひいては、それは二〇世紀のモダニズム的・ポストモダニズム的小説家たちを動機づけているのと同じ実践的関心によって動機づけられていたということは二〇〇九年の来日時の講演でも指摘されていたが、ホワイトは同講演を本書に収録するにあたって《わたしはかつて『メタヒストリー』において、どの歴史叙述作品も歴史についてのなんらかの全体的な哲学を前提としていると論じたが、それと同様、いまのわたしは、どの現代小説もなんらかの歴史哲学を前提としていると論じるだろう》と述べ、トニ・モリスンが小説『ビラヴド』の第四版（二〇〇四年）に寄せた序文についての考察を加えている。これも留意すべき点かと思う。

言語行為理論の適用

第2章の「真実と環境――ホロコーストについて（何かを語りうるとして）何が正しく語りうるのか」はダン・ストーン編『ホロコーストと歴史の方法論』（二〇一二年）への寄稿論文である。[22]

ここでは、ある発語への応答の正しさはコンテクストに依存しており、適切さの条件が適用される、とするJ・L・オースティンの言語行為《スピーチ・アクト》理論を援用しながら、ホロコーストのような特異な出来事についての目撃証言の場合、「それは真実か」という問いを発することがはたして適切なのかどうかを、「目撃証言文学におけるフィギュラル・リアリズム」につづいて、ここでもまた、プリモ・レーヴィの『これが人間か』を取りあげて検討している。

オースティンにとって言語行為《スピーチ・アクト》とは「発語内的(illocutionary)」行為である。すなわち、なにごとかを言うなかで、同時になにごとかをおこなう行為、いいかえるなら、発語によって世界にたいする話者の関係か、世界のある部分とほかの部分との関係か、話者にたいする世界の関係かのいずれかを変化させる行為である。まずはこのことにホワイトは注意を喚起する。そして、もしオースティンの言うことが正しいとするなら、言語行為《スピーチ・アクト》理論は、歴史叙述のような言述についても、ひとつの実践として、すなわち、世界についてなにごとかを言うことによって世界を変化させたり世界に影響を与えたりすることを企図した行動としてとらえられるのではないか、と言う。

そのうえで、ホワイトは、レーヴィの『これが人間か』を《明らかに現実の世界、具体的にはアウシュヴィッツの世界についてのものではあるけれども、「それは(歴史的に)真実か」というかたちで応答したのではいかにも不適切というほかないテクストの一例》であるとする。そして、ホロコーストのようなトラウマ的出来事についての目撃証言の場合には、記述の事実的な真実にかかわる問いがさして重要性をもたず、ことがらをどう模倣するかということよりも、どのような叙法を使用して叙述するかということこそが問題になることを、本のタイトルにもなっている冒頭の詩「これが人間か」の分析をつうじて明らかにする。

モダニズム文学と精神分析学

第3章の「歴史的な出来事」は『ディファレンシーズ』誌二〇〇八年夏号の特集《出来事のなかで》に寄稿されたものである(23)。

自分たちが歴史から排除されてきたと考える集団の立場からすれば、歴史は支配的な集団の占有物以外のものではない。また、自分たちが歴史に属している、あるいは歴史を有していることを誇る集団のあいだでも、歴史とは勝者によって勝者に都合よく書かれるものであり、歴史叙述は敗北した集団から過去とアイデンティティを奪い去ることで敗北した集団への抑圧を倍加するためのイデオロギー的な武器であると考えられてきた。くわえて、そもそも「歴史」は西洋において発明・育成されたものであり、西洋固有の偏見にとらわれていて、人類一般に普遍的に適用できるものではない。こういった近年の議論のコンテクストを踏まえつつ、「歴史的な出来事(historical event)」とはなにかが問題にされる。考察の過程では、アラン・バディウの『無限の思考』(二〇〇四年)[24]における「出来事」についての定義なども参照されており、現代哲学の最先端の状況への、年老いてもなお衰えを見せぬホワイトの旺盛な好奇心には脱帽のほかない。

しかし、この論考でとりわけ目を惹くのは、ひとつは、「歴史小説」という歴史と小説の混淆体の意義に言及して、それがモダニズム文学の土台をなしていることを確認したうえで、モダニズム文学は——アウエルバッハも指摘するように——けっしてリアリズムと歴史から逃避しようとしているわけではなく、ただ、「プロット」を捨て去ることによって、歴史的な出来事を「プロット」に取り込もうとする誘惑から解放しようとしているのだとする指摘である。

そして、いまひとつは、モダニズム文学が、歴史的な出来事の及ぶ範囲を横方向に広げて、隣接する時間の領域にそれを流し入れるだけではなく、歴史的な出来事の深層に分け入って、幾重にも重なる意味を作り出していること、その内圧力がきわめて変化しやすいこと、みずからが固定化することに強い抵抗力を示すことを明らかにしようとしているとして、この点でモダニズム文学の方法とフロイトの精神分析学の方法とのあいだに「トラウマ的出来事」への接近の仕方において共通性が見られることに着目していることである。

フロイトへの言及そのものはホワイトの従前の論考でもしばしばなされている。とくにフロイトの「夢作業」にかんしては、『フィギュラル・リアリズム』のなかで一章を割いて論じられている。[25] しかし、「トラウマ」の概念、なかでもフロイト晩年の著作『モーセという男と一神教』(一九三九年)に見られる「予型の成就」モデルについて本格的な考究がなされたのは、この論考が初めてではないだろうか。特記に値するゆえんである。

コンテクスト主義

第4章の「コンテクスト主義と歴史的理解」は、ホワイトが二〇〇九年の来日直前に国立台湾大学でおこなった講演(一〇月一九日)の原稿である。[26]

講演のタイトルにある「コンテクスト主義(contextualism)」というのは、アメリカの哲学者スティーヴン・ペッパーが『世界仮説——証拠の研究』(一九四二年)[27]において、西洋の形而上学と認識論の伝統のなかで哲学者たちが生み出した世界についての四つの「相対的に適切な」仮説のうちの、フォーミズム(形相論)、機械論、有機体論とならぶ仮説のことである。ペッパーによると、わたしたちの世界認識は「常識(common sense)」から発して「洗練された知識(refined knowledge)」へと進展していくのであり、「常識」はそれを支える「ルート・メタファー(root metaphor)」からなるという。そしてペッパーは、コンテクスト主義、すなわち、ある出来事の証拠をそれが置かれている文脈ないし状況との関連性のうちに見いだそうとする世界仮説の「ルート・メタファー」を代表する最良の語として、「歴史的な出来事」を挙げている。このホワイトの講演では、理解とは、アーサー・ダントーのいう「認知による説明(explanation by recognition)」、すなわち、適切に記述ないし描写された客体が特定の時と場所における「常識」の提供する命名と類別のシステムのなかで固有の場所を占めることが示されたという感覚に立脚する説明のことであるという前提に立っている。そして、とりわけ言葉によるコンテクスト主義的な描写からなる歴史的理解における「認知による説明」のありようが取りあげられる。

短いながら密度の濃い講演である。世界についての命題の真偽を判断するにあたって西洋では慣習的に事物と知性の一致という「対応性」の基準と論理的な「整合性」の基準という二つの基準が採用されてきたことに、あらためて聴衆＝読者への注意喚起がなされる。そして、それが記号と指示対象の関係についてチャールズ・サンダース・パースが立てたイコン(類像)的関係とシンボル(象徴)的関係に対応するとしたうえで、現実に起きた出来事についての物語的説明の真実性とはシンボル的な真実性にほかならないと主張するなど、従来からの喩法論的なアプローチに記号論を援用した新しい境地が開拓されている。

しかし、なかでも目を惹くのは、ホワイトが、コンテクスト主義は理論主導でないばかりか、原則的に反理論的であるとしていることである。ペッパーは、コンテクスト主義の特徴を綜合的であると同時に拡散的である点に求めていた。そこでは、事実は、どこからやってきたものであれ、ひとつまたひとつと逐一取りあげられ、やってきたままに解釈されるという。また、プラグマティストに代表されるように、概念はそれに対応する方法的操作の集合と同義であるとする「操作主義（operationalism）」的な真理概念を有するとペッパーは見ていた。この点に着目した評価であろうが、本書全体の基調をなす「実用的な過去」の見地とも深く響きあうところがある。注目しておきたい点である。

星座的布置関係

第5章の論考「歴史的言述と文学理論」は、二〇一一年六月にイェーナで開催された《ホロコーストは物語ることができるのか》をテーマにした研究会議での報告で、会議の報告集『ホロコーストを物語る――科学的な経験的知識と物語的な創造性のはざまに立つ歴史叙述』（二〇一三年）に収められている。[28]イェーナの会議では、参加者はザウル・フリートレンダーの『絶滅の歳月――ナチス・ドイツとユダヤ人（一九三九－一九四五年）』（二〇〇七年）[29]とクリストファー・ブラウニングの『生き延びたことを忘れずに記憶する――ナチスの奴隷労働キャンプの内側で』（二〇一〇年）[30]のどちらかに焦点を合わせて議論するよう、事前に要請されていた。そこでホワイトはフリートレンダーの本を取りあげつつ、歴史的言述と文学理論の関係について論じたのだった。

ここでも、ホロコーストをすぐれてモダニズム的な出来事であるととらえたうえで、これを表象するには文学において開発されたモダニズム的なテクニックが有効なのではないかという見方が提示されている。この点にかんして、ホワイトの報告で注目される点が二点ほどある。

第一点――フリートレンダーの『絶滅の歳月』は『ナチス・ドイツとユダヤ人』と題された二巻からなる作品の第一巻『迫害の歳月（一九三三－一九三九年）』（一九九七年）[31]の続篇で、叙述は第一巻の序文で言明されたように、出来事を年代順にたどるというかたちで進められている。このかぎりで、同書は伝統的な物語ふうの歴史叙述であるとみられる。しかし、第一巻『迫害の歳月』では全体が第一部「始点と終点」と第二部「罠」に分けられたうえ、全部で一〇章からなるそれぞれの章にも第1章「第三帝国のなかへ」、第2章「同意するエリート、脅かされるエリート」などと各章であつかわれる出来事を具体的に指示する見出しがつけられていたのと異なって、第二巻にあたる『絶滅の歳月』では、同じく一〇章からなるそれぞれの章には日付しかついていない。その一方で、「恐怖(一九三九年秋―一九四一年夏)」「大量虐殺(一九四一年夏―一九四二年夏)」「ショアー(一九四二年夏―一九四五年春)」と見出しされたそれぞれの部には、犠牲者たちの残した日記の一節がエピグラフに掲げられている。

ホワイトは、このように『絶滅の歳月』を構成する各章の見出しが日付だけからなっていること、その一方で、三部構成のそれぞれのエピグラフにホロコーストの犠牲者たちの日記が引用されていることに着目する。そして、そこには、主題をあるドラマを構成するひと続きの「場景《シーン》」としてではなく、ベンヤミンのいう「星座的な布置関係」の集合として提示することによって、歴史をプロット化しようとする傾向にたいするモダニズム的な抵抗の姿勢がうかがえると指摘する。

第二点――ホワイトによると、フリートレンダーは、自分が報告しているさまざまな行動の「外」にいるとともに、報告するさいの言述の「外」にもいるような、全知の語り手のポーズをとることを注意深く避けている。その代わりに、バルトがバンヴェニストにならって「中動態的なあり方」と呼んでいるもののあり方をとって、書記行為の内部にいるという。《彼の書記行為は、指示対象に対しては、他動詞的なあり方と自動詞的なあり方のあいだを揺れ動く(それは語っている対象が迫害者であるのか犠牲牲者であるのかで変わる)。しかし、自分自身の言述に関しては恐ろしく「中動態化されている」。言い換えるなら、彼はホロコーストが起こりつつあったときにその内部から書いていた日記の作者や目撃証言者や生存者たちに場を譲ることができるようなかたちで、表象行為の「内部」にいる》というわけである。

以上二点は、いずれも特記に値する。「ナレーション、ナラティヴ、ナラティヴ化についての付記」も興味深い。

事実・違和・不信

その後、イェーナ会議でのホワイトの報告の縮約版とおぼしきエッセイが、ニコラス・チェアーとドミニク・ウィリアムズの共編になる論集『アウシュヴィッツを表象する――証言の限界点において』(二〇一三年)に、「コーダ――目撃証言言述を読む」と題して掲載されたとの情報を得た[32]。そこで、抜き刷りを送ってくれるようホワイトに要請したところ、その“up-to-date version”であるという「歴史的真実、違和、不信(Historical Truth, Estrangement, and Disbelief)」と題する論考(二〇一一年執筆)が送られてきた。本書第5章の議論を引き継いで、フリートレンダーの本の精読《クロース・リーディング》がこころみられている。大変興味深く、さっそく訳出して『思想』第一一一一号(二〇一六年一一月)、一〇八―一三六頁に掲載した。本書全体のテーマとも密接に関連するため、ここに付録として収めている[33]。

(1) Hayden White, "Pontius of Cluny, the *Curia Romana* and the End of Gregorianism in Rome," *Church*

History, 27, no. 3 (September 1958), pp. 195–219; Id., "The Gregorian Ideal and Saint Bernard of Clairvaux," *Journal of the History of Ideas*, 21, no. 3 (July-September 1960), pp. 321–348.

（2） Id., "Collingwood and Toynbee: Transitions in English Historical Thought," *English Miscellany*, 8 (1957), pp. 147–178; Reprinted in: Id., *The Fiction of Narrative: Essays on History, Literature, and Theory, 1957-2007*, edited and with an introduction by Robert Doran (Baltimore: The Johns Hopkins University Press, 2010), pp. 1–22.

（3） Id., "The Abiding Relevance of Croce's Idea of History," *Journal of Modern History*, 35, no. 2 (June 1963), pp. 109–124; Reprinted in: Id., *The Fiction of Narrative* cit., pp. 50–67.

（4） Id., "The Burden of History," *History and Theory*, 5, no. 2 (1966), pp. 111–134; Reprinted in: Id., *Tropics of Discourse: Essays in Cultural Criticism* (Baltimore & London: The Johns Hopkins University Press, 1978), pp. 27–50（ヘイドン・ホワイト、上村忠男編訳『歴史の喩法――ホワイト主要論文集成』作品社、二〇一七年、七一–四五頁）。

（5） Benedetto Croce, *La storia come pensiero e come azione*, 7ª ed. (Bari: Laterza, 1965), p. 31（ベネデット・クローチェ、上村忠男訳『思考としての歴史と行動としての歴史』未來社、一九八八年、六六頁）。

（6） Hayden White, *Metahistory: The Historical Imagination in Nineteenth-Century Europe* (Baltimore: The Johns Hopkins University Press, 1973)（ヘイドン・ホワイト、岩崎稔監訳『メタヒストリー――一九世紀ヨーロッパにおける歴史的想像力』作品社、二〇一七年）。

（7） Robert Doran, "Humanism, Formalism, and the Discourse of History," Editor's Introduction to Hayden White, *The Fiction of Narrative* cit., pp. xvii–xix.

（8） 上村忠男「歴史の論理と経験――ヴィーコ『新しい学』への招待」、樺山紘一編著『歴史学――社会科学

への招待』日本評論社、一九七七年、二二一－四七頁参照。

(9) *Probing the Limits of Representation: Nazism and the "Final Solution,"* edited by Saul Friedlander (Cambridge, Mass. & London: Harvard University Press, 1992), p. 2 (ソール・フリードランダー編、上村忠男・小沢弘明・岩崎稔訳『アウシュヴィッツと表象の限界』未來社、一九九四年、一六頁)。

(10) Carlo Ginzburg, "Prove e possibilità. In margine a *Il ritorno di Martin Guerre* di Natalie Zemon Davis." Postfazione a: Natalie Zemon Davis, *Il ritorno di Martin Guerre. Un caso di doppia identità nella Francia del Cinquecento.* Traduzione dall' inglese di Sandro Lombardini (Torino: Einaudi, 1984), pp. 129-154(カルロ・ギンズブルグ、上村忠男訳「証拠と可能性」、ナタリー・Z・デーヴィス、成瀬駒男訳『帰ってきたマルタン・ゲール——一六世紀フランスのにせ亭主騒動』平凡社、一九九三年、二五三－三〇五頁——この上村訳「証拠と可能性」はその後、上村によるカルロ・ギンズブルグの論考の日本語独自編集版『歴史を逆なでに読む』みすず書房、二〇〇三年、一八－五一頁に収録されている。またイタリア語の原テクストは Carlo Ginzburg, *Il filo e le tracce. Vero falso finto* (Milano: Feltrinelli, 2006)にも付録として再録されている)。

(11) この間のギンズブルグのホワイト批判の詳細については、上村忠男「表象と真実——ギンズブルグの立場について」、『思想』第八一九号(一九九二年九月)、三九－六一頁を参照されたい。同論考はその後、副題を「ヘイドン・ホワイト批判に寄せて」と改めたうえ、上村忠男『歴史家と母たち——カルロ・ギンズブルグ論』未來社、一九九四年、一五六－二三〇頁に収録した。

(12) Hayden White, "The Politics of Historical Interpretation: Discipline and De-Sublimation," *Critical Inquiry*, 9, no. 1 (September 1982); Reprinted in: Id., *The Content of the Form: Narrative Discourse and Historical Representation* (Baltimore & London: The Johns Hopkins University Press, 1987), pp. 58-82

（『歴史の喩法』、一五九―二〇五頁）。

（13） Hayden White, “Historical Emplotment and the Problem of Truth,” in: *Probing* cit., pp. 37-53（『アウシュヴィッツと表象の限界』、五七―八九頁）; Reprinted in: Id., “Historical Emplotment and the Problem of Truth in Historical Representation,” in: *Figural Realism: Studies in the Mimesis Effect* (Baltimore & London: The Johns Hopkins University Press, 1999), pp. 27-42（『歴史の喩法』、二〇七―二三七頁）。

（14） このホワイトの述言をとらえて、マーティン・ジェイは《ホロコーストの存在についての修正主義的懐疑家たちを援助する可能性のある相対主義的な「なんでもあり」の主張者の部類に含められるのを避けたいと願うあまり、ホワイトは素朴歴史リアリズムにたいする彼の有名な批判において最も威力を発揮していた部分を切り落としてしまった》と評している（Martin Jay, “Of Plots, Witnesses, and Judgments,” in: *Probing* cit., p. 97）。しかし、ここはフリードランダーも指摘するように（Saul Friedlander, Introduction to: *Probing* cit., p. 10〔『アウシュヴィッツと表象の限界』、二二頁〕）、ホワイトが承認しようとしているのは、あくまで、プロット化のあらゆる様式がどのような出来事の歴史叙述にも使用されうるわけではないという一点に尽きるとみるべきだろう。

（15） Herman Paul, *Hayden White: The Historical Imagination* (Cambridge & Malden, MA: Polity Press, 2011), p. 135.

（16） Roland Barthes, “To Write: An Intransitive Verb?” in: *The Structuralist Controversy: The Languages of Criticism and the Sciences of Man*, edited by Richard Macksey and Eugenio Donato (Baltimore & London: The Johns Hopkins University Press, 1970), pp. 134-145（ロラン・バルト、花輪光訳「書くは自動詞か?」」、『言語のざわめき』みすず書房、一九八七年、一九―三五頁）。

（17） 中動態の問題をめぐっては、ホワイトは一九九二年秋に発表された論考「中動態で書く」でも立ち入って考察している。Hayden White, "Writing in the Middle Voice," *Stanford Literature Review*, 9, no. 2 (Fall 1992), pp. 179-187; Reprinted in: Id., *The Fiction of Narrative* cit., pp. 255-262. 國分功一郎は『中動態の世界――意志と責任の考古学』(医学書院、二〇一七年)のなかで、ホワイトが一九九〇年の報告「歴史のプロット化と真実の問題」で《旧来の表象様式では適切に表象することができない》ホロコーストを表象する鍵を中動態に見いだしているのを、中動態概念の「神秘化」の一例として批判するとともに、《これは単にホワイトが、バンヴェニスト等々の言語学者達の論文を読むのを面倒がって省いたがために得られた結論に過ぎない》と切って捨てている。しかし、これはどうだろうか。「中動態で書く」では、バルト以外にも、強迫神経症と中動態の関係に着目したフロイトにくわえて、中動態にかんするバンヴェニストの分析も主題的に取りあげられていることに注意すべきだろう。

(18) Hayden White, "Figural Realism in Witness Literature," *Parallax*, 10, no. 1 (January-March 2004), pp. 113-124.

(19) この講演原稿は本書に収録されるに先立って、本書の同じ訳者により『思想』第一〇三六号(二〇一〇年八月)、八一―一三三頁に翻訳掲載されている。

(20) W. G. Sebald, *Austerlitz* (München: Carl Hanser, 2001)(W・G・ゼーバルト、鈴木仁子訳『アウステルリッツ』白水社、二〇〇三年)。

(21) Michael Oakeshott, "Present, Future and Past," in: *On History and Other Essays* (Oxford: Blackwell, 1983)(マイケル・オークショット、添谷育志・中金聡訳『歴史について、およびその他のエッセイ』風行社、二〇一三年)。

(22) Hayden White, "Truth and Circumstance: What (if Anything) Can Properly Be Said about the Holocaust?" in: *The Holocaust and Historical Methodology*, edited by Dan Stone (New York & Oxford:

Berghahn, 2012), pp. 190–202.

(23) Hayden White, “The Historical Event,” *Differences: A Journal of Feminist Cultural Studies*, 19, no. 2 (Summer 2008), pp. 9–34（ヘイドン・ホワイト、松原俊文訳「歴史的な出来事」、岡本充弘・鹿島徹・長谷川貴彦・渡辺賢一郎編『歴史を射つ——言語論的転回・文化史・パブリックヒストリー・ナショナルヒストリー』御茶の水書房、二〇一五年、一一一四五頁）。

(24) Alain Badiou, *Infinite Thought: Truth and the Return of Philosophy*, translated by Oliver Feltham and Justin Clemens (London & New York: Continuum, 2004).

(25) Hayden White, “Freud’s Tropology of Dreaming,” in: *Figural Realism* cit., pp. 101–125.

(26) Hayden White, “Contextualism and Historical Understanding,” *Taiwan Journal of East Asian Studies*, 7, no. 1 (June 2010)（「脈絡主義與歴史理解」、『臺灣東亞文明研究學刊』第七巻第一期（二〇一〇年六月））。ヘイドン・ホワイト、那須敬訳「コンテクスト主義と歴史理解」、『思想』第一〇三六号（二〇一〇年八月）、三四一四五頁。

(27) Stephen C. Pepper, *World Hypotheses: A Study in Evidence* (Berkeley, Los Angeles & London: University of California Press, 1942). 同書で提示された四つの世界仮説について、ホワイトは『メタヒストリー』の序論「歴史の詩学」でも、一九世紀の歴史家や歴史哲学者による典型的な説明様式の類別に利用している。

(28) Hayden White, “Historical Discourse and Literary Theory: On Saul Friedländer’s *Years of Extermination*,” in: *Den Holocaust erzählen: Historiographie zwischen wissenschaftlicher Empirie und narrativer Kreativität*, herausgegeben von Norbert Frei und Wulf Kansteiner (Göttingen: Wallstein, 2013), pp. 51–78.

(29) Saul Friedländer, *The Years of Extermination: Nazi Germany and the Jews, 1939-1945* (New York: HarperCollins, 2007).

(30) Christopher Browning, *Remembering Survival: Inside a Nazi Slave-Labor Camp* (New York: W. W. Norton, 2010).

(31) Saul Friedländer, *Nazi Germany and the Jews: The Years of Persecution 1933-1939* (London: Weidenfeld & Nicolson, 1997).

(32) Hayden White, "Coda: Reading Witness Discourse," in: *Representing Auschwitz: At the Margins of Testimony*, edited by Nicholas Chare and Dominic Williams (Hampshire & New York: Palgrave Macmillan, 2013), pp. 222-226.

(33) Hayden White, "Historical Truth, Estrangement, and Disbelief," in: *Probing the Ethics of Holocaust Culture*, edited by Claudio Fogu, Wulf Kansteiner, Todd Samuel Presner (Cambridge, Mass. & London: Harvard University Press, 2016), pp. 53-71. なお、同論考は、右の単行本論文集に収録されるのに先立って、ホワイトから上村に送られてきた原稿をもとに『思想』第一一一一号(二〇一六年一一月)に訳載された。この原稿と論文集に収録された論考とのあいだに大きな変更はないが、論文集では、エピグラフのうち、ベンヤミン『パサージュ論』から採られた文章が削除されている。しかし、本書ではそのまま活かすこととした。

監訳者あとがき

本書は Hayden White, *The Practical Past* (Evanston, Illinois: Northwestern University Press, 2014) の全訳である。

翻訳の作業は、まず序言、第2章、第5章、後記を上村忠男、第1章を佐藤啓介、第3章を松原俊文、第4章を那須敬が訳出したうえで、互いの訳稿を持ち寄って議論しながら訳文の統一を図るという手順で進めた。ただし、最終責任は監訳者たる上村にある。

なお、ヘイドン・ホワイトの最新論考「歴史的真実、違和、不信」(二〇一六年、上村の訳出により『思想』第一一一一号(二〇一六年一一月)に掲載)を付録として収めた。本書『実用的な過去』における主題のひとつをなしているホロコーストの表象可能性にかんする問題がさらに掘りさげられている。参考にしていただけると幸いである。

また、ホワイトのテクストには節番号が振られていない。しかし、読者の便宜を考慮して、ホワイトの了承を得て、この邦訳では節番号を振っている。

最後ながら、編集の実務を担当してくださった岩波書店編集部の大橋久美さんに感謝の意を表させていただく。原文に目を通していただくとわかると思うが、ホワイトの文章は難解である。その文章が少しでも読みやすくなっているとするなら、それは大橋さんの努力によるものである。

二〇一七年九月

上村忠男

人名索引

ア 行

アウエルバッハ，エーリヒ（Auerbach, Erich）　xv, xvi, 15, 17, 19, 20, 93, 134
アウグスティヌス（Augustinus）　19
アドラー，H. G.（Adler, Hans Günther）　139–143, 171
アドルノ，テオドール（Adorno, Theodor）　151
アリストテレス（Aristoteles）　11, 54, 89, 90, 152
アルチュセール，ルイ（Althusser, Louis）　154
アンカースミット，フランク（Ankersmit, Frank）　86
イーグルトン，テリー（Eagleton, Terry）　126
ヴィーコ，ジャンバッティスタ（Vico, Giambattista）　113
ウィトゲンシュタイン，ルートヴィヒ（Wittgenstein, Ludwig）　3, 29
ヴェーヌ，ポール（Veyne, Paul）　80
ウルフ，ヴァージニア（Woolf, Virginia）　8, 26, 113, 125, 126, 151, 157, 177
エインズリー，ダグラス（Ainslie, Douglas）　167
エヴァンズ，リチャード（Evans, Richard）　174
エリアス，エイミー（Elias, Amy）　8
エリオット，ジョージ（Eliot, George）　7, 16
エリオット，T. S.（Eliot, T. S.）　8, 26, 125, 126
エルネスト，ステファン（Ernest, Stefan）　128, 138, 180, 183, 184
オークショット，マイケル（Oakeshott, Michael）　xiv, 12, 13, 15, 67, 121, 122, 161, 162, 173
オースティン，J. L.（Austin, J. L.）　52–55
オースティン，ジェイン（Austen, Jane）　16

カ 行

ガーナー，マーガレット（Garner, Margaret）　34–38
カヴァーニ，リリアーナ（Cavani, Liliana）　45, 151
カヴェル，スタンリー（Cavell, Stanley）　165
カフカ，フランツ（Kafka, Franz）　8, 26, 113, 125, 151, 177
カプラン，ハイム（Kaplan, Chaim）　190
カポーティ，トルーマン（Capote, Truman）　27
カンスタイナー，ウルフ（Kansteiner, Wulf）　44
カンティモーリ，デリオ（Cantimori, Delio）　112
カント，イマヌエル（Kant, Immanuel）　10, 14, 49, 122
カントローヴィチ，エルンスト（Kantorowicz, Ernst）　99
キケロ（Cicero, Marcus Tullius）　19
キシュ，ダニロ（Kiš, Danilo）　27
ギャス，ウィリアム（Gass, William）　9, 27

ギンズブルグ, カルロ(Ginzburg, Carlo) 43
クッツェー, J. M.(Coetzee, J. M.) 9, 27
グラス, ギュンター(Grass, Günter) 27
クレンペラー, ヴィクトール(Klemperer, Victor) 145, 180, 181, 186, 187, 190
クローチェ, ベネデット(Croce, Benedetto) 21, 24, 167, 168
ゲーテ, ヨハン・ヴォルフガング・フォン(Goethe, Johann Wolfgang von) 8
ゴールドハーゲン, ダニエル(Goldhagen, Daniel) 49
コゼレック, ラインハルト(Koselleck, Reinhart) 14, 150
ゴブリン, ミハル(Govrin, Michal) 9
コリングウッド, ロビン・ジョージ(Collingwood, Robin George) 24, 150
コント, オーギュスト(Comte, Auguste) 21, 24
コンラッド, ジョゼフ(Conrad, Joseph) 16, 26, 93, 125, 151

サ 行

サッカレー, ウィリアム・メイクピース(Thackeray, William Makepeace) 16, 93
ジェイムズ, ヘンリー(James, Henry) 4, 16, 113, 125, 151
ジェイムソン, フレドリック(Jameson, Fredric) 126, 155-157
シェラコフィアク, ダーヴィド(Sierakowiak, Dawid) 190
ジェンティーレ, ジョヴァンニ(Gentile, Giovanni) 21
ジッド, アンドレ(Gide, André) 26
シュペングラー, オスヴァルド(Spengler, Oswald) 21, 24, 47
ジョイス, ジェイムズ(Joyce, James) 8, 26, 113, 125, 126, 151, 157, 177
ジョージ2世(George II of England) 27
ズヴェーヴォ, イタロ(Svevo, Italo) 151
スコット, ウォルター(Scott, Sir Walter) 7, 8, 20, 27, 28, 93
スタイン, ガートルード(Stein, Gertrude) 8, 26, 113, 125, 151, 177
スタンダール(Stendhal〔Marie-Henri Beyle〕) 20, 93, 113
スピーゲルマン, アート(Spiegelman, Art) 45
スピルバーグ, スティーヴン(Spielberg, Steven) 45
スプリッゲ, シルヴィア(Sprigge, Sylvia) 168
スペンサー, ハーバート(Spencer, Herbert) 21
ゼーバルト, W. G.(Sebald, W. G.) xvi, 1-7, 10, 27
ゼノン(Zenon〔ストア派〕) 88
セルトー, ミシェル・ド(Certeau, Michel de) 1, 10, 18
ゾラ, エミール(Zola, Émile) 16

タ 行

ダーウィン, チャールズ(Darwin, Charles) 21
ダントー, アーサー(Danto, Arthur) 103, 114, 150
チェルニアコフ, アダム(Cerniakow, Adam) 181, 191, 201
ディケンズ, チャールズ(Dickens, Charles) 7, 16, 20, 93, 113

テーヌ，イポリット（Taine, Hippolyte）　21
デュビィ，ジョルジュ（Duby, Georges）　112
デュマ，アレクサンドル（Dumas, Alexandre）　7, 20, 27, 93
デリーロ，ドン（DeLillo, Don）　8, 27
トインビー，アーノルド・J.（Toynbee, Arnold J.）　21, 24, 47
トゥキュディデス（Thucydides）　18, 83, 84
トクヴィル，アレクシ・ド（Tocqueville, Alexis de）　98
トルストイ，レオ（Tolstoy, Leo）　7, 93, 140
トロロープ，アントニー（Trollope, Anthony）　93

ナ行・ハ行

ニーチェ，フリードリヒ（Nietzsche, Friedrich）　7, 47
バーカー，パット（Barker, Pat）　9, 27
バーク，ケネス（Burke, Kenneth）　195
パース，チャールズ・サンダース（Peirce, Charles Sanders）　115, 195
ハーディ，トーマス（Hardy, Thomas）　16
ハイデガー，マルティン（Heidegger, Martin）　88, 90
バイロン，ジョージ・ゴードン（Byron, George Gordon）　8
パウンド，エズラ（Pound, Ezra）　8, 26
バックル，ヘンリー・トマス（Buckle, Henry Thomas）　21
ハッチオン，リンダ（Hutcheon, Linda）　8
バディウ，アラン（Badiou, Alain）　65, 78, 79, 81, 88
バルザック，オノレ・ド（Balzac, Honoré de）　16, 20, 27, 93, 113
バルト，ロラン（Barthes, Roland）　136
バンヴェニスト，エミール（Benveniste, Émile）　136
ピンチョン，トマス（Pynchon, Thomas）　8, 27, 52
ファインマン，ジョエル（Fineman, Joel）　137
フーコー，ミシェル（Foucault, Michel）　18, 32
フェーゲリン，エリック（Vögelin, Eric）　21
フォア，ジョナサン・サフラン（Foer, Jonathan Safran）　9
フォンターネ，テオドール（Fontane, Theodor）　113
フライ，ノースロップ（Frye, Northrop）　156
ブラウニング，クリストファー（Browning, Christopher）　49, 124
フリートレンダー，ザウル〔フリードランダー，ソール〕（Friedländer, Saul）　44, 124, 125, 127–132, 135–138, 144–146, 148–151, 171–200, 202–204
フリンカー，モシェー（Flinker, Moshe）　128, 129, 200–202
プルースト，マルセル（Proust, Marcel）　8, 26, 113, 125, 151, 157, 177
ブルクハルト，ヤーコプ（Burckhardt, Jacob）　112
ブレア，ヒュー（Blair, Hugh）　15
ブレヒト，ベルトルト（Brecht, Bertolt）　126, 151
ブロイアー，ヨーゼフ（Breuer, Josef）　95
フロイト，ジークムント（Freud, Sigmund）　21, 95–100, 198

ブローデル，フェルナン（Braudel, Fernand） 77, 112, 156
フローベール，ギュスターヴ（Flaubert, Gustave） 7, 11, 15, 16, 20, 93, 113, 126
ブロック，マルク（Bloch, Marc） 112
フンケンシュタイン，アモス（Funkenstein, Amos） 7
ヘーゲル，ゲオルク・ヴィルヘルム・フリードリヒ（Hegel, Georg Wilhelm Friedrich） 21, 24, 33, 47, 122
ペッパー，スティーヴン（Pepper, Stephen） 109, 110
ベニーニ，ロベルト（Benigni, Roberto） 45
ヘロドトス（Herodotos） 18, 68, 83, 84
ベンサム，ジェレミー（Bentham, Jeremy） xiii
ヘンペル，カール（Hempel, Carl） 150
ベンヤミン，ヴァルター（Benjamin, Walter） 5, 6, 17, 28, 127, 129, 171, 177, 190
ホイジンガ，ヨハン（Huizinga, Johan） 112
ボッセンブルーク，ウィリアム・J.（Bossenbrook, William J.） vii, viii
ポパー，カール（Popper, Karl） 24, 150, 151
ホブズボーム，エリック（Hobsbawm, Eric） 29, 112
ポロック，ジャクソン（Pollock, Jackson） 32

マ 行

マイモニデス（Maimonides, Moses） viii
マイヤー，アーノ（Mayer, Arno） 198
マッカーシー，コーマック（McCarthy, Cormac） 9
マルクス，カール（Marx, Karl） viii, 21, 24, 33, 47, 76, 112, 122
マン，トーマス（Mann, Thomas） 157
マンゾーニ，アレッサンドロ（Manzoni, Alessandro） 7, 20, 27, 93
マンデルボーム，モーリス（Mandelbaum, Maurice） 132
ミシュレ，ジュール（Michelet, Jules） 112
ミンク，ルイス・O.（Mink, Louis O.） 85, 106, 117, 150
メイラー，ノーマン（Mailer, Norman） 9, 27
メルヴィル，ハーマン（Melville, Herman） 51, 113
モフィー，ダーヴィト（Moffie, David） 180, 192–196, 203
モムゼン，テオドール（Mommsen, Theodor） 112
モリスン，トニ（Morrison, Toni） 34–38, 52, 173

ヤ行・ラ行・ワ行

ヤーコブソン，ロマーン（Jakobson, Roman） 203
ユーゴー，ヴィクトール（Hugo, Victor） 7, 11
ライアン，マリー＝ロール（Ryan, Marie-Laure） xi
ラプランシュ，ジャン（Laplanche, Jean） 149
ラング，ベレル（Lang, Berel） 43, 44
ランケ，レオポルト・フォン（Ranke, Leopold von） 19, 112, 132
ランシエール，ジャック（Rancière, Jacques） 126
リアコス，アントニン（Liakos, Antonin）

83
リオタール，ジャン＝フランソワ (Lyotard, Jean-François)　26, 33, 87
リクール，ポール(Ricoeur, Paul)　85, 88, 150, 155, 157
リテル，ジョナサン(Littell, Jonathan)　128
ルカーチ，ジェルジ(Lukács, Georg)　28, 126, 151
ル＝ゴフ，ジャック(Le Goff, Jacques)　112
ルフェーヴル，アンリ(Lefebvre, Henri)　112
レイコフ，ジョージ(Lakoff, George)　6
レーヴィ，プリモ(Levi, Primo)　45, 56-63
レーニン，ウラジーミル(Lenin, Vladimir)　11
レッシング，テオドール(Lessing, Theodor)　21
ローゼンストーン，ロバート (Rosenstone, Robert)　9, 27
ローティ，リチャード(Rorty, Richard)　114
ロス，フィリップ(Roth, Philip)　xvi, 9, 27
ワイルド，オスカー(Wilde, Oscar)　16

【共訳者紹介】

佐藤啓介(さとう・けいすけ)　第1章担当

1976年生まれ．京都大学大学院文学研究科博士後期課程修了．博士(文学，京都大学)．現在，南山大学人文学部准教授．専門は宗教哲学，現代フランス哲学．

著訳書・論文：『死者と苦しみの宗教哲学――宗教哲学の現代的可能性』(晃洋書房，2017年)，「記憶から歴史叙述へ，私的記憶から公的制度へ――ポール・リクール『記憶・歴史・忘却』」(『思想』第1096号，2015年)，ジュリアン・トーマス『解釈考古学――先史社会の時間・文化・アイデンティティ』(共訳，同成社，2012年)ほか．

松原俊文(まつばら・としぶみ)　第3章担当

1966年生まれ．エジンバラ大学文学部古典学科(PhD in Classics)．現在，早稲田大学教育学部講師．専門は西洋古代史，ギリシア・ローマ歴史叙述史．

論文：「プルタルコス『英雄伝』のコンテクスト」(『西洋古典学研究LXIV』，2016年)，'Out of Many, One? An Aspect of the Public Rôle of Roman Historiography' (*Kodai: Journal of Ancient History*, 16, Editorial Board of Kodai, 2015)，'Hornblower's Thucydides' (*Hyperboreus: Studia Classica*, 18, Fasc. 1, Bibliotheca classica Petropolitana, 2012)ほか．

那須　敬(なす・けい)　第4章担当

1971年生まれ．イギリス・ヨーク大学歴史学研究科(D. Phil.)．現在，国際基督教大学教養学部上級准教授．専門は近世イギリス史．

著書・論文：『痛みと感情のイギリス史』(共著，伊東剛史・後藤はる美編，東京外国語大学出版会，2017年)，『イギリス文化史』(共著，井野瀬久美惠編，昭和堂，2010年)，「革命期イングランドのオルガン破壊」(『思想』第1111号，2016年)ほか．

【著者・監訳者紹介】
ヘイドン・ホワイト(Hayden White)
1928年生まれ．アメリカの歴史家・批評家．カリフォルニア大学サンタ・クルーズ校名誉教授．
邦訳された作品に，世界中で大きな反響を呼んだ『メタヒストリー―― 19世紀ヨーロッパにおける歴史的想像力』(原著1973年，邦訳：岩崎稔監訳，作品社，2017年)のほか，『歴史の喩法――ホワイト主要論文集成』(日本語版オリジナル，上村忠男編訳，作品社，2017年)などがある．

上村忠男　序言，第2章，第5章，後記，付録担当
1941年生まれ．東京外国語大学名誉教授．専門は学問論，思想史．
著書に，『歴史家と母たち――カルロ・ギンズブルグ論』(未來社，1994年)，『知の棘――歴史が書きかえられる時』(岩波書店，2010年)，『ヴィーコ論集成』(みすず書房，2017年)ほか．訳書に，『アウシュヴィッツの残りのもの――アルシーヴと証人』(ジョルジョ・アガンベン著，共訳，月曜社，2001年)，『歴史を逆なでに読む』(カルロ・ギンズブルグ著，みすず書房，2003年)，『新しい学 1～3巻』(ジャンバッティスタ・ヴィーコ著，法政大学出版局，2007-08年)ほか多数．

実用的な過去　ヘイドン・ホワイト

2017年10月27日　第1刷発行

監訳者　上村忠男《うえむらただお》

発行者　岡本　厚

発行所　株式会社　岩波書店
〒101-8002 東京都千代田区一ツ橋2-5-5
電話案内 03-5210-4000
http://www.iwanami.co.jp/

印刷・法令印刷　カバー・半七印刷　製本・松岳社

ISBN 978-4-00-061228-9　Printed in Japan